LES
SOCIÉTÉS HOUILLÈRES
DU NORD ET DU PAS-DE-CALAIS

ÉTUDE HISTORIQUE ET JURIDIQUE

PAR

le Baron Alexandre CAVROIS

AVOCAT
DOCTEUR EN DROIT
LICENCIÉ ÈS SCIENCES
MAITRE DE CONFÉRENCES A L'UNIVERSITÉ CATHOLIQUE DE LILLE

PARIS
Arthur ROUSSEAU
Rue Soufflot, 14.

LILLE
Louis QUARRÉ
Grande-Place, 64.

DOUAI
Paul DUTILLEUX
Rue de Bellaing, 45.

ARRAS
SOCIÉTÉ DU PAS-DE-CALAIS
Rue d'Amiens, 43.

1896

THÈSE
POUR LE DOCTORAT

LES
SOCIÉTÉS HOUILLÈRES
DU NORD & DU PAS-DE-CALAIS

THÈSE POUR LE DOCTORAT

L'acte public sur les matières ci-après
Sera soutenu le mercredi 23 décembre 1896, à midi et demi.

PAR

Alexandre CAVROIS

AVOCAT
LICENCIÉ ÈS-SCIENCES
LAURÉAT DE LA FACULTÉ LIBRE DE LILLE.

Président : M. ALGLAVE, *professeur.*
Suffragants : { MM. BERTHÉLEMY, DESCHAMPS, } *agrégés.*

PARIS

LIBRAIRIE NOUVELLE DE DROIT ET DE JURISPRUDENCE
ARTHUR ROUSSEAU, ÉDITEUR
14, RUE SOUFFLOT, ET RUE TOULLIER, 13

1896

BIBLIOGRAPHIE

Annuaire des valeurs admises à la cote officielle de la Bourse de Lille, 1892-1895.

Archives départementales du Pas-de-Calais : Fonds de l'Intendance.

Aubry et Rau. — Cours de Droit civil français, 1869-1879. 8 vol.

Bravard et Demangeat. — Traité de Droit commercial, 1862-1865. 6 vol.

Bédarride. — Commentaire du Code de commerce, 1876-1877 (Des Sociétés, 1872. 3 vol.)

Benoist (de). — Anzin, ses statuts, leur altération, leur réforme.

Boistel. — Cours de Droit commercial, 1890.

Bouvier-Bangillon. — La législation nouvelle sur les Sociétés, 1894.

Bulletin des Lois.

Bury. — Traité de la législation des mines en France et en Belgique, 1877. 2 vol.

Code civil et motifs. — Conférence du Code civil, par un jurisconsulte (Favart), 1804-1805. 16 vol.

Coutumier général de France, par Bourdot de Richebourg, 1724. 4 vol.

Dalloz. — Jurisprudence générale ou Répertoire. 1re et 2e éditions. — *Recueil périodique.* — Supplément au Répertoire.

Delangle. — Commentaire sur les Sociétés commerciales, 1843. 2 vol.

Delebecque. — Traité sur la Législation des mines, minières, en France et en Belgique, 1836-1838. 2 vol.

Delecroix (Emile). — Traité théorique et pratique de la Législation des Sociétés de mines, 1878.

Duvergier. — Droit civil français, 1844-1848 (Contrats de Société).

Fenet. — Motifs du Code civil, 1836. 15 vol.

Féraud-Giraud. — Code des mines et mineurs, 1887. 3 vol.

Gazette du Palais.

Grar (Edouard). — Histoire de la recherche de la houille dans le Hainaut, 1847. 3 vol.

Guillouard. — Traité du contrat de Société. — Premier appendice: Des Sociétés minières. 1892.

Journal des Sociétés.

Journal officiel.

Jurisprudence de la Cour de Douai, 1843 et s.

Lamache. — De la transformation des Sociétés civiles, spécialement des Sociétés minières, 1896.

Laurent. — Principes de Droit civil français, 1869-1878. 33 vol. (De la Société. — Annexe I : Des Sociétés charbonnières).

Locré. — Discussion du projet du Code civil, 1803-1804. 5 vol. — Législation civile, commerciale et criminelle de la France, 1826-1831. 31 vol.

Lyon-Caen et Renault. — Traité de Droit commercial, 1889-1894. 5 vol. — Appendice, 1894.

Moniteur universel.

Pardessus. — Cours de Droit commercial, 1825-1826. 5 vol.

Pasicrisie. — Jurisprudence belge.

Peyret-Lallier. — Traité sur la législation des mines, minières, carrières, tourbières, usines et chemins de transport, 1844. 2 vol.

Plichon (Pierre). — La loi du 21 avril 1810 et le Code civil, 1895.

Pont. — Commentaire des Sociétés civiles et commerciales, 1880-1884. 2 vol.

Pothier. — Traités des Sociétés et des Retraits.

Revue de la législation des mines, et Statistique des houillères en France et en Belgique, sous la direction de M. Emile Delecroix.

Revue des Sociétés.

Sirey. — *Recueil général des Lois et Arrêts* : collections ancienne et nouvelle.

Statuts des Compagnies houillères du Nord et du Pas-de-Calais.

Thellier de Poncheville. — Note sur la transformation des Sociétés civiles en Sociétés anonymes ou en commandite par actions, 1894.

Troplong. — Contrat des Sociétés civiles et commerciales, 1843. 2 vol.

Vincens. — Exposé raisonné de la législation commerciale, 1834. 3 vol.

Vuillemin. — Les mines de houille d'Aniche. 1878. — Le bassin houiller du Pas-de-Calais. 1880-1885, 3 vol.

Nous signalons parmi ces ouvrages les savants travaux de M. Emile Delecroix : le premier, il a donné le développement complet d'une matière à laquelle les auteurs qui l'avaient précédé ne consacraient que quelques pages ; aujourd'hui encore, c'est son important *Traité de la Législation des sociétés de mines* qui fait autorité en la matière.

De notre côté, nous croyons pouvoir revendiquer la priorité d'une étude spéciale sur les compagnies houillères du Nord de la France. Nous l'avons préparée par l'examen minutieux des statuts de ces sociétés ; ils ne contiennent, nous l'espérons du moins, aucune clause intéressante que nous n'ayons exposée et critiquée. Nous avons aussi commenté un très grand nombre de décisions de jurisprudence rendues sur des espèces intéressant les compagnies actuelles ou leurs devancières.

A. C.

LES SOCIÉTÉS HOUILLÈRES

DU NORD ET DU PAS-DE-CALAIS

INTRODUCTION HISTORIQUE

Nous ne voulons que tracer dans ses grandes lignes
l'histoire des compagnies houillères du bassin du Nord et
du Pas-de-Calais, qui a été écrite ailleurs avec détails (1).
Ce bassin, complètement ignoré il y a deux siècles, a aujourd'hui une telle importance qu'il produit à lui seul plus
de la moitié de la houille extraite en France. En 1894 (chiffres définitifs) la production des combustibles minéraux
a été de 27.416.905 tonnes, sur lesquelles 15.632.663 venaient de notre bassin ; en 1895 (chiffres provisoires), la
proportion a été de 16.139.306 tonnes sur un total de
28.236.039.

Le bassin du Nord et du Pas-de-Calais proprement dit,
ou bassin de Valenciennes, comprend 42 concessions, exploitées par 25 compagnies. En outre, dans le département
du Pas-de-Calais se trouve le bassin du Boulonnais, qui se

---

(1) Voir notamment: Edouard Grar, *Histoire de la recherche de la houille
dans le Hainaut* ; Vuillemin, *Les mines de houille d'Aniche, Le bassin
houiller du Pas-de-Calais* ; Emile Delecroix, *Statistique des houillères*.

compose de 3 concessions dont une seule est encore exploitée aujourd'hui.

I. — XVIIIe siècle.

Au commencement du XVIIIe siècle, le bassin du Boulonnais seul était connu. Peu étendu, il n'a jamais fourni
qu'une assez faible quantité de charbon, et aujourd'hui il
est presque épuisé. Sa découverte date de l'année 1692. A
cette époque, la duchesse d'Usez venait, par arrêt du Conseil d'Etat du roi du 29 avril 1692, d'être subrogée dans
les droits et privilèges accordés au duc de Montausier son
père, par arrêt du 16 juillet 1689 ; elle avait donc le monopole des mines de charbon du royaume ; mais elle avait
reconnu aux sieurs de Taigny et de Mason la permission
de faire « ouvrir et fouiller dans l'étendue des terres de
Réty, Austry, et dans la terre d'Arquiau, situées en Boulo-
nois ».

Le 6 juin 1744 un arrêt du Conseil donne au duc et à la
duchesse d'Aumont la concession des mines de charbon
du Boulonnais, « avec exception du village de Fiennes et
de son territoire en faveur du sieur de Fontanieu, et des
terres de Réty et Austruy en faveur du sieur de Bucamp.
D'autres arrêts du 9 juin 1771, du 14 mars 1784, du 31 juillet 1784, désignent le duc de Villequier comme successeur
du duc d'Aumont et réglementent les droits des concessionnaires et des propriétaires du sol.

A la fin du XVIIIe siècle, le vicomte Désandrouin était
propriétaire des mines de charbon d'Hardinghem, Réty et

Austruy « comme aux droits pour lesdites mines de M. le duc d'Aumont. » Dans une lettre qu'il écrivait le 13 décembre 1773 (1) à M. de Trudaine, intendant général des finances, il exposait qu'il était parvenu, par un travail soutenu pendant 7 ans et des dépenses qu'il évaluait à plus de 500.000 livres, à s'assurer les meilleures mines du Boulonnais, « où l'on extrait par jour 230 rasières de charbon ». Il y dit encore que c'est son père qui avait « commencé à y faire extraire avec principes les mines de charbon », de même qu'il avait créé les exploitations houillères du Hainaut français.

Le nom des Désandrouins est en effet attaché à la découverte de notre grand bassin de Valenciennes.

De l'autre côté de la frontière, dans le Hainaut autrichien et dans le pays de Liège, des exploitations prospères existaient depuis plusieurs siècles : au pays de Liège, les historiens font remonter la découverte de la houille à l'an 1198 ; dans le Hainaut, le plus ancien document relatif aux mines de charbon est un règlement du 6 juin 1248.

En 1716, Nicolas Désaubois, pensant que le charbon devait exister sur la rive gauche comme sur la rive droite de l'Escaut, forma une société et commença des travaux de recherche dans le Hainaut français, à Fresnes. Le 8 mai 1717, il obtint la première concession : c'est l'origine de la compagnie d'Anzin, la première et la plus importante de nos sociétés houillères ; c'est elle qui démontra l'existence de la houille dans le Nord de la France ; c'est son exemple, ce sont ses succès qui ont fait naître toutes ces

---

(1) *Archives départementales du Pas-de-Calais ; Fonds de l'Intendance*, série C, art. 67.

sociétés qui ont par la suite créé les diverses exploitations
dont se compose notre bassin. Mais n'anticipons pas. Les
débuts furent peu brillants : Désaubois, ruiné, abandonna
son entreprise après avoir découvert la houille le 3 février
1720 ; ce n'était que de la houille maigre.

Pierre Désandrouin Desnoelles racheta son matériel et
lui fut subrogé par arrêt du 22 février 1722. Parmi ses associés se trouvaient son frère, le vicomte Jacques Désandrouin et Pierre Taffin, qui restèrent bientôt seuls à la tête
de l'exploitation. Ils eurent à lutter contre les plus grandes difficultés matérielles, notamment contre l'envahisse-
ment des eaux : dans tout le Hainaut français, il faut, en
effet, pour arriver à la formation houillère, traverser un
terrain où les eaux sont si abondantes qu'on lui a donné
le nom de Torrent. Tous les obstacles furent vaincus par
le génie de Jacques Mathieu, que Désandrouin avait eu la
bonne fortune de s'attacher : le 24 juin 1734 fut rencon-
trée la première veine qui pût rémunérer les travaux ; on
lui a donné le nom de veine Maugretout, c'est-à-dire trouvée malgré tout.

Mais bientôt se dressa devant les heureux inventeurs
un nouvel obstacle suscité par la législation féodale : les
seigneurs hauts-justiciers, frappés des succès de la jeune
société, invoquèrent leur droit d'« avoir en terre non ex-
trayé » pour exploiter eux-mêmes le charbon qui existait
dans leurs terres. La compagnie Désandrouin se vit me-
nacée par la compagnie du prince de Croy-Solre et par
celle du marquis de Cernay : cette dernière avait pour directeur le sieur Laurent, d'une habileté consommée. De
nombreux procès eurent lieu entre Désandrouin et le mar-

quis de Cernay dont les terres pénétraient par plusieurs côtés dans la concession d'Anzin. Enfin, sous la haute médiation du prince de Croy, les trois sociétés rivales se fusionnèrent, et, le 19 novembre 1757, fut signé l'acte de société qui forme encore aujourd'hui la charte de la compagnie d'Anzin. Le prince de Croy apporta ses concessions de Vieux-Condé et d'Hergnies obtenues les 4 octobre 1749 et 20 avril 1751 et la concession de Fresnes octroyée le 16 mars 1756 ; le marquis de Cernay, celle de Raismes accordée le 3 décembre 1754 ; la compagnie Désandrouin et Taffin, celle d'Anzin, prorogée en leur faveur le 29 mars 1735.

A dater de ce moment jusqu'en 1790 la production d'Anzin augmenta d'une façon continue, et, à partir de 1772, des dividendes dont le taux alla toujours croissant, furent distribués presque sans interruption.

La réussite de cette entreprise encouragea plusieurs compagnies à chercher la même fortune. Celle du marquis de Trainel, fondée le 11 novembre 1773, découvrit la houille à Aniche, le 11 septembre 1778 : le 10 mars 1774, avait été accordée la concession dite d'Aniche, qui fut augmentée le 6 août 1779, puis restreinte à six lieues carrées en vertu de la loi du 28 juillet 1791. La compagnie d'Aniche fut moins heureuse dans ses débuts que celle d'Anzin : à la Révolution, aucun dividende n'avait été distribué à ses actionnaires.

D'autres sociétés furent encore formées, mais n'aboutirent qu'à des échecs. Un arrêt du 16 décembre 1736 avait accordé à Désandrouin et Taffin la concession de tout le terrain compris entre la Scarpe et la Lys ; un autre arrêt dû 7 mars 1752 constate qu'ils n'en ont fait aucun usage, et la donne à Guillaume Turner, négociant à Valenciennes. Le 31 juillet 1766, nouvel arrêt permettant au sieur Desmaizières de faire des recherches dans ses terres de Trith, Maing et Verchineul. Le 27 janvier 1767, le sieur Laurent obtient la faculté d'extraire le charbon dans la banlieue de Valenciennes, le long de la rive droite de l'Escaut ; le 31 janvier 1769, la rive gauche lui est ouverte. Enfin le 16 septembre 1770, un arrêt concède à Hippolyte Martho « les mines de charbon de terre qui se trouvent ou pourraient se trouver dans la partie de la banlieue de Valenciennes qui s'étend le long de la rive droite de l'Escaut, y compris St-Saulve, la Briquette et Marly, et tous les terrains situés entre l'Escaut et la rivière du Honneau, depuis Valenciennes jusqu'à Crespin ».

La plus importante de ces compagnies fut celle que les sieurs Havez et Le Cellier fondèrent sous le nom de Willturner ou Guillaume Turner. Ils ouvrirent des fosses à Marchiennes (1752), à Equerchin près de Douai (1753-1759), puis s'avançant vers Arras et la Picardie, ils creusèrent à Rœux (1759), à Fampoux, à Halloy, à Bienvillers-au-Bois (1763), à Pommiers (1765). Partout ils furent arrêtés par les eaux qu'ils ne purent traverser.

Déjà la compagnie Dona, puis la compagnie de Villers, avaient échoué entre Arras et Lens, et à Pernes, Souchez et Monchy-le-Preux. Les Etats d'Artois, dans l'assemblée du 17 novembre 1777, prirent la résolution de demander un privilège exclusif pendant trente ans pour ceux qu'ils agréeraient, et de leur accorder une somme de 200.000 livres lorsqu'ils auraient mis en Artois une mine de charbon en pleine exploitation. Plusieurs compétiteurs surgirent : les principaux furent le prince de Croy au nom de la compagnie d'Anzin, le marquis de Trainel au nom de celle d'Aniche, le duc de Guines, le sieur Libotton et la compagnie Havez et Le Cellier. Aniche obtint l'extension de sa concession entre Douai, Arras et Cambrai ; Anzin reçut en partage le centre de l'Artois, entre Arras, Lens, Pernes, Hesdin et St-Pol : elle fit des sondages à Savy et à Berlettes ; tout le reste du territoire fut octroyé au duc de Guines, qui ouvrit des fosses à Achicourt et à Tilloy, aux environs d'Arras. Aucune de ces compagnies ne découvrit la houille.

D'autres recherches infructueuses avaient été faites, vers 1780, par M. Le Sergeant d'Isbergues dans sa terre de Fouquesolles, près de St-Omer.

II. — De 1789 à 1846.

A la révolution, la compagnie d'Anzin seule était prospère ; Aniche continuait ses travaux sans réaliser de bénéfice appréciable ; les recherches de l'Artois restaient sans résultat. Bientôt l'invasion du pays par les Autrichiens qui dévastèrent, en 1792, les établissements d'Anzin, l'émigration d'un grand nombre d'associés et la Terreur, arrêtèrent partout les travaux, à l'exception de ceux d'Anzin et d'Aniche, dont la production diminua cependant. En l'an IX, l'ancienne compagnie du duc de Guines fut dissoute et son matériel vendu.

Les parts des émigrés dans les compagnies d'Anzin et d'Aniche furent confisquées par le gouvernement, puis rétro-cédées aux associés non émigrés, conformément à l'article 4 du décret de la Convention du 17 frimaire an III.

A Anzin, Désandrouin racheta pour son compte les parts confisquées, quatorze sous, un denier, douze dix-neuvièmes de denier et vingt-quatre trente-huitièmes d'un dix-neuvième de denier, soit plus des 7/12 des actions. Cette cession lui fut faite par arrêté du directoire du département du Nord, le 22 prairial an III, moyennant la somme de 2.418.506 livres, 18 sous, 5 deniers, payable en assignats. Ces parts furent ensuite cédées à divers capitalistes.

A Aniche, les intérêts des émigrés furent abandonnés par le gouvernement à la compagnie, par arrêté du 3 fructidor an III, à charge par elle d'acquitter la totalité des créances qui existaient à sa charge : le gouvernement ne lui avait en somme cédé que des dettes. Un arrêté du 24 frimaire an VII confirma cette cession. Une assemblée générale, tenue le 15 pluviôse an VIII, décida d'offrir aux émigrés ou à leurs parents de reprendre leurs parts ; dans l'assemblée générale du 28 fructidor an VIII, il fut rendu compte par les directeurs « qu'aucun intéressé émigré ni aucun de leurs parents ne se sont présentés pour la reprise de leurs intérêts, quoiqu'il leur a été offert ». En conséquence ces intérêts furent distribués entre les associés restants.

Lorsque la tourmente révolutionnaire se fut apaisée, la situation devint meilleure. Aussi, en 1802, MM. Cordier de Caudry et Cordier d'Haupret réclamèrent-ils à la compagnie d'Aniche les parts d'intérêt qu'avait possédées leur père, ancien directeur de la Compagnie. A l'assemblée

générale de 1803, plusieurs membres témoignèrent le désir de remettre à la compagnie la portion d'intérêts qu'ils
tenaient du partage de l'an VIII, pour en former une masse
destinée à être partagée entre les anciens émigrés ; ils ne
demandaient que le remboursement de leurs avances de
fonds. Une circulaire fut envoyée le 20 juin 1803 ; quelques sociétaires acceptèrent la proposition, d'autres refu-
sèrent, et finalement le partage de l'an VIII fut maintenu.
Les héritiers Cordier intentèrent alors à la compagnie une
action en revendication des deniers confisqués à leur père ;
le 11 juillet 1810, le Tribunal civil de Valenciennes se déclara incompétent, et le 10 juillet 1811, le Conseil de pré-
fecture du Nord rejeta leur réclamation. Le Tribunal de
Douai repoussa de même une demande similaire de
MM. Bouchelet, le 6 mai 1824, et une autre des héritiers
du baron de Nédonchel, le 30 août 1861 ; la Cour de Douai
confirma ce jugement le 1er mars 1862.

Les émigrés de la compagnie d'Anzin furent plus heureux : le 1er juin 1806, les associés régisseurs délibérèrent
« 1º Qu'il serait acheté trois sols, lesquels serviront à indemniser les familles dont les intérêts ont été confisqués
et vendus par le domaine public ; — 2º Que, pour concou-
rir à cette acquisition, il serait prélevé sur les caisses de
la compagnie une somme de 800,000 livres, payable en
quatre ans et en neuf paiemens égaux de quatre mois en
quatre mois, à partir du 1er septembre prochain, la somme
nécessaire pour compléter le prix de trois sols devant être
fournie particulièrement par les associés à titre national et
de leurs deniers ; — 3º Qu'au fur et à mesure qu'il sera fait
des acquisitions pour compléter les trois sols dont s'agit,

les reventes se réaliseront en faveur des familles à indemniser, dans une proportion du quart environ des intérêts qu'ils possédaient ; les premières reventes auront lieu d'abord en faveur de Mme d'Aremberg et de la famille de Croy ; ensuite viendront celles Taffin et Cordier, et pour les autres on suivra l'ordre que prescrivent leurs besoins. »

Cependant les travaux se continuaient : Aniche vivait péniblement des ressources de son exploitation et adressait au préfet du Pas-de-Calais une demande en concession des terrains s'étendant des glacis de la citadelle d'Arras sur les territoires des communes situées à l'est et au nord de la ville.

En 1806, une nouvelle compagnie reprend les recherches entre Arras et Douai, à Monchy-le-Preux : elle échoua comme les précédentes.

Seule, la compagnie d'Anzin prospérait. Elle obtint successivement les concessions de Saint-Saulve (31 octobre 1807), de Denain (30 juin 1831), d'Odomez (6 octobre 1832) et d'Hasnon (19 mai 1843).

Pendant qu'Anzin faisait des recherches vers Denain, au sud de sa concession, plusieurs propriétaires du pays entreprirent des sondages non loin de là, à Douchy ; ils s'associèrent les frères Mathieu, d'Anzin. Ils découvrirent la houille, et la concession de Douchy leur fut accordée le 12 février 1832. En 1835, cinq fosses y étaient déjà en exploitation. Aussitôt de nouvelles sociétés de recherches explorèrent les environs, mais elles échouèrent toutes.

En même temps, au midi d'Aniche est créée la concession d'Azincourt (29 décembre 1840) et sur les confins d'Anzin sont accordées les concessions de Crespin (21 mai 1836), d'Escaupont, Thivencelles et Saint-Aybert (10 septembre 1841), qui sont exploitées par la compagnie de Thivencelles et Fresnes-Midi, de Bruille (16 octobre 1832), Château-l'Abbaye (17 août 1836) et Vicoigne (12 septembre 1841) ; ces trois dernières appartenant à la compagnie de Vicoigne.

On le voit, une grande activité régnait à cette époque ; le bassin du Nord était alors presqu'entièrement constitué. De même qu'il continue en France les mines de charbon de Belgique, de nouveaux explorateurs recherchèrent son prolongement dans le Pas-de-Calais. Ce fut encore en ligne droite, c'est-à-dire vers Arras, que l'on crut trouver cette extension. L'insuccès des sondages du XVIIIe siècle n'était cependant pas oublié ; mais on l'attribua d'une part à l'insuffisance des fouilles pratiquées alors, et d'autre part aux sourdes menées de la compagnie d'Anzin, prétextes ordinaires des chercheurs malheureux. Le sort de la compagnie des mines d'Arras, de la compagnie de l'Artois, de la société du département du Pas-de-Calais, de la compagnie artésienne, de la compagnie de Vitry, d'autres encore, ne fut pas meilleur que celui de la compagnie de Le Cellier et Havez, dont les anciens puits furent inutilement rouverts. En 1840, tout espoir de trouver de la houille dans le Pas-de-Calais était perdu : les sociétés dont nous venons de parler se liquidèrent toutes avec pertes et il en résulta des procès dont nous aurons l'occasion de parler dans le cours de ce travail.

III. — De 1846 à 1896.

Le moment était proche cependant où de florissantes exploitations houillères allaient se former dans le département du Pas-de-Calais. En 1846, M. Mulot, l'entrepreneur du puits de Grenelle à Paris, travaillait à la création d'un puits artésien dans le parc de Mme de Clercq, à Oignies ; l'un de ses forages rencontra la houille à 151 mètres. Cette découverte passa d'abord inaperçue ; mais bientôt le bruit s'en répandit. L'un des agents de la compagnie d'Anzin vint vérifier le fait, et l'on comprit alors que l'immense bassin qui vient de la Westphalie et de la Belgique, en passant par Aix-la-Chapelle, Liège, Charleroy et Mons, et qui descend en France jusqu'à Douai, se relève dans le Pas-de-Calais par un coude brusque vers le nord-ouest.

Dès 1847, la compagnie charbonnière de la Scarpe s'établit entre Douai et Oignies, découvre la houille, et obtient le 27 novembre 1850 la concession de l'Escarpelle dont elle prend le nom. Bientôt, le 5 août 1852, la concession de Dourges est accordée aux premiers inventeurs, Mme de Clercq et M. Mulot, et celle de Courrières à la compagnie Crespel, Bigo et consorts : c'est encore un Mathieu qui avait fait les premiers sondages qui démontrèrent la présence du gisement houiller sur le territoire de Courrières.

Dès lors la voie était tracée, et le bassin du Pas-de-Calais se constitua rapidement. Il s'avance de l'est à l'ouest avec les concessions de Lens, Bully-Grenay et Nœux, octroyées le 15 janvier 1853 aux compagnies de Lens,

Béthune et Vicoigne. Le 20 décembre 1855, la concession de Ferfay est accordée à la société de Ferfay et Ames. Quelques jours après, le 29 décembre, les concessions de Marles et de Bruay (cette dernière obtenue par la compagnie Leconte), la relient à celle de Nœux, et la concession d'Auchy-au-Bois la prolonge dans la direction du Boulonnais.

Cependant, à partir de Nœux, le bassin houiller semblait se partager en deux branches : celle du Nord donna lieu à la concession de Vendin-lez-Béthune (6 mai 1857), et celle du Sud, comprenant déjà Bruay, Marles, Ferfay et Auchy, se continua par la concession de Fléchinelle, accordée à la compagnie de la Lys-Supérieure, le 31 août 1858.

Pendant ce temps la concession de Marly se créait aux environs de Valenciennes (18 décembre 1856).

Allait-on retrouver le bassin du Boulonnais ? On le crut, mais les sociétés qui entreprirent des sondages n'obtinrent aucun résultat : aucune exploitation ne put s'établir au delà de Vendin, d'une part, de Fléchinelle d'autre part.

En revanche, on s'aperçut bientôt que les concessions accordées ne couvraient pas, comme on l'avait pensé, toute la largeur du bassin houiller. Et tandis que plusieurs des compagnies que nous venons de citer obtenaient des extensions notables, des concessions nouvelles étaient accordées vers le Nord : ce furent Carvin, Ostricourt (compagnie douaisienne), Meurchin, Annœullin, Douvrin, qui furent concédées, les premières le 19 décembre 1860, et la dernière le 18 mars 1863. Au Sud s'établirent les exploitations de Liévin (15 septembre 1862), de Cauchy-à-la-Tour (21 mai

1864), de Courcelles-lez-Lens (18 septembre 1877), et de Drocourt (22 juillet 1878).

Toutes ces sociétés ne furent pas également prospères. Il ne rentre pas dans notre plan de retracer leurs vicissitudes ; disons seulement que si la fortune a souri à bon nombre d'entre elles, les premières compagnies d'Azincourt, de Crespin, de Ferfay, de Marly, ruinèrent leurs actionnaires. Ainsi en fut-il de Courcelles-lez-Lens, dont la concession a été rachetée par l'Escarpelle et d'Annœullin qui fut en partie abandonnnée et en partie reprise par Meurchin. Vendin-lez-Béthune fut vendue en 1884. Auchy-au-Bois aboutit à un désastre ; la concession passa alors à la compagnie de Lières qui ne fut pas plus heureuse ; le même sort était réservé à sa voisine, la Lys-Supérieure et à Fléchinelle qui réunit les deux concessions : celle-ci fut mise en faillite le 13 juin 1893.

Dans le Boulonnais, les résultats furent lamentables. Les diverses compagnies qui voulurent exploiter les concessions d'Hardinghem (19 frimaire an IX), de Ferques (27 janvier 1837) et de Fiennes (29 décembre 1840) ont aujourd'hui disparu. La seule concession d'Hardinghem est actuellement exploitée par M. Breton.

La plupart des exploitations ont eu un meilleur sort. En 1872, elles subirent toutes la crise générale dont la principale cause fut le développement de l'industrie, surtout de celle du fer, et, pour notre bassin, celui de la fabrication sucrière ; ajoutons la panique des consommateurs et la spéculation des détenteurs. Le charbon, très demandé, atteignit un prix considérable : la hausse commença chez nous en janvier 1872 et arriva à son maximum en janvier 1873. En même temps, l'extraction était poussée avec la plus grande activité. Le taux des dividendes augmentait aussi, et, avec lui, la valeur des actions : la surélévation des cours, de 1872 à 1875, a été inouïe. Mais bientôt le prix du charbon s'abaissa et les actions reprirent un cours plus normal.

Tout récemment, deux nouvelles concessions ont été octroyées : celle de Flines-lez-Raches, le 9 août 1892, au nord d'Aniche, et celle de la Clarence, le 13 août 1895, au sud de Marles. Le 24 février 1894, la compagnie d'Annezin reprenait l'exploitation de Vendin-lez-Béthune. Enfin, en 1896, une nouvelle compagnie vient de se créer pour approfondir les anciens puits de Marly : des sondages récents font croire en effet à l'existence de la houille dans ces parages, à des profondeurs beaucoup plus considérables qu'on ne le pensait jusqu'ici.

Ajoutons en terminant que l'on vient de découvrir en Angleterre le terrain houiller près de Douvres, c'est-à-dire au nord du prolongement supposé du bassin du Boulonnais. Dans l'espoir de relier nos exploitations actuelles à ce nouveau gisement, un grand nombre de sondages ont été entrepris en 1896 depuis Boulogne jusqu'à Dunkerque et la Belgique. Nous n'entrons pas dans le détail de toutes les sociétés qui se sont formées, car aucune n'a réussi dans ses recherches. Aujourd'hui il paraît difficile d'admettre qu'il existe un gisement exploitable en dehors des concessions actuelles.

Voici la liste de nos compagnies avec le nom des concessions qu'elles exploitent :

Compagnies.	*Concessions.*
1. Aniche	Aniche.
2. Annezin.	Vendin.
3. Anzin.	Anzin, Vieux-Condé, Raismes, Fresnes, Saint-Saulve, Denain, Odomez, Hasnon.
4. Azincourt. . . .	Azincourt.
5. Béthune	Bully-Grenay.
6. Bruay	Bruay.
7. Carvin	Carvin.
8. Clarence (la) . .	La Clarence.
9. Courrières. . . .	Courrières.
10. Crespin-Nord . .	Crespin.
11. Douchy.	Douchy.
12. Dourges	Dourges.
13. Drocourt	Drocourt.
14. Escarpelle (l') . .	Escarpelle(l'),Courcelles-lez-Lens
15. Ferfay	Ferfay, Cauchy-à-la-Tour.
16. Flines-lez-Raches.	Flines-lez-Raches.
17. Lens	Lens, Douvrin.
18. Liévin	Liévin.
19. Ligny-lez-Aire. .	Auchy-au-Bois, Fléchinelle.
20. Marles	Marles.
21. Marly.	Marly.
22. Meurchin	Meurchin, Annœullin.
23. Ostricourt. . . .	Ostricourt.
24. Thivencelles et Fresnes-Midi. .	Escaupont, Saint-Aybert, Thivencelles.
25. Vicoigne-Nœux .	Bruille, Château-l'Abbaye, Vicoigne-Nœux.

CHAPITRE PREMIER

GÉNÉRALITÉS.

1. — Utilité de l'association pour l'exploitation des concessions houillères.

1. L'importance de nos concessions houillères est telle qu'elles ne peuvent être exploitées par des particuliers. Nous ne saurions mieux mettre en relief cette vérité qu'en présentant le tableau de la superficie occupée par chaque société et de la production de chacune d'elles.

	SUPERFICIE	PRODUCTION	
		1894	1895
	Hectares	Chiffres définitifs Tonnes	Chiffres approximatifs Tonnes
Aniche.	11.850	842.774	855.442
Annezin	1.166	103.317	106.686
Anzin	28.054	2.860.385	2.842.000
Azincourt. . . . . . ,	2.182	90.057	90.301
Béthune	6.352	1.068.886	1.012.715
Bruay	3.809	1.020.098	1.151.228
Carvin	1.150	238.132	254.461
Clarence (la)	746	»	»
Courrières	5.459	1.497.306	1.552.736
Crespin	2.842	61.317	50.184
Douchy.	3.419	341.677	348.063
Dourges	3.787	568.929	646.171
Drocourt.	2.544	370.110	524.870
Escarpelle (l')	4.721	538.870	570.083
Ferfay	1.700	212.274	190.210
Flines-lez-Raches. . .	2.850	»	»

Lens.	6.939	2.286.701	2.364.730
Liévin	2.981	785.812	808.270
Ligny-lez-Aire	3.463	12.975	16.401
Marles	2.990	786.637	797.870
Marly	3.313	»	»
Meurchin.	2.684	384.600	391.636
Ostricourt	2.300	201.200	195.600
Thivencelles et Fresnes-Midi.	1.546	145.501	145.746
Vicoigne-Nœux. . . .	10.618	1.212.683	1.222.374

2. On comprend quelle somme d'efforts et quelles avances de fonds ont nécessitées de pareilles entreprises. « Ce qu'il faut réunir de capitaux pour établir des travaux réguliers est considérable, disait le comte Stanislas de Girardin dans son rapport au Corps législatif (1), ce qu'il faut en dépenser avant d'obtenir un produit est immense. » Et prenant un exemple dans le Nord il ajoutait : « On assure que la compagnie qui exploite les mines d'Anzin a travaillé pendant vingt-deux ans avant de parvenir à extraire du charbon, et a dépensé plus de seize millions pour établir toutes les machines nécessaires à leur exploitation. »

Mirabeau, dans son discours du 21 mars 1791 à l'Assemblée nationale, avait déjà décrit ces épreuves qui ruinèrent le premier entrepreneur d'Anzin, Nicolas Désaubois. La Compagnie d'Anzin, dit-il, « obtint une concession, non pour exploiter une mine, mais pour la découvrir, lorsqu'aucun indice ne l'annonçait. Ce fut après vingt-deux ans de travaux qu'elle toucha la mine. Le premier filon était à trois cents pieds et n'était susceptible d'aucun produit. Pour y arriver il avait fallu franchir un torrent intérieur qui couvrait tout l'espace dans l'étendue de plu-

(1) Séance du 21 avril 1810 (Locré, t. IX, p. 509).

sieurs lieues. On touchait la mine avec une sonde ; et il fallait non pas épuiser cette masse d'eau, ce qui était impossible, mais la traverser. Une machine immense fut construite, c'était un puits doublé de bois. On s'en servit pour contenir les eaux et traverser l'étang. Ce boisage fut prolongé de neuf cents pieds de profondeur. Il fallut bientôt d'autres puits du même genre, et une foule d'autres machines. Chaque puits en bois dans les mines d'Anzin, de quatre cent soixante toises à plomb (car la mine a douze cents pieds de profondeur), coûte 400,000 livres. Il y en a vingt-cinq à Anzin et douze aux mines de Fresnes et de Vieux-Condé : cet objet seul a coûté 15 millions. Il y a douze pompes à feu de 100,000 livres chacune. Les galeries et les autres machines ont coûté 8 millions ; on y emploie six cents chevaux ; on y occupe quatre mille ouvriers. Les dépenses en indemnités accordées selon les règles que l'on suivait alors, en impositions et en pensions aux ouvriers malades, aux veuves, aux enfants des ouvriers, vont à plus de cent mille livres chaque année... A quoi cependant a-t-il tenu que cette mine, que tous les étrangers reconnaissent pour l'une des plus belles de l'Europe, n'ait ruiné les capitalistes dont elle avait absorbé la fortune ? »

3. La Compagnie d'Aniche, elle aussi, a connu des débuts fort difficiles. Ce n'est que dans la nuit du 11 au 12 septembre 1778, après cinq années de travaux, qu'elle découvrit la houille. Ses actionnaires avaient dû fournir jusqu'à concurrence de 11.000 livres par sol. En 1790, en 1795, des associés quittèrent la société en payant leur part des dettes et en abandonnant tous leurs droits. Vers 1837 seulement, de nouveaux capitalistes se rendirent acquéreurs d'un grand nombre d'actions (1) et imprimèrent à l'entreprise une vigoureuse impulsion. Jusqu'en 1846, il ne fut distribué que huit dividendes, dont deux en vieux charbon qu'on ne pouvait pas vendre, formant en totalité 657 fr. 57 par denier (2).

Après les sacrifices considérables des sociétés qui finalement en ont été rémunérées, faut-il rappeler les désastres qui ont englouti à tout jamais les capitaux qui avaient été engagés dans les Compagnies d'Annœullin, d'Auchy-au-Bois, de Cauchy-à-la-Tour, de Courcelles-lez-Lens, de Ferfay et Ames, de Fiennes et Hardinghem, de Fléchinelle, de Lières, de la Lys-Supérieure, de Marly, de Vendin-lez-Béthune, et dans ce nombre considérable de sociétés de recherches qui, depuis deux siècles, ont criblé le Nord et le Pas-de-Calais de sondages infructueux !

En 1879, M. Vuillemin évaluait à 450 millions de francs l'importance des capitaux dépensés dans les houillères des bassins du Nord et du Pas-de-Calais ; il faisait remarquer en outre que 12 sociétés seulement sur 33 avaient pu distribuer un intérêt à leurs actionnaires, et que bien des exploitations n'avaient abouti qu'à des pertes pour les capitalistes qui les avaient entreprises.

4. De tels risques et de telles dépenses supposent nécessairement l'association et ne sauraient être le fardeau d'un seul. Aussi l'article 13 de la loi du 21 avril 1810 permet-il d'accorder à des sociétés les concessions de mines. « Tout Français ou tout étranger naturalisé ou non en France, agissant isolément ou *en société*, a le droit de de-

---

(1) Vuillemin, *Les mines de houille d'Aniche*, p. 89.
(2) *Ibidem*, p. 78 et 104.

mander et peut obtenir, s'il y a lieu, une concession de
mines. » Déjà l'article 8 l'avait indiqué en parlant des
« actions ou intérêts dans une société ou entreprise pour
l'exploitation des mines ».

5. Ce n'est qu'à titre exceptionnel que l'on trouvera une
houillère appartenant à un seul propriétaire. Nous en
avons un exemple dans l'exploitation restreinte d'Hardinghem : depuis 1889, la production la plus forte y a été
de 4.151 tonnes, en 1891 ; en 1895, elle est descendue
à 1.529 tonnes. Il n'y a qu'un seul puits en activité ;
le personnel comprend à peine soixante ouvriers. M. Lu-
dovic Breton s'en est rendu acquéreur en 1882 au prix de
17.000 francs.

M. Bureau avait également acheté, en 1884, pour
150.000 francs, la concession de Vendin, y compris le château d'Annezin, après la dissolution de la société fondatrice. Aujourd'hui, c'est la Compagnie d'Annezin, constituée en 1894, qui en est propriétaire.

6. Chacune de nos concessions, à une exception près,
est donc entre les mains d'une société. Il y a même pour
Marles, particularité singulière, deux compagnies en présence.

Elles sont nées de la convention du 15 novembre 1852
entre MM. Bouchet et Lacretelle, ingénieurs, et M. Emile
Rainbeaux : « MM. Lacretelle et Bouchet ayant fait aux
environs de Lillers (Pas-de-Calais) des recherches de
houille qui leur donnent des droits d'inventeurs, aux termes de la loi du 21 avril 1810, forment, par ces présen-
tes, avec M. Emile Rainbeaux une association... » Ce dernier est autorisé à faire en son nom la demande de con-

cession et se charge de l'établissement de l'exploitation ;
en compensation, 30 0/0 des bénéfices nets sont attribués
à MM. Bouchet et Lacretelle, les 70 0/0 restants appartiendront à M. Rainbeaux. Les deux parties s'étaient réservé
de constituer chacune une société ; cette double faculté a
été réalisée, et il en existe aujourd'hui deux : l'une, dite
des 70 0/0, qui est propriétaire des mines et les exploite,
l'autre, dite des 30 0/0 ou des fondateurs.

Il résulte de ces conventions que ces deux sociétés sont
associées entre elles ; par conséquent, si la Compagnie
houillère de Marles (70 0/0) venait à opérer sa liquidation,
elle n'aurait pas pour créancière la Société des 30 0/0 ;
celle-ci ne peut prétendre qu'à une part des bénéfices, et ses
fondateurs ont fait abandon de leurs droits d'inventeurs ;
c'est leur mise sociale dans l'association. D'autre part, la
Société des 30 0/0 n'a pas à craindre d'être recherchée par
les créanciers de la Compagnie des 70 0/0 ; car elle ne
s'est engagée à contribuer aux dettes que par l'abandon
des droits des inventeurs ; de plus, ces créanciers n'auraient contracté qu'avec la Compagnie houillère. Ces deux
sociétés sont donc entièrement distinctes l'une de l'autre,
bien que formant entre elles une association.

7. Il y eut également un instant deux sociétés relatives
à l'exploitation de Ferfay, mais leur organisation était
toute différente : pour venir en aide à la Société civile propriétaire des mines de Ferfay et Ames, il fut créé, en
1878, une société financière de crédit ayant pour but d'a-
cheter les obligations de la Compagnie houillère, produc-
tives d'un intérêt de 6 0/0, et de lui faire l'avance des
sommes nécessaires pour le paiement des charges annuelles.

A son tour, la Compagnie houillère garantissait à la Société de crédit l'intérêt de 6 0/0 de tout son capital, l'amortissement de ce capital avec une prime de 10 0/0, et une part dans les bénéfices.

Ces ressources ayant été insuffisantes, la Compagnie de Ferfay fut dissoute le 23 mars 1880. Le liquidateur réclama aux actionnaires 1.500 francs par action, pour éteindre les dettes, y compris le remboursement des avances de la Société de crédit. L'un des actionnaires, refusant de payer sa part contributive, fut actionné devant les tribunaux, et soutint subsidiairement que la Société de crédit était associée de la société charbonnière, que les fonds réclamés par elle étaient sa mise sociale et, comme tels, exposés à tous les risques de l'entreprise. La Cour de Douai, le 23 août 1882 (1), repoussa ses conclusions, parce que le contrat intervenu entre les deux sociétés ne renfermait ni l'intention de s'associer, ni la participation aux pertes, deux conditions du contrat de société. L'une était au contraire créancière de l'autre, et ses avances n'étaient faites qu'à titre de prêt ; car elle avait stipulé 6 0/0 d'intérêt et le remboursement de sa créance, qui deviendrait exigible, sans même qu'il y ait aucun bénéfice réalisé, du jour où ses avances, grossies des intérêts capitalisés, auraient atteint le chiffre de 2 millions.

II. — Caractères particuliers de nos sociétés.

8. Les compagnies houillères du bassin du Nord ont un caractère particulier incontestable. Cela tient à ce

(1) Dalloz, 1882.2.105 ; Jurisprudence de la Cour de Douai, 1882, p. 251.

que, d'une part, la loi du 21 avril 1810 a imposé aux sociétés minières la nature civile, d'accord en cela avec le Code de commerce pour lequel le cultivateur, ni le marchand d'immeubles ne peuvent être commerçants, et, d'autre part, l'importance de leur exploitation et la nature de leurs opérations les rapprochent des sociétés de commerce. Aussi les règles du Code civil sont-elles inconciliables avec les exigences de la pratique dans nos compagnies, et c'est pourquoi leurs statuts se sont efforcés de les écarter et de leur substituer parfois la forme, toujours le mécanisme des sociétés commerciales, au moins en partie ; ils ont aussi adopté certains usages du Hainaut et du pays de Liège, à l'imitation des sociétés charbonnières de Belgique, les voisines et les devancières des nôtres.

9. Les particularités de ce régime spécial consistent principalement « dans la division de l'avoir social en actions ; l'adoption souvent stipulée pour ces actions de la forme au porteur ; la création d'organes délibérants et exécutifs destinés à agir au nom de la société et à la représenter en justice ; la substitution du vote par sommes au vote par tête pour la détermination de la majorité dans les assemblées ; la faculté pour chaque associé de céder ses droits sociaux, en s'affranchissant pour l'avenir de toute obligation vis-à-vis de ses coassociés comme vis-à-vis des tiers ; l'affectation du patrimoine social aux créanciers de la société ; les droits de retrait et de préemption ; le droit de renonciation par voie d'abandon ; la suppression du mandat conférant à chacun des associés, dans le silence des statuts, le droit d'administrer les affaires sociales ; la restriction des engagements de l'associé au montant de

ses apports ; la continuation de la société malgré la mort, la faillite ou la déconfiture de l'un ou de plusieurs de ses membres ; enfin, l'impossibilité pour les intéressés de provoquer la dissolution de l'association, même lorsqu'elle a été contractée sans durée déterminée, etc. » (1).

La légalité de beaucoup de ces clauses n'a jamais été contestée ; il en est d'autres au contraire que les tribunaux se sont refusés à sanctionner. Nous étudierons en leur lieu et place les difficultés qui ont surgi sur chacun de ces points.

10. Cet aspect exceptionnel sous lequel se présentent nos sociétés a plusieurs fois attiré sur elles l'attention du législateur. En 1867, lors de la discussion de la loi sur les sociétés, le rapporteur, M. Mathieu, signalait au corps législatif (2) ces compagnies qui « se sont donné des statuts bigarrés où l'élément civil et commercial est combiné, dans une très large mesure, avec des clauses qui ne relèvent d'aucune loi, et appartiennent sans réserve à la liberté des conventions.

« C'est, ajoutait-il, dans le Nord et le Pas-de-Calais surtout que se rencontrent, en matière d'exploitation de mines, ces derniers exemples. On y voit un grand nombre de sociétés qui, s'affirmant sociétés civiles aux termes de l'article 32 de la loi du 21 avril 1810, divisent leur capital en actions au porteur le plus souvent, ou qui, nominatives au début, peuvent être et sont converties en actions au porteur. Presque toutes sont dirigées par des administrateurs nommés à vie et chargés de combler eux-mêmes,

(1) Lamache, *De la transformation des Sociétés civiles*, p. 4.
(2) *Moniteur universel*, 18 juillet 1867, p. 914.

par leur choix direct, les vides qui se font au sein du conseil d'administration. Ces conseils n'ont pas toujours à
côté d'eux des conseils de surveillance, et ils sont investis
de pouvoirs pour ainsi dire illimités. Les statuts proclament en même temps qu'ils sont irresponsables, si ce n'est
dans les termes et dans les limites des principes du mandat. Il est vrai qu'en même temps les statuts déclarent
qu'aucune solidarité n'existe entre les actionnaires, qui
ne peuvent, à quelque titre que ce soit, être tenus au delà
du montant des actions qu'ils auront souscrites. C'est-à-
dire qu'on ne rencontre là, si de telles stipulations étaient
obligatoires pour les tiers, ni les garanties de la loi civile,
ni celles de la loi commerciale, à laquelle ces sociétés empruntent une partie de son mécanisme et de ses formes.

« De telles sociétés sont-elles valables ? » se demande
M. Mathieu. Nous répondrons à cette question dans le cours
de ce travail, au fur et à mesure que nous rencontrerons
ces stipulations qui étonnaient le rapporteur du corps législatif.

11. Quelques jours auparavant, le 7 mai 1867, des observations analogues avaient été faites au Sénat (1) : le
sieur Playelle-Motte, propriétaire à Cambrai, exposait
dans une pétition que « certaines sociétés, notamment les
sociétés houillères, éludent les dispositions protectrices
établies soit par le Code Napoléon, soit par le Code de
commerce et les différentes lois commerciales.

« Ces sociétés, dites civiles, affectent les statuts et la
forme des sociétés commerciales, en s'affranchissant des
règles et garanties que la loi impose à ces dernières.

_____

(1) *Moniteur universel*, 8 mai 1867, p. 548.

« Ainsi, elles divisent leur capital en actions au porteur et proclament que les actionnaires ne sont tenus que jusqu'à concurrence de leur mise, et en même temps elles ont des administrateurs nommés à vie, affranchis de toute responsabilité personnelle, et qui ne sont même pas soumis au contrôle d'un conseil de surveillance.

« Leur Conseil d'administration se recrute lui-même, et ni les vacances, ni le décès de quelques-uns de ses membres, ne donnent aux actionnaires le droit d'intervenir dans un choix si important pour eux. »

Le rapporteur chargé de rendre compte de cette pétition, M. le premier président Devienne, ajoute que le pétitionnaire cite comme exemple les statuts de plusieurs sociétés charbonnières du Nord. Que ce soient des sociétés civiles, dit-il, cela n'est pas douteux, la loi de 1810 le proclame, et cela est conforme aux principes du Code de commerce, d'après lequel le cultivateur n'est pas commerçant. « Il est constant, ajoute-il, que la plupart d'entre elles n'ont ni conseil de surveillance, ni assemblée d'actionnaires dans les formes légales ; qu'elles vivent, en un mot, complètement en dehors des règles protectrices que la législation a cru devoir imposer aux sociétés dont le capital est divisé en actions.

« Cela est-il régulier ?..... C'est là une difficulté sur laquelle il n'a pas paru à votre commission qu'elle dût se prononcer. La solution engage en effet des intérêts actuels. L'avis donné par le Sénat constituerait une véritable consultation. C'est aux Tribunaux qu'il appartient de décider..... »

12. Tout récemment encore, M. Clausel de Cousser-

gues, rapporteur de la loi du 1ᵉʳ août 1893 à la Chambre
des députés, parlant de la proposition de M. Thellier de
Poncheville sur la transformation des sociétés civiles en
sociétés anonymes, disait : « Cette disposition a de l'intérêt
particulièrement pour les sociétés houillères du Nord et
du Pas-de-Calais. L'expérience et les réclamations formulées depuis longtemps en démontrent l'utilité » (1).

13. D'où vient cette physionomie, à ce point originale
que la Cour de cassation belge a pu dire, dans un arrêt du
17 juin 1864 : « La société charbonnière est une société
sui generis qui diffère essentiellement de la société ordinaire réglée par le Code civil ? » On l'a dit, cela tient à ce
que la société minière réunit trois caractères que l'on ne
rencontre pas, au moins d'une manière incontestée dans
les sociétés civiles ordinaires : elles sont des personnes
morales, leur durée est illimitée, ce sont des sociétés de
capitaux plutôt que de personnes. Ajoutons que leur capital est divisé en actions cessibles, et ce caractère résume
en somme les trois autres, dont il dérive.

§ I. — Personnalité morale.

14. La question de savoir si les sociétés civiles sont des
personnes morales a toujours été très discutée. La majorité des auteurs adopte la négative. La Cour de cassation
vient au contraire de se prononcer pour l'affirmative par
les arrêts du 23 février 1891 (2) et du 2 mars 1892 (3);

(1) Séance du 9 avril 1892, *Journal officiel*, 9 septembre 1892, annexe,
n. 2066, p. 972.
(2) Dalloz, 1891.1.337 ; Sirey, 1892.1.73.
(3) Dalloz, 1893.1.169 ; Sirey, 1893.1.497.

mais auparavant la jurisprudence refusait généralement aux sociétés civiles le privilège de la personnalité.

15. Les sociétés de mines n'ont jamais eu cette situation indécise, et la personnalité civile leur a toujours été reconnue. La loi du 21 avril 1810 la leur accorde en effet dans son article 8 : « Les mines sont immeubles... mais les actions ou intérêts dans une société ou entreprise formée pour l'exploitation des mines sont réputés meubles, conformément à l'article 529 du Code civil ». Ce texte sépare nettement la société minière de ses associés : ceux-ci ne sont pas propriétaires du fonds social, puisque leur droit est mobilier ; c'est donc que la société en est seule propriétaire. Par conséquent sa personne est distincte de celle des actionnaires, ses droits sont différents des leurs, en un mot c'est une personne morale.

Ce qui le prouve encore, c'est le renvoi que fait la loi de 1810 à l'article 529, d'après lequel « sont meubles... les actions ou intérêts dans les compagnies de finance, de commerce ou d'industrie », c'est-à-dire dans les sociétés commerciales. Nos sociétés sont donc assimilées aux compagnies de commerce, et celles-ci jouissent de la personnalité morale, tout le monde le reconnaît. Il n'en saurait être autrement, et si la loi ne paraissait pas le dire assez clairement, les paroles mêmes du législateur dissiperaient tous les doutes. Nous lisons en effet dans l'exposé des motifs du tribun Goupil-Prefeln (1) : « Chacune de ces compagnies est une personne morale qui agit, administre et régit les affaires de l'association, d'après des statuts qui règlent le

(1) Rapport au tribunat ; séance du 29 nivôse an XII (Locré, t. VIII, p. 66 ; Fenet, t. XI, p. 45 ; *Code civil et motifs*, t, IV, p. 15).

nombre, la qualité et les attributions de chacun de ses
agents ; ceux-ci, en se conformant à leur mandat, obligent
l'association ». Le droit de chacun des sociétaires « se borne
à demander, soit son dividende d'après le contrat de société,
soit, lors de la dissolution de la société, la liquidation de
sa portion afférente dans l'association ; mais tant que dure
la société, il n'est pas propriétaire de sa portion dans l'immeuble dont il ne peut user, mais de sa portion dans la
valeur de l'immeuble ».

16. Les auteurs sont unanimes à reconnaître la personnalité civile à nos compagnies ; citons notamment ceux
qui se sont spécialement occupés des sociétés minières :
Delebecque (*Législation des mines*, n° 1248) ; Peyret-Lallier (*Législation des mines*, n° 183) ; Bury (*Législation des
mines*, n° 1383) ; Laurent (*Principes de droit civil français*,
t. 26, n° 421) ; Delecroix (*Législation des sociétés de mines*,
n°ˢ 148 et suivants) ; Féraud-Giraud (*Code des mines et mineurs*, n°ˢ 182 et suivants) ; Guillouard (*Contrat de société*,
n° 362).

17. Les conséquences principales de cette personnalité
sont les suivantes : le patrimoine de la société et celui des
associés étant distincts, le premier sera le gage exclusif
des créanciers sociaux qui seront payés sur ce patrimoine
avant les créanciers des associés (Peyret-Lallier, *op. cit.*,
n° 184 ; Bury, *op. cit.*, n° 1384 ; Delecroix, *op. cit.*, n° 154) ;
— aucune compensation ne peut s'établir entre les créances
envers la société, et les dettes envers les associés, et réciproquement (Bury, *loc. cit.*, Delecroix, *op. cit.*, n° 155) ;
— la société peut ester en justice sous son nom social ; elle
est représentée par ses administrateurs, et doit être assi-

gnée au siège social, conformément à l'article 69 du Code
de procédure civile (Bury, *loc. cit.*, Delecroix, *op. cit.*,
n° 156).

§ II. — Durée illimitée.

18. Nos compagnies ont une durée illimitée, cela résulte
de leur nature, de la loi et de la convention des parties.

De leur nature d'abord, car elles ont pour objet l'extraction du charbon dans toute l'étendue des concessions qui
leur ont été attribuées et même de celles qu'elles pourraient obtenir dans la suite. Or, comment prévoir le terme
de cette exploitation ? La richesse de notre bassin n'a pu
être mesurée avec exactitude et de nouvelles veines peuvent toujours être découvertes ; nous n'en voulons d'autres preuves que ce qui se passe actuellement à Marly : la
concession était abandonnée depuis 1881 ; une société
nouvelle vient d'y reprendre les travaux dans l'espoir de
rencontrer un gisement très riche, à des profondeurs beaucoup plus considérables que celles atteintes jusqu'ici. En
tout cas, les calculs des géologues ne prévoient pas l'épuisement du bassin avant un temps considérable ; rien ne
fait prévoir que dans un siècle la production sera ralentie,
au contraire, et cette observation s'applique même à nos
plus anciennes compagnies : Aniche et Anzin, vieilles de
plus de cent ans, ont devant elles un avenir plus long encore. N'est-ce pas là une durée qui mérite d'être qualifiée
d'illimitée.

La législation est conforme à la nature des choses : l'article 7 de la loi de 1810 dit en effet que l'acte de concession
« donne la propriété perpétuelle de la mine », et l'arti-

cle 51 dispose que « les concessionnaires antérieurs à la
présente loi deviendront, du jour de sa publication, propriétaires incommutables ». Aucune limite n'est donc
fixée à la durée de la société, puisque la concession est perpétuelle.

Enfin nos statuts ne prévoient généralement d'autre
terme à l'exploitation que l'épuisement de la houille dans
les terrains concédés. Parmi les compagnies actuellement
existantes, il en est quatre cependant, Drocourt, Ferfay,
Meurchin et Ostricourt, qui ont fixé leur durée à 99 ans ;
mais, sauf Meurchin, elles ont stipulé la faculté de prorogation. Nous reviendrons d'ailleurs sur ce point en recher-
chant si nos sociétés peuvent être dissoutes par la volonté
d'un ou plusieurs associés, par application de l'article 1869
du Code civil.

19. La conclusion est donc partout la même : la durée
de nos sociétés est illimitée (1). La conséquence la plus
importante en est, nous l'établirons plus tard, que l'article 1869 leur serait applicable si la cessibilité des actions
ne permettait à tout associé de se retirer librement à tout
moment.

§ III. — Sociétés de capitaux.

20. Les sociétés civiles ordinaires sont des associations
de personnes ; elles sont fondées en vue de la personnalité de leurs membres. Aussi l'article 1853 leur donne-t-il
à chacun le pouvoir d'administrer ; l'article 1861 leur défend de se substituer un tiers dans la société sans l'assen-

(1) Delebecque, *op cit.*, n° 1242 ; Laurent, *op. cit.*, n° 430 ; Delecroix,
op. cit., n°s 159 et suivants ; Féraud-Giraud, *op. cit.*, n°s 232 ; Guillouard,
op. cit., n° 372.

timent de ses coassociés ; de même encore l'article 1865
déclare la société dissoute par la mort d'un sociétaire, par
son interdiction ou sa déconfiture.

21. Les compagnies de mines sont au contraire des associations de capitaux (1). Les associés sont le plus souvent inconnus les uns aux autres : les actions sont en effet,
lors de la fondation de la société, mises en souscription
publique ; toute personne peut donc en faire partie, et les
associés ne se choisissent pas. Bien plus, une fois la société
constituée, tout actionnaire peut, en cédant ses actions,
se retirer et être remplacé par un étranger. Quelques compagnies il est vrai, au nombre de sept aujourd'hui, se sont
réservé le droit de retrait ou de préemption dans le cas
de cession d'actions, mais ce droit n'est exercé qu'à titre
exceptionnel, et son but est moins d'écarter des associés in-
dignes que de permettre à la société même de profiter de
marchés avantageux.

Ce caractère de nos compagnies découle naturellement
des difficultés de l'entreprise : la fortune de quelques particuliers ne pouvant suffire aux dépenses considérables
d'installation il faut bien faire appel au public. On sort
par cela même du cadre ordinaire des sociétés civiles composées d'un petit nombre d'associés qui se sont choisis les
uns aux autres. C'est pourquoi nous serons amené à écarter les règles du Code civil : nous dirons que le mandat
tacite d'administrer accordé à chacun par l'article 1859
ne peut être ici supposé ; nous venons de voir que nos

---

(1) Peyret-Lallier, *op. cit.*, n° 206 ; Bury, *op. cit.*, n° 1387 ; Laurent, *op.
cit.*, n° 422 ; Delecroix, *op. cit.*, n°ˢ 163 et suivants ; Guillouard, *op. cit.*,
n° 366.

sociétés écartent l'article 1861 par la cessibilité de leurs actions ; enfin nous montrerons que la mort ou le changement d'état d'un actionnaire restent sans influence en notre matière.

22. Nous croyons toutefois devoir ajouter une observation relative à la Compagnie d'Anzin : pendant longtemps elle fut une association de personnes autant que de capitaux ; elle a été formée en effet par la réunion de trois compagnies composées chacune d'un très petit nombre de membres. L'acte de société du 19 novembre 1757 n'est signé que de 17 associés. Tous habitaient aux environs des lieux d'extraction ; ils pouvaient se rencontrer souvent et surveiller eux-mêmes l'administration des régisseurs. Les parts d'intérêts ne se transmettaient guère que par succession ; elles formaient un véritable patrimoine de famille, et le droit de retrait permettait d'interdire aux étrangers l'admission dans la compagnie ; bientôt la grande valeur du denier eut encore pour effet de rendre les cessions plus difficiles. Aujourd'hui, ce caractère a disparu ; le conseil de régie ayant décidé la division du denier en centièmes, et la Bourse de Lille les ayant admis à la cote officielle, ces parts d'intérêts sont devenues de véritables actions, même des valeurs de spéculation, comme le prouvent certaines variations subites dans leur cours. En réalité, tout le monde peut aujourd'hui devenir propriétaire d'un centième d'Anzin. Il est donc vrai de dire que cette compagnie est, comme les autres, une association de capitaux (1).

---

(1) Voir de Benoist, *Anzin, ses statuts, leur altération, leur réforme,* mémoire adressé au duc d'Audiffret-Pasquier, président du conseil de régie.

Ces réflexions s'appliquent également à la compagnie d'Aniche.

§ IV. — Division du capital en actions.

23. Toutes nos compagnies ont divisé leur capital social en actions, c'est-à-dire en parts cessibles. Cette particularité résume en elle seule les trois caractères que nous venons d'étudier : c'est parce que l'article 8 de la loi de 1810 déclare ces actions mobilières que la société minière est une personne morale, quelle que soit l'opinion que l'on adopte à ce sujet pour les sociétés civiles ordinaires ; c'est la cessibilité des actions qui assure aux compagnies une durée perpétuelle en les soustrayant à la dissolution par la volonté d'un seul associé ; enfin le caractère d'associations de capitaux se lie étroitement avec la faculté de céder son intérêt sans obtenir l'assentiment des cointéressés.

Les actions des compagnies qui ont prospéré ont atteint une valeur telle que la cession en est devenue assez difficile, les personnes riches pouvant seules s'en rendre acquéreurs. Dans le but de faciliter les négociations, plusieurs compagnies ont réduit leurs actions en coupures : Anzin a divisé son denier en centièmes, et Aniche en douzièmes ; Marles 70 0/0 a subdivisé ses parts en quatre-vingtièmes : les actions primitives peuvent être partagées en cinquièmes à Meurchin, en sixièmes à Béthune, en dixièmes à Courrières et Liévin, en vingtièmes à Bruay, en centièmes à Dourges et Lens. Comme ces coupures sont plus demandées que les actions entières, leur cours est plus élevé proportionnellement que celui de ces actions.

24. Faisons remarquer que cette division du capital en actions n'a pas pour effet de soumettre nos sociétés aux lois du 24 juillet 1867 et du 1er août 1893 : celles-ci ne s'appliquent qu'aux sociétés en commandite par actions et aux sociétés anonymes. Celles de nos compagnies qui sont anonymes sont donc seules régies par ces lois. M. Thellier de Poncheville en faisait l'observation dans l'exposé des motifs de sa proposition de loi (1) : parlant du projet voté par le Sénat en 1884, il disait : « le texte du Sénat oblige indistinctement toutes les sociétés civiles qui divisent leur capital en actions, quelle que soit d'ailleurs leur forme, à se conformer à toutes les prescriptions de la loi spéciale. Nous ne pensons pas qu'il soit nécessaire d'aller jusque-là. Un grand nombre de sociétés, de sociétés houillères notamment (2), ont divisé leur capital en actions, créé des titres facilement transmissibles, sans adopter pour cela la forme de l'anonymat ni celle de la commandite..... Quant à leur dénier le droit d'avoir des titres d'une valeur égale négociables sur le marché, il n'y faut pas songer : ce serait bouleverser, au grand détriment de la fortune publique et privée, des habitudes invétérées et qui ne préjudicient à personne. Nous laissons donc le choix aux sociétés de se contenter à leurs risques et périls de cette forme innommée mais sanctionnée par l'usage, ou de se placer sous l'empire de la loi de 1867, avec ses bénéfices et ses charges. »

Une application peut en être faite immédiatement au

---

(1) Séance du 21 janvier 1890 (*Journal officiel*, 15 avril 1890, *Documents parlementaires, Chambre*, annexe n° 280, p. 125).

(2) Député de Valenciennes, M. Thellier de Poncheville visait spécialement les sociétés charbonnières du Nord et du Pas-de-Calais.

taux des actions : l'article 1er de la loi de 1867 modifié par celle de 1893 dit que les sociétés en commandite (et cette règle est applicable aux sociétés anonymes) « ne peuvent diviser leur capital en actions ou coupures d'actions de moins de vingt-cinq francs, lorsque ce capital n'excède pas deux cent mille francs, et de moins de cent francs lorsqu'il est supérieur à deux cent mille francs ». Contrairement à cette décision, Lens et Dourges ont des coupures d'actions de 10 francs, Courrières de 30 francs, Bruay de 50 francs (1) ; ces compagnies ont cherché par là à mettre leurs actions à la portée des petites bourses, particulièrement de celles de leurs ouvriers afin de leur procurer la participation aux bénéfices. Ces coupures, plus faibles que celles autorisées par la loi de 1867, leur sont permises, parce qu'elles sont des sociétés civiles. Ajoutons que la Compagnie de Courrières est sur le point de se transformer en société anonyme ; aussi l'article 5 du projet de ses nouveaux statuts divise-t-il son capital en actions de cent francs.

1° Différentes sortes d'actions.

25. On distingue les actions de capital et les actions d'apport : les premières sont celles dont le montant est versé en argent ; les secondes correspondent aux apports en nature et sont attribuées aux fondateurs de la société ; elles représentent la valeur de la concession accordée à ces derniers. Les actions industrielles sont analogues à celles-ci et sont destinées à rémunérer les associés qui

---

(1) Ce n'est là que le taux nominal de ces coupures ; en réalité, elles ont une valeur beaucoup plus considérable.

apportent leur industrie. Les actions de capital sont seules
soumises à des appels de fonds; les autres sont ce que
l'on appelait autrefois des *deniers ne faisant pas fonds* :
faire les fonds, c'était verser les sommes régulièrement
appelées. Dans la Compagnie d'Aniche (article 1er), il y a
deux sous six deniers qui ne feront point de fonds ; nous
reviendrons sur ce point en traitant des obligations des
associés.

26. On divise aussi les actions en *actions nominatives,
actions à ordre* et *actions au porteur* : les premières se
transmettent par un transfert sur les registres de la société, les secondes par un endossement, les dernières par
simple tradition.

Nous étudierons plus tard ces modes de transmission ;
mais nous voulons dès maintenant indiquer quelles sont
les actions de nos compagnies qui rentrent dans ces diverses catégories.

Seule, la Société de Marles 30 0/0 a des actions à ordre.
Les actions sont nominatives dans les compagnies de
Courrières, Drocourt, l'Escarpelle, Lens, Liévin, Thivencelles et Fresnes-Midi, Vicoigne-Nœux ; Meurchin a ses
actions nominatives et ses cinquièmes au porteur. Les
actions de Crespin sont au porteur; celles de Bruay également, mais les vingtièmes en sont nominatifs ou au porteur au choix des propriétaires. Cette même liberté de
choisir entre l'une ou l'autre forme est accordée par les
statuts d'Azincourt, de Béthune, de Carvin, de la Clarence,
de Douchy, de Dourges, de Ferfay-Cauchy, de Flines-lez-
Raches, de Ligny-lez-Aire, de Marly, d'Ostricourt ; mais
sous cette restriction que la loi de 1867 (article 3 modifié

en 1893) ne permet la mise des actions au porteur dans les sociétés anonymes qu'après complète libération ; Flines-lez-Raches exige la même condition.

Dans cette énumération ne figurent pas les actions d'A-niche, d'Anzin et de Marles (70 0/0). C'est qu'en effet ces actions forment une classe à part qui ne rentre pas dans les précédentes et dont nous allons maintenant nous oc-cuper.

27. La dernière classification que nous ayons à étu-dier distingue les *actions de somme fixe* et les *actions de quotité*. Dans les premières, la mise de chaque associé est fixée irrévocablement et il ne peut être soumis à aucun appel de fonds au delà de la valeur nominale de son action. Dans les secondes, cette mise n'est pas fixée : au fur et à mesure que le besoin d'argent se fait sentir, il est fait des appels de fonds auxquels l'actionnaire doit toujours répon-dre, sans aucune limitation.

Les actions de quotité étaient très usitées dans les an-ciennes compagnies charbonnières de Belgique, et nos premières sociétés ont suivi cet exemple. Aniche et Anzin ont divisé les intérêts dans leur entreprise, la première en vingt-cinq sous, la seconde en « vingt-quatre sols de France » ; chacun de ces sous est subdivisé en douze de-niers, et nous venons de voir qu'ils sont eux-mêmes coupés en douzièmes et en centièmes. Dans les contrats de ces so-ciétés, un certain nombre de sous ou de deniers est attri-bué à chaque associé, ce qui indique la part d'intérêt de chacun. La même division en sous et deniers avait déjà été employée dans les sociétés dont la fusion forma la Com-pagnie d'Anzin. Elle le fut aussi notamment dans les com-

pagnies du duc de Guînes et du sieur Libotton qui deman-
daient à la fin du XVIII° siècle la concession de l'Artois (1).
C'est encore la même forme qu'adoptèrent les anciennes
Compagnies de Douchy et de Thivencelles.

La Compagnie de Marles a aussi des actions de quotité :
« La Société, dit l'article 6 de ses statuts, se divise en
vingt parts ; chaque part peut se subdiviser, mais en quatre-vingtièmes seulement, pour ne pas multiplier les écritures de la Société. »

Enfin la Compagnie des mines d'Azincourt et des fours
à coke du Nord, le 19 septembre 1895, a remplacé ses
2.000 actions de 500 francs par 6.000 « parts de propriété »
sans énonciation de valeur.

28. Tandis que les actions de somme fixe sont constatées par des titres portant l'indication de la somme qu'elles
représentent, les actions de quotité ne donnent ordinairement lieu à aucune délivrance de titre : « Les cédants
et les cessionnaires devront, dit l'article 29 des statuts de
Marles, dans les huit jours qui suivront la vente, donner
avis au siège de la Société, par écrit, des conditions de la
vente ; il leur sera accusé réception de cet avis. » De même
les Compagnies d'Aniche et d'Anzin envoient simplement
une lettre annonçant au titulaire qu'il est admis dans la
société.

Azincourt cependant délivre des titres, soit nominatifs,
soit au porteur. Aniche avait aussi remis des titres à ses
associés : en 1780 on exécuta deux planches pour le tirage
de ces titres, sur parchemin pour les deniers sans faire

(1) Archives départementales du Pas-de-Calais ; Fonds de l'Intendance,
série C, art. 666.

fonds, sur papier ordinaire pour les deniers faisant fonds.
Les premiers, dits au porteur, contenaient l'engagement
par le possesseur du titre de se soumettre à l'acte de société et particulièrement au droit de retrait ; les seconds
portaient la mention de la soumission par l'actionnaire
aux emprunts et aux mises faites et à faire, celle de ne
pouvoir vendre ou aliéner sans l'agrément de la compagnie, laquelle sera libre de retraire, enfin celle de donner
hypothèque ou caution à l'apaisement des directeurs pour
la sûreté des emprunts faits ou à faire. En 1844 ces titres
furent remplacés par des certificats constatant l'inscription du propriétaire de deniers ou actions au livre des
actionnaires. En 1852, on y substitua la lettre d'avis dont
nous avons parlé (1).

2° Le droit de l'actionnaire s'éteint par la prescription
de trente ans.

29. L'action est un droit mobilier. L'article 8 de la loi
du 21 avril 1810, le dit formellement : « Les actions ou
intérêts dans une société ou entreprise pour l'exploitation
des mines seront réputés meubles, conformément à l'article 529 du Code civil. » Nous avons déjà dit que cet article 529 déclare meubles les actions des compagnies de finance, de commerce ou d'industrie, « à l'égard de chaque
associé seulement, tant que dure la société ».

30. « A l'égard de chaque associé seulement », car la
mine reste immeuble. La société, personne morale, qui
possède cet immeuble, a sur la mine un droit immobilier ;

(1) Vuillemin, *Les mines de houille d'Aniche*, p. 17, 18 et 19.

mais l'associé n'en est pas copropriétaire : il n'a, d'après la loi qu'un droit mobilier. Il a un droit de créance, celui de participer aux bénéfices ; il est cependant plus qu'un simple créancier, car il peut prendre part aux assemblées générales et concourt ainsi à l'administration de la société. En outre, il a des obligations diverses envers la société : il doit notamment répondre aux appels de fonds.

De cette distinction entre la personne de la société et celle de l'associé, de cette observation que l'actionnaire n'est pas copropriétaire du fonds social, résulte que le droit de ce dernier, étant mobilier et incorporel, est susceptible de s'éteindre par la prescription de trente ans : « Toutes les actions, dit l'article 2262, tant réelles que personnelles, sont prescrites par trente ans. » Si donc l'actionnaire est resté trente ans sans exercer aucun de ses droits et sans que sa qualité ait jamais été reconnue par la société, son action sera prescrite, et la société pourra le considérer comme lui étant étranger (1).

La Cour de Douai, le 29 mai 1852 (2) a objecté « qu'il est impossible d'envisager la société comme débitrice d'un associé, dans le sens ordinaire de ce mot, et l'associé comme le créancier de la société... — Que le Comité, qui seul gère et administre la chose commune, sauvegarde et conserve nécessairement les intérêts de tous les actionnaires et de chacun d'eux dont il est véritablement le mandataire ». L'objection n'est pas sans réponse : les administrateurs représentent en effet la société, et non pas chaque

(1) Bury, *op. cit.*, n° 1263 ; Laurent, *op. cit.*, n° 426 ; Delecroix, *op. cit.*, n°⁵ 261 et suivants ; Féraud-Giraud, *op. cit.*, n° 228.

(2) Sirey, 1852, 2, 111 ; Jurisprudence de la Cour de Douai, 1852, p. 312.

associé individuellement. La preuve en est, dit M. Dele-croix, « que l'actionnaire empêché de recevoir lui-même sa part des dividendes ou d'assister à l'assemblée des action-naires, prend dans ces circonstances, un mandataire spécial qui le représente et fait valoir ses droits qui, sans cela, ne sauraient être exercés par personne. C'est donc à tort que la Cour attribue aux administrateurs la mission de sauve-garder les droits qui, dans la société, appartiennent aux actionnaires individuellement ».

Le même arrêt fait remarquer que cette prescription ex-pose les associés à perdre facilement leurs droits dans les sociétés qui, d'une part ne font point d'appels de fonds pendant trente ans, et qui d'autre part ne distribuent au-cun dividende pendant le même laps de temps, et n'admet-tent aux assemblées générales que les propriétaires d'un certain nombre d'actions. La conclusion à tirer de cette observation, c'est qu'il faut se montrer facile pour l'inter-ruption de la prescription, à cause du rôle effacé de l'ac-tionnaire. Par exemple, il suffirait d'une convocation à une assemblée générale ou de la réception d'une circulaire adressée à tous les sociétaires pour constituer une recon-naissance par les administrateurs, c'est-à-dire par la so-ciété, de la qualité d'associé.

31. L'article 529 ajoute que l'action est meuble « tant que dure la société ». A la dissolution en effet la fiction de l'être social disparaît ; la société n'existe plus, il ne reste que les actionnaires qui deviennent alors copropri-taires du fonds social. Leur droit change donc de nature et devient immobilier.

CHAPITRE II

CARACTÈRE CIVIL OU COMMERCIAL DES SOCIÉTÉS

I. — Par leur objet, ce sont des sociétés civiles.

§ I. — Leur objet.

32. Le principal objet de nos compagnies houillères est naturellement l'extraction et la vente du charbon (1); cela est tellement évident que certains actes de société (Anzin, Dourges) ne le mentionnent même pas. Avant tout il s'agit de l'exploitation du territoire concédé : les statuts de Béthune, Bruay, Douchy, n'indiquent pas autre chose ; la plupart prévoient comme Aniche, l'extension de la concession, ou embrassent même la recherche du charbon et l'entreprise de toutes les concessions qui pourront être obtenues, comme Carvin, la Clarence, Courrières, Crespin, Dourges, l'Escarpelle, Ferfay, Lens, Liévin, Ligny-lez-Aire, Marles, Marly, Meurchin, Ostricourt. Thivencelles, Vicoigne (2). Et de fait, la Compagnie d'Anzin englobe les huit concessions de Vieux-Condé, Fresnes,

------

(1) La Société des fondateurs de Marles n'a d'autre objet que la perception de 30 0/0 des bénéfices produits par la concession de ce nom. Nous ne nous en occuperons qu'exceptionnellement.

(2) *Adde* : Fléchinelle et Vendin-lez-Béthune.

Raismes, Anzin, Saint-Saulve, Denain, Odomez et Hasnon ; l'Escarpelle a acheté Courcelles-lez-Lens ; Ferfay et Cauchy-à-la-Tour sont réunies ainsi que Fléchinelle et Auchy-au-Bois, Lens et Douvrin, Meurchin et Annœullin ; Thivencelles, Escaupont et Saint-Aybert forment la Société de Thivencelles et Fresnes-Midi ; enfin Nœux a été fondé par Vicoigne qui comprenait déjà Château-l'Abbaye et Bruille.

33. Les briquettes et agglomérés permettent d'utiliser les charbons en menus morceaux et même en poussière : Carvin, la Clarence, Crespin, Drocourt, Ferfay, Ligny-lez-Aire, Marly, Meurchin (1), se proposent de les fabriquer ; plusieurs de ces sociétés transforment aussi la houille en coke : l'une d'elles s'appelle même Compagnie des mines d'Azincourt et des fours à coke du Nord ; enfin Flines-lez-Raches et Liévin prévoient la vente du charbon sous toutes les formes que l'industrie peut lui donner.

34. Des voies ferrées relient les fosses au chemin de fer du Nord : la mise en œuvre des lignes existantes est stipulée dans les statuts de Carvin (2). Plus souvent on prévoit leur construction, parfois aussi celle de quais pour l'expédition par eau (la Clarence, Ligny-lez-Aire).

35. Enfin une clause générale, qui ouvre un horizon plus grand encore et permet de faire tous les actes d'industrie et de commerce se rattachant à l'exploitation des mines, se rencontre dans les Compagnies de Carvin, la Clarence, Crespin, Drocourt, Ferfay, Flines-lez-Raches,

(1) *Sic* : Fléchinelle et la Lys-Supérieure.
(2) *Sic* : Les anciennes Compagnies d'Auchy-au-Bois, de la Lys-Supérieure, de Fléchinelle,

Lens, Ligny-lez-Aire, Marles, Marly, Meurchin, Vicoigne (1).

§ II. — Caractère civil.

36. « L'exploitation des mines n'est pas considérée
comme un commerce et n'est pas sujette à patente », dit
l'article 32 de la loi du 21 avril 1810. Et si ce texte ne paraissait pas assez clair, les travaux préparatoires ne permettraient aucune méprise : cette rédaction, disait la commission du Corps législatif « fera cesser les contestations
qui s'élèvent fréquemment sur la question de savoir si les
sociétés qui exploitent une mine sont de la compétence
des tribunaux de commerce. La mine étant une propriété
foncière, le particulier ou la société qui l'exploite fait
valoir son héritage et rien de plus » (2). Le comte de
Girardin disait aussi dans son rapport au Corps législatif qu'on avait voulu « soustraire les sociétés formées
pour l'exploitation des mines à l'empire du Code de commerce » (3).

En présence d'une décision aussi formelle, on ne saurait s'étonner de voir, tant en France qu'en Belgique, l'u-
nanimité des auteurs et une jurisprudence constante (4)
reconnaître le caractère civil à nos sociétés.

(1) Ajoutons Auchy-au-Bois, la Lys-Supérieure, Fléchinelle et Vendin.
(2) Locré, t. IX, p. 465.
(3) Locré, t. IX, p. 523.
(4) Cassation, 15 avril 1834 (Dalloz, 1834.1.195) ; 10 mars 1841 (Dalloz,
1841.1.175) ; 27 mars 1866 (Dalloz, 1866.1.428) ; 21 juillet 1873 (Dalloz, 1874.
1.127) ; 28 janvier 1884 (Dalloz, 1884.1.145 ; Sirey, 1886.1.465) ; 11 juin 1888
(Dalloz, 1889.1.293). — Cassation belge, chambres réunies, 14 décembre 1838
(Pasicrisie, 1838.1.415).

37. Bien qu'antérieurement à la loi de 1810 une controverse se soit élevée sur ce point (1), cette décision est conforme aux principes généraux de notre droit.

Comment en effet peut-on reconnaître le caractère d'une société ? Pour Pothier, la société commerciale était celle que l'on contractait pour faire un certain commerce (2) ; c'est donc à la nature de ces opérations qu'il faut s'attacher. Dans le silence de nos lois, c'est aussi à ce critérium que la doctrine et la jurisprudence (3) se réfèrent : quand un particulier serait commerçant, la société sera commerciale (4). Ce système très rationnel consiste donc à étendre aux sociétés la définition de l'article 1er du Code de commerce : « Sont commerçants ceux qui exercent des actes de commerce, et en font leur profession habituelle. » Il faut par conséquent étudier la nature des opérations auxquelles se livrent nos compagnies pour déterminer leur caractère civil ou commercial : nous allons donc étudier avec quelques détails chacun des divers objets qu'elles se proposent.

1° *Extraction et vente du charbon.*

38. L'objet principal de nos sociétés est l'extraction et la vente du charbon. Or ces deux opérations sont civiles

---

(1) Un arrêt de la Cour de Bruxelles du 3 mars 1810 avait décidé que les sociétés charbonnières étaient commerciales (Dalloz, *Répertoire*, 1re édition, v° *Société*, p. 140 ; Sirey, *Collection ancienne*, t. 7, 2.1206).

(2) *Traité des sociétés,* n°ˢ 57 et suivants.

(3) Voir notamment parmi un grand nombre d'arrêts : Cassation, 18 décembre 1871 (Dalloz, 1872.1.9) ; 21 juillet 1873 (Dalloz, 1874.1.127) ; 28 janvier 1884 (Dalloz, 1884.1.145) ; 12 décembre 1887 (Dalloz, 1888.1.429) ; 8 novembre 1892 et 27 décembre 1892 (Dalloz, 1893.1.78).

(4) La loi belge du 18 mai 1873 définit les sociétés commerciales : celles qui ont pour objet des actes de commerce.

au même titre que la culture du sol et la vente des produits agricoles : le législateur a voulu assimiler la mine à
un immeuble ordinaire, les travaux préparatoires en font
foi, et la loi du 25 avril 1844 n'a fait qu'appliquer cette
idée en dispensant de la patente, dans son article 13, l'exploitant de mines en même temps que le cultivateur.

L'extraction du charbon est un acte civil : elle ne saurait rentrer dans l'énumération des actes commerciaux
donnée par l'article 632 du Code de commerce ; elle s'applique à un immeuble et, suivant l'observation de Porta-
lis, « la distinction des immeubles et des richesses mobilières nous donne l'idée des choses proprement civiles et
des choses commerciales. Les richesses mobilières sont
le partage du commerce, les immeubles sont particulièrement du ressort de la loi civile (1) ».

La vente du charbon extrait est également civile, car la
vente commerciale est celle en vue de laquelle a été fait
l'acte de commerce « achat pour revendre (2) ». Or le
mineur, de même que l'agriculteur, n'est pas un intermédiaire ; il tire son produit directement du sol, il ne revend
pas. L'article 638 du Code de commerce qui enlève à la
compétence des tribunaux consulaires « les actions in-
tentées contre un propriétaire, cultivateur ou vigneron,
pour vente de denrées provenant de son cru », reçoit donc
ici son application, puisque la société houillère « fait valoir son héritage et rien de plus ». En vain objecte-t-on
que l'exploitation porte sur la propriété foncière d'autrui

(1) *Discours préliminaire du projet du Code civil* (Locré, t. 1, p. 300
Fenet, t. 1, p. 508 ; *Conférence du Code civil*, t. 1, p. lxj).
(2) Ou celle faite par un commerçant à un autre.

qui reste représentée par la redevance (1) ; il est facile de répondre que l'acte de concession d'une mine crée une propriété particulière et distincte (2) ; il y a expropriation du propriétaire de la surface au profit du concessionnaire et celui-ci fait réellement valoir « son » héritage.

39. Sans doute, il faut bien acheter des bois, des machines, des explosifs ; mais le cultivateur lui aussi achète des instruments de travail, des engrais, des semences ; tous ces actes restent civils : ce ne sont pas des achats pour revendre.

40. Allons plus loin encore : nous avons dit que bien des sociétés se proposent de fabriquer le coke, les briquettes et agglomérés, d'exploiter des lignes de chemin de fer : et si ce n'était assez accentuer le caractère commercial de ces opérations, plusieurs statuts ajoutent que la compagnie fera tous les actes d'industrie et de commerce se rattachant à l'entreprise. Et cependant un assez grand nombre de ces compagnies se prétendent civiles (3) : nous allons voir qu'elles ont raison.

Deux questions doivent ici être distinguées : les actes que nous étudions sont-ils commerciaux ? S'ils ne le sont pas, aucune difficulté, nos sociétés restent civiles. Dans le cas contraire, quelle influence ont-ils sur leur caractère ?

2° Fabrication du coke, des briquettes et agglomérés.

41. Tout d'abord, au point de vue rationnel, et à

---

(1) Dalloz, *Supplément au Répertoire*, v° *Acte de commerce*, n° 318.

(2) Laurent, *Principes de droit civil français*, t. 26, n° 226.

(3) Les autres se disent commerciales parce qu'elles ont adopté la forme anonyme ; il y a là une considération toute différente de celle qui nous occupe ; nous l'étudierons un peu plus loin.

s'en tenir au Code de commerce, la transformation de la houille en coke, la réunion des charbons menus en briquettes ou en agglomérés, sont-elles des actes de commerce, entreprises de manufactures ? La difficulté vient de ce que la loi n'a pas défini l'entreprise de manufactures, et elle est plus particulièrement délicate dans l'hypothèse où nous sommes d'un propriétaire qui manipule les produits de son fonds.

Trois opinions semblent se dégager du chaos des décisions d'espèces, tant en doctrine qu'en jurisprudence.

42. Les uns, mais leur théorie est généralement rejetée, déclarent commerciale toute transformation nécessitant une main-d'œuvre suffisamment importante, même quand elle émane du propriétaire et ne s'applique qu'aux produits de son héritage : l'article 632 répute en effet acte de commerce « toute entreprise de manufactures » sans distinction. Ainsi l'exploitation d'une carrière d'ardoises est commerciale, a dit la Cour d'Angers (1), car il y a entreprise de manufactures à faire transformer des matières premières par des ouvriers. Peut-être est-ce aussi l'avis de M. Demangeat (2) : d'après lui, quoique le vigneron fasse acte civil en produisant du vin avec ses raisins, le cultivateur qui fabrique du sucre avec ses betteraves est commerçant. M. Dalloz (3) conclut que la transformation de la houille en coke est un acte de commerce. On peut ajouter dans le même sens Bury (4), Peyret-Lallier (5) et Laurent (6).

(1) Angers, 28 février 1855 (Dalloz, 1856, 2, 114).
(2) Demangeat sur Bravard, t. 6, p. 345.
(3) *Répertoire*, vᵒ *Mines*, nᵒˢ 274 et 275.
(4) *Législation des mines*, nᵒ 1347.
(5) *Législation des mines*, nᵒ 382.
(6) *Principes de droit civil français*, t. 26, nᵒ 420.

43. Dans une seconde opinion tout opposée, il n'y aura entreprise de manufactures qu'au cas d'achat, en quantité appréciable, de produits étrangers. « Celui qui ne manipule que la chose qu'il recueille sur son fonds, dit M. Bédarride (1), n'est et ne peut jamais être un entrepreneur. » Est civil, d'après la Cour de Metz (2), le fait par un propriétaire de vendre les ardoises tirées de son ardoisière ; le tribunal de commerce de Marseille (3) a jugé civil l'acte du propriétaire qui se livre, sur sa propriété et avec les matériaux qu'il en extrait, à la fabrication du ciment et du plâtre ; enfin la Cour de cassation (4) a sanctionné ce système et a déclaré civile la fabrication du sucre comme partie d'une entreprise agricole, même si accessoirement on a été conduit à convertir en sucre les produits des agriculteurs voisins. Comme application à notre hypothèse, il y a lieu de décider que la fabrication du coke par une compagnie houillère est un acte civil, quand bien même elle transformerait ainsi la totalité de ses charbons.

44. Enfin la théorie qui paraît le plus en faveur est celle d'après laquelle la manipulation est civile ou commerciale suivant son caractère accessoire ou principal par rapport à l'exploitation civile du fonds : si elle n'est qu'un moyen d'en faire valoir les produits, elle est civile ; si au contraire, la main-d'œuvre (ouvriers, machines) ayant une importance considérable, la spéculation porte principalement sur cette manipulation, elle est commerciale. La

---

(1) *De la juridiction commerciale*, nᵒˢ 249 et suivants.
(2) Metz, 24 novembre 1840 (Dalloz, 1851. 5. 8).
(3) 8 avril 1863 (Dalloz, 1863. 3. 80).
(4) Cassation, 12 mai 1875 (Dalloz, 1876. 1. 320).

plupart des auteurs adoptent cette manière de voir (1) qui a inspiré un assez grand nombre d'arrêts : la Cour de Douai a reconnu la nature civile à la fabrication du sucre de betteraves par un agriculteur comme accessoire d'une exploitation rurale (2), et la nature commerciale à une distillerie, objet principal d'industrie ne pouvant être considérée comme accessoire de l'entreprise agricole, bien que son fondateur y distillât ses produits (3). De même la Cour de Rouen a vu un acte de commerce dans la vente, par un propriétaire, de cailloux extraits de son champ et cassés pour servir à l'entretien des routes (4). La Cour de Paris (5) a déclaré commerciale une société de mines de cuivre qui s'était « presque exclusivement livrée à la transformation des minerais, qu'elle avait extraits des mines, en lingots de cuivre qu'elle avait vendus au commerce ». Appliquons ces principes à la question qui nous occupe : l'objet premier de nos compagnies est l'extraction du charbon, laquelle n'a elle-même d'autre raison que la vente des produits extraits. Nous considérerons donc comme civiles les manipulations accessoires sans lesquelles cette vente ne pourrait se faire, en particulier celles qui ont pour but de transformer la houille menue dont on ne trouverait acquéreur que dans de mauvaises conditions (6).

(1) Lyon-Caen et Renault, *Traité de droit commercial*, t. 1, n° 126; Guillouard, *Contrat de société*, n° 93. Voir Dalloz, *Supplément au Répertoire*, v° *Acte de commerce*, n°ˢ 153 et suivants.

(2) Douai, 22 juillet 1830 (Dalloz, *Répertoire*, t. 2, v° *Acte de commerce*, n° 161, Sirey, 1831.2.172).

(3) Douai, 3 avril 1841 (Dalloz, *Répertoire*, v° *Acte de commerce*, n° 162).

(4) Rouen, 28 février 1861 (Dalloz, 1861.2.166).

(5) Paris, 7 août 1894 (*Revue de la législation des mines*, 1896, p. 170).

(6) Delecroix, *Législation des sociétés de mines*, n°ˢ 181 à 186 · Féraud-

En première ligne apparaît la fabrication du coke (1) ; nous la ferons participer au caractère civil de l'exploitation charbonnière, dont elle n'est que l'une des formes. Vient ensuite la confection des briquettes et des agglomérés, qui ne suppose plus seulement la simple action du feu, mais le mélange avec d'autres matières, le brai notamment, qu'il faudra se procurer au dehors ; mais ici encore nous avons avant tout une utilisation de la matière extraite, indispensable pour ne pas perdre les poussières souvent abondantes. S'il faut pour cela acheter des matières étrangères, c'est en proportion si minime qu'il est impossible de les reconnaître dans l'objet fabriqué dont elles ne forment qu'une très faible partie : on ne saurait voir là un achat pour revendre. Il faut en dire autant de l'acquisition en petites quantités de charbons étrangers destinés à être mélangés à la houille extraite, pour en améliorer les qualités.

Ce qui donne ici une force toute particulière à ces déductions, c'est que ces transformations, étant nécessaires pour utiliser et écouler tous les produits, sont par cela même une partie importante de l'*exploitation* de la mine que la loi de 1810 (art. 32) ne considère pas comme un commerce : ce mot exploitation a une portée générale et suppose tout un ensemble d'opérations se rapportant, il

---

Giraud, *Code des mines et mineurs*, n° 177 ; Guillouard, *Contrat de société*, n° 94.

(1) Dès le XVIIIᵉ siècle, en 1778, un privilège était accordé à Jean-Pierre Ling pour le « désouffrement du charbon de terre ». La propriété distinctive de sa méthode est de « faire surnager le charbon ». La compagnie d'épurement a établi ses ateliers au Noir Mouton, près Valenciennes, et à la cache de Bruay, le long de l'Escaut (*Archives départementales du Pas-de-Calais Intendance*, série C, art. 771).

est vrai, à une fin unique, mais pouvant être très variées entre elles. Les sociétés houillères se conforment donc à leur but essentiellement civil de l'extraction et de la vente du charbon en en transformant une partie en coke, briquettes ou agglomérés.

Ces mêmes actes seront commerciaux lorsque, au lieu d'être accessoires et subordonnés à la vente du charbon, ils prendront une importance suffisante pour leur donner une individualité propre : il en serait ainsi pour la Compagnie des mines d'Azincourt et des fours à coke du Nord qui met sur la même ligne l'extraction du charbon et la fabrication du coke. Dans les autres sociétés, cette fabrication n'est qu'accessoire et, partant, civile.

45. Donc, en laissant de côté le premier système, nous arrivons à cette conclusion que toutes nos sociétés sont civiles, ayant toutes un objet civil, sous la réserve d'une seule exception pour Azincourt, si l'on accepte la théorie généralement admise et que nous avons exposée en dernier lieu.

46. L'étude de la jurisprudence confirme ces conclusions : les cours de Bruxelles et de Liège (1) reconnaissent qu'il n'y a pas acte de commerce, pour une société houillère, à confectionner des briquettes avec son charbon, ni même à acheter le brai nécessaire à cette industrie. La Cour de Lyon (2) a vu de même un acte civil dans la fabrication et la vente d'agglomérés confectionnés avec les rési-

---

(1) Bruxelles, 30 janvier 1879 (Dalloz, *Supplément au répertoire*, vᵒ *Acte de commerce*, nᵒ 326) ; Liège, 9 février 1888 (*Revue de la législation des mines*, 1889, p. 246).

(2) Lyon, 13 février 1878 (Dalloz, 1879. 2. 99) ; 24 juillet 1887 (*Revue de la législation des mines*, 1888, p. 336).

dus des houilles de l'exploitation ; l'achat du brai ou goudron à ce nécessaire est également civil. Sont encore civils,
pour la Cour de Paris (1), la vente et le traitement des minerais, le magasinage et le transport des produits des
mines. Le Conseil d'État a sanctionné l'analogie entre les
transformations de la houille et la manipulation des récoltes en exemptant de la patente la fabrication, par les
compagnies minières, du coke (2) et des agglomérés (3).
Ces décisions n'ont pas perdu leur valeur au point de vue
qui nous occupe, bien que la loi du 15 juillet 1880 ait
ajouté à l'article 13 de la loi de 1844 une disposition portant que la dispense de la patente ne pouvait « en aucun
cas être étendue à la transformation des matières extraites » (4) : si cette transformation est désormais soumise à
la patente, c'est seulement parce que l'on a cru l'ancienne
exception préjudiciable aux intérêts du Trésor et à ceux
des autres fabricants non extracteurs. La nature des actes
considérés n'en reste pas moins civile.

Notons cependant qu'un arrêt de la Cour de Dijon (5),
que nous allons bientôt retrouver, a attribué le caractère
commercial des entreprises de manufactures à la confection des briquettes et autres « spéculations industrielles ».

47. Ce caractère commercial appartient bien certaine-

---

(1) Paris, 1er avril 1876 (Dalloz, 1879. 2. 99).

(2) 21 janvier 1847 (Dalloz, 1847. 3. 99) ; 22 février 1851 (Dalloz, 1852. 5.
407) ; 17 février 1865, affaire *Compagnies des mines d'Anzin* (cité par Dalloz, *Supplément au répertoire*, v° *Patente*, n° 607).

(3) 30 avril 1863 (Dalloz, 1863. 3. 41).

(4) En Belgique, la loi du 21 mai 1819 n'exempte pareillement de la patente
que « les propriétaires ou exploitants de... houillères... qui se bornent à
vendre les matières *brutes* qu'ils ont extraites ».

(5) Dijon, 1er avril 1874 (Dalloz, 1875. 2. 81).

ment aux manipulations qui s'appliquent à des matières
étrangères (1), par exemple à la fabrication du coke avec
des charbons achetés à d'autres extracteurs : nous aurions
dans ce cas à la fois une entreprise de manufactures et des
achats de marchandises pour les revendre après les avoir
travaillées et mises en œuvre (art. 632). Faisons bien observer que cette hypothèse est toute différente de celle que
nous venons d'étudier : nous avons en effet supposé jusqu'ici que le travail portait seulement sur les produits de
la mine.

3° Exploitation de chemins de fer.

48. L'exploitation des voies ferrées, ordinairement commerciale en tant qu'entreprise de transport, devient civile
lorsqu'il s'agit de nos compagnies houillères : elles ne s'en
servent en effet que pour amener leurs produits dans les
gares de la ligne du Nord ou aux bassins d'embarquement
des canaux : beaucoup de fosses en sont éloignées, et si le
charbon était vendu dans ces conditions sur le carreau de
la mine, il n'atteindrait qu'un prix peu élevé, l'acheteur
étant obligé de le transporter lui-même à grands frais.
La construction et l'exploitation des chemins de fer n'ont
donc pour but que la vente de la houille et comme telles
sont civiles. Il n'y a pas ici entreprise de transport au sens
de l'article 632 : tandis que l'entrepreneur est à la disposition du public, nos sociétés ne transportent que leurs
produits, et seulement dans l'étendue de leur concession
ou tout au plus jusqu'aux gares les plus rapprochées. Les

---

(1) Colmar, 4 juin 1862 (Dalloz, 1862. 2. 163 ; Sirey, 1862. 2. 249).

voyageurs et les marchandises étrangères ne peuvent profiter de leur service ; s'ils y étaient admis, le caractère commercial s'ensuivrait évidemment.

C'est pour échapper à ce caractère commercial que la compagnie d'Auchy-au-Bois, qui avait consenti à mettre son chemin de fer à la disposition du Comité des pélerinages d'Arras, exécuta gratuitement le transport des pélerins à Amettes le 23 juillet 1877 (1).

49. La jurisprudence a plusieurs fois sanctionné ces principes : la Cour de Paris, le 8 janvier 1876 (2), déclara civile l'exploitation d'un chemin de fer, à cause de son caractère accessoire et parce qu'il était « destiné uniquement à l'exploitation de la mine et ne pouvant servir à aucun autre trafic, non plus qu'au transport des voyageurs. » La même Cour, le 1er avril 1876 (3), a reconnu la nature civile, entre autres opérations, au « transport des produits des mines, » et cette solution se retrouve encore dans son arrêt du 21 juin 1884 (4).

50. Nous avons jusqu'ici supposé que les compagnies ne transportaient ni voyageurs, ni marchandises autres que leurs charbons. Il en est parfois différemment en pratique, et certaines lignes de nos sociétés sont ouvertes au public (5) : dans le Nord, le chemin de fer de Somain à Péruwelz (Belgique) appartenant à Anzin, est assujetti à un service public de voyageurs et de marchandises ; il en est de même dans le Pas-de-Calais des embranchements de

(1) Journal le *Pas-de-Calais*, 22 juillet 1877.
(2-3) Dalloz, 1879, 2, 99.
(4) *Revue de la législation des mines*, 1885, p. 34.
(5) Voir les Annuaires statistiques des départements du Nord et du Pas-de-Calais.

5

Carvin à Libercourt (Compagnie de Carvin), de Bully à La Bassée (Compagnie de Béthune), de Pont-à-Vendin à Violaines (Compagnie de Lens), et de Lapugnoy à Rimbert-lez-Auchel (Compagnie de Marles).

Le service des marchandises seules est encore fait, dans le Nord, par les embranchements des mines d'Aniche, de Douchy et de l'Escarpelle, et, dans le Pas-de-Calais, par ceux de Bruay, Ferfay, Lens (partie comprise entre Lens et Pont-à-Vendin), Liévin et Ligny-lez-Aire.

Dans l'un et l'autre de ces cas, il y a véritable entreprise de transport, donc acte de commerce.

4° *Actes de commerce et d'industrie.*

51. C'est ici le lieu de répondre à la question que nous avions déjà posée : quand une compagnie houillère fait des actes commerciaux, quelle influence ont-ils sur son caractère ? La réponse, nous l'avons indiqué, se trouve dans l'article 1er du Code de commerce : « Sont commerçants ceux qui exercent des actes de commerce, et en font leur profession habituelle. » Il suffit donc d'examiner quelle est la profession habituelle : une compagnie qui subordonne tout à l'extraction et à la vente du charbon est civile ; elle devient commerciale en donnant à ses actes de commerce une importance telle qu'on puisse les considérer comme objets principaux de son industrie.

Par exemple, s'il fallait admettre que la fabrication du coke et des briquettes est une entreprise de manufactures, nos sociétés n'en seraient pas moins civiles, parce que ces manipulations n'ont chez elles qu'un caractère accessoire (1). Les gérants souscrivent de nombreuses lettres de change, et font par là actes de commerce ; mais ce n'est pas l'objet des sociétés, ce n'est qu'un moyen, leur nature civile n'est pas atteinte (2). Enfin nous avons dit que certains statuts contenaient une clause générale qui autorise tous les actes d'industrie et de commerce se rattachant au but de la société : celle-ci n'en devient pas pour cela commerciale, car cette formule « se rattachant au but... » montre bien que ces actes ne sont qu'accessoires et doivent seulement aider à atteindre l'objet principal, l'extraction et la vente du charbon.

52. La Cour de cassation, le 11 juin 1888 (3) a reconnu civile une société dont les statuts permettaient « les opérations qui pourraient devenir nécessaires à l'intérêt social », parce que ce n'était que d'une façon accessoire et éventuelle ; en outre l'arrêt constate qu'en fait il n'avait pas été exercé d'actes de commerce ; s'il en eût été autrement, il aurait fallu rechercher quelle avait été leur importance, en comparaison avec les actes civils (Voir dans le même sens, Paris, 21 juin 1884 (4) ; Tribunal de commerce de la Seine, 27 mai 1891) (5).

C'est encore en conformité avec la théorie de l'accessoire que la Cour de Nancy (6) a jugé qu'une industrie

---

(1) Sauf la réserve déjà faite pour la Compagnie des mines d'Azincourt et des Fours à coke du Nord. — Bury, *Législation des mines*, n° 1349.

(2) Delecroix, *Législation des sociétés de mines*, n° 191 ; — Féraud-Giraud, *Code des mines et mineurs*, n° 178. — Paris, 17 août 1868 (Dalloz, 1868.2. 192 ; Sirey, 1868.2.329) ; Tribunal civil de Béthune, 13 juillet 1881 (*Revue de la législation des mines*, 1884, liquidation de Ferfay, p. 155).

(3) Dalloz, 1889.1.293.

(4) *Revue de la législation des mines*, 1885, p. 34.

(5) *Revue de la législation des mines*, 1892, p. 59.

(6) Nancy, 28 novembre 1840 (Dalloz, *Répertoire*, v° *Acte de com-*

houillère reste civile même si on lui adjoint l'entreprise d'une tuilerie, de fours à chaux et à plâtre, « se rattachant à l'exploitation de la mine, » les matières premières étant extraites sur place, et les produits destinés principalement aux constructions et autres travaux nécessaires au fonctionnement de la houillère.

Pour les mêmes raisons appliquées à des hypothèses inverses la Cour de Colmar (1) a imposé le caractère commercial à une compagnie minière qui convertissait en asphalte et en goudron les matières brutes et bitumineuses qu'elle extrayait, et avait en outre créé une manufacture de papier imperméable pouvant servir au doublage des vaisseaux. La Cour d'Agen (2) a également déclaré commerciale une société houillère qui s'était livrée « à de nombreuses opérations financières et à des actes de commerce répétés. » Est encore commerciale, d'après la la Cour de Limoges (3) une société minière dans laquelle la mine était devenue l'accessoire d'une exploitation industrielle.

La Cour de Cassation a donné la même solution pour une société de mines qui achetait des minerais étrangers (4), pour une compagnie charbonnière qui était reconnue s'être constituée « non seulement pour extraire des houilles dépendant de sa concession, mais pour ache-

merce, n° 279). C'est une application de la théorie de l'accessoire parce que la Cour a considéré comme commerciaux des actes qui cependant nous paraissent être civils, d'après ce que nous avons dit des entreprises de manufactures.

(1) Colmar, 4 juin 1862 (Dalloz, 1862.2.163 ; Sirey, 1862.2.249).
(2) Agen, 2 juin 1886 (*Revue de la législation des mines*, 1889, p. 67).
(3) Limoges, 31 octobre 1893 (*Revue de la législation des mines*, 1895, p. 86).
(4) Cassation, 1er juillet 1878 (Dalloz, 1879.1.218).

ter et vendre après les avoir manipulés les produits d'autres houillères..., et se livrer à une série d'opérations d'achat et de vente, » (1) et pour une société qui s'était donné comme objet outre l'exploitation de mines de plomb et de zinc, plusieurs branches d'industrie et de négoce distinctes de cette exploitation, spécialement le commerce de la houille : elle reste même commerciale, d'après la Cour, quoique en fait elle ait, à partir d'une certaine époque, cessé les opérations d'industrie et de négoce autorisées par ses statuts (2).

53. L'histoire de notre bassin offre à ce sujet une décision intéressante : un jugement du tribunal de Douai, du 22 février 1893, a déclaré en faillite, comme société commerciale, la Compagnie anonyme des mines de Fléchinelle ; sur appel, la Cour de Douai, le 13 juin 1893 (3), a confirmé ce jugement. Les statuts de cette compagnie lui donnaient en effet pour objet «... *l'achat et la revente* des charbons et produits *de toutes autres mines* ;...l'acquisition et l'exploitation de *tous* les chemins de fer » (article 1ᵉʳ). L'article 14 disait aussi que la société était seulement « minière en partie ». En fait, l'arrêt constate « que la Société de Fléchinelle ne s'est pas contentée d'exploiter les mines, dont elle se déclarait propriétaire dans l'article 7 de ses statuts ; qu'elle a joint à cette exploitation une transformation du charbon en coke livré à la vente ;

(1) Cassation, 28 octobre 1885 (Dalloz, 1886.1.63 ; Sirey, 1886.1.103). Cet arrêt confirme le jugement par défaut du Tribunal de commerce de la Seine du 8 novembre 1883, confirmé sur opposition le 10 avril 1884, et l'arrêt de la Cour de Paris du 19 août 1884.

(2) Cassation, 1ᵉʳ août 1893 (Dalloz, 1894.1.126; Sirey, 1894.1.22).

(3) *Revue de la législation des mines*, 1894, p. 298.

qu'elle a entretenu ses fours à coke, non seulement avec le produit de ses fosses, mais avec des charbons *achetés à d'autres exploitations* ; qu'elle a accompli ainsi des actes qui, d'après l'article 1ᵉʳ du Code de commerce, lui ont imprimé la qualité de commerçante, si elle en a fait sa profession habituelle ; …que, dès le début, la Société a été organisée, non pas seulement pour extraire et livrer à la consommation le charbon des mines de Fléchinelle, mais pour faire un véritable commerce *d'achat et de revente* des charbons *étrangers* et des produits similaires ; que la houillère de Fléchinelle, *simple accessoire à ce commerce*, avait ses produits confondus avec les charbons achetés au dehors dans un but de spéculation ; que l'ensemble formait un tout indistinct, dont le caractère commercial ne saurait être contesté ». Aussi la Cour, suffisamment éclairée, refusa-t-elle, comme inutile, une expertise qui était demandée pour rapprocher la quantité respective des charbons extraits de la mine de Fléchinelle de celle des charbons achetés, afin de déterminer le caractère de la société : après les constatations faites antérieurement, cette expertise n'aurait pu qu'aboutir au même résultat de faire reconnaître la nature commerciale de la compagnie, puisque l'importance de ses actes de commerce était telle que l'exploitation houillère en était devenue le « simple accessoire ».

Il est permis de regretter qu'à un raisonnement aussi solidement établi la Cour de Douai ait cru devoir ajouter rapidement quelques autres motifs qui n'apportent aucune force nouvelle à son argumentation, car ils sont inexacts : « Attendu, dit-elle, que le caractère de commercialité s'affirme encore par les circonstances qui entourent le fonctionnement de la Société ; que, par exemple, ses obligations étaient émises à intérêt de 6 0/0 ; que les emprunts par elle contractés produisaient le même intérêt ; qu'elle faisait ses règlements par lettres de change ; — Attendu, enfin, que la Société commerciale a été voulue par les Sociétaires... » Mais est-ce qu'un particulier qui emprunterait à 6 0/0 serait pour cela commerçant ? Evidemment non ; donc la société n'est pas commerciale pour avoir émis des obligations à ce taux (1). Est-ce qu'elle faisait « profession » de créer des lettres de change ? Non encore ; donc ce n'est pas davantage ce motif qui peut la rendre commerciale. Est-ce que la volonté des parties peut changer la nature d'une société ? Non plus ; nous allons le démontrer. Il ne reste donc rien de ces considérants. — Retenons seulement le véritable motif, celui qui justifie pleinement le dispositif de l'arrêt : la Compagnie de Fléchinelle était commerçante parce qu'elle se livrait à des achats et reventes de charbons étrangers, en proportion telle que son exploitation propre en était devenue l'accessoire. — La jurisprudence est donc bien homogène sur ces questions.

54. Seul un arrêt de la Cour de Dijon (2) déclare commerciale une société houillère parce que ses statuts lui donnaient pour objet « toutes les opérations se rattachant à l'industrie des charbons. » C'est que, dit-il, cette clause indique suffisamment « que ladite société avait été formée en vue de spéculations industrielles, telles que la fabrica-

---

(1) Tribunal civil de Béthune, 13 juillet 1881 (*Revue de la législation des mines*, 1884, liquidation de Ferfay, p. 155).
(2) Dijon, 1er avril 1874 (Dalloz, 1875.2.81).

tion des briquettes, et autres du même genre qui rentrent dans les entreprises de manufactures ». Nous avons déjà dit que la fabrication des briquettes est civile ; mais serait-elle commerciale qu'on ne saurait admettre l'opinion de la Cour de Dijon : la société ne voulait pas faire sa profession habituelle d'actes de commerce, elle ne se proposait ces opérations qu'accessoirement puisque ses statuts visaient uniquement celles qui se rattachent à l'industrie des charbons ; elle était donc bien civile.

55. Est-ce à dire que la nature commerciale d'un acte même accessoire ne produira aucun effet ? Certainement non ; il y a lieu d'appliquer le droit commun, et il en sera de la société comme d'un particulier qui fait un acte de commerce : la conséquence la plus importante est que la compagnie sera soumise à la juridiction consulaire pour les contestations relatives au fait considéré.

56. Conclusion générale : nos compagnies sont, par leur objet, des sociétés civiles ; donc elles ne sont pas assujetties aux règles de la faillite ou de la liquidation judiciaire, pas plus qu'à la compétence des tribunaux de commerce ; elles ne sont pas non plus obligées de tenir des livres. En outre, les actions des créanciers sociaux contre les associés ne sont en principe prescrites que par trente ans ; il n'y a pas lieu de remplir les formalités de publicité spéciales aux sociétés de commerce ; surtout, chaque associé est tenu envers les créanciers sociaux pour une part virile personnellement sur tous ses biens. Mais nous aurons bientôt à faire à cette théorie générale de nouvelles réserves et à apporter encore à ces règles d'importantes exceptions.

II. — La volonté des parties ne peut rendre ces Sociétés commerciales.

57. Nos compagnies sont donc civiles par leur objet. Et de fait les statuts de Béthune (art. 2) portent que « conformément à l'article 32 de la loi du 21 avril 1810, cette Société est purement civile et comme telle régie par les articles 1832 et suivants du Code civil. » C'est le même texte que nous retrouvons mot pour mot dans les statuts de Bruay, l'Escarpelle, Lens, Liévin, Ostricourt et Vicoigne-Nœux (1). Se déclarent également civiles Courrières, Dourges, Flines-lez-Raches et Marles. La compagnie de Thivencelles et Fresnes-Midi se dit provisoirement civile, mais ce provisoire subsiste depuis sa création. Enfin les statuts de presque toutes les compagnies primitives, aujourd'hui dissoutes ou transformées en sociétés anonymes, affirmaient également qu'elles étaient civiles.

Mais cet accord entre la loi et la volonté des parties n'existe pas partout, et d'autres compagnies prétendent à un caractère différent. C'est ainsi que Drocourt et Ferfay, après s'être dénommées sociétés commerciales, répètent quelques articles plus loin que leur but est essentiellement commercial (2). Cette qualification prise par leurs statuts suffit-elle à changer la nature de ces sociétés ?

58. Cette question, aujourd'hui tranchée dans le sens de la négative, a soulevé autrefois d'ardentes controver-

---

(1) *Adde* : anciennes Sociétés civiles de Meurchin, de Vendin-lez-Béthune, etc.

(2) La société anonyme de Fléchinelle se disait aussi commerciale.

ses. Troplong (1), qui pourtant reconnaissait comme civile toute société de mines « quelles que soient sa forme et sa constitution, » a formulé cette théorie que la loi de 1810 a accordé un privilège à l'exploitant de mines en déclarant qu'il ne faisait pas acte de commerce ; or, comme l'on peut toujours renoncer à un bénéfice, il dépendra de sa volonté de devenir commerçant : la loi lui permettait de ne pas l'être, il est libre de ne pas profiter de cette faveur. Et Troplong cite à l'appui de sa doctrine la maxime de Loysel : « Convenances vainquent la loi. » C'est ainsi qu'un propriétaire de vignes ou de forêts aurait la faculté de faire le commerce en vendant ses récoltes afin d'augmenter l'importance de ses affaires ; par une assimilation à laquelle nous sommes habitués, il en est de même du mineur et de la société minière.

Comment doit s'exprimer cette volonté pour être efficace ? D'après Troplong, « on n'admettra que des faits graves, précis, concordants ». Et il cite à titre d'exemples « les stipulations de l'acte de société, leur application à imposer aux associés certaines obligations particulières dans les associations commerciales, la publication et l'enregistrement dans les tribunaux de commerce, la soumission à l'arbitrage imposé par le Code de commerce, les opérations diverses qui se lient à l'exploitation et qui revêtent un caractère commercial ».

Quelques auteurs ont accepté cette théorie (2) et l'on range ordinairement parmi eux MM. Bédarride et Delan-

---

(1) *Contrat de société*, n° 331.
(2) Dalloz, *Répertoire*, v° *Acte de commerce*, n° 281, v° *Société*, n° 233.

gle. Mais le premier dit formellement, et c'est aussi l'opinion du second, que la volonté des parties est impuissante à donner à une société civile le caractère commercial (1) ; c'est à la forme de la société qu'ils attribuent ce pouvoir, nous retrouverons bientôt cette question.

Dans la jurisprudence, cette doctrine a été consacrée par des arrêts des Cours de Paris et de Dijon (2). La Cour de Douai, qui avait primitivement reconnu le caractère civil des sociétés houillères, quels que soient « les moyens mis en œuvre pour attirer les capitaux, » revint sur cette première manière de voir et décida qu'une société houillère qui se forme « est entièrement libre de se constituer, soit en société civile, soit en société commerciale, suivant qu'elle juge l'une ou l'autre de ces formes plus profitable pour elle (3). »

59. Il ne paraît pas bien difficile de réfuter ces arguments. Et d'abord, il est toujours loisible, dit-on, de renoncer à un privilège : ne faudrait-il pas commencer par démontrer que le caractère civil est un privilège ? Or il est permis d'en douter en voyant les Chambres de commerce d'Arras et de Saint-Omer insister sur l'opportunité de la transformation en sociétés commerciales des compagnies de mines constituées en sociétés civiles : celles-ci ne donnant pas assez de sécurité, les capitalistes s'en éloi-

(1) Bédarride, *Des sociétés*, t. 1, nᵒˢ 92 et 121 ; Delangle, *Des sociétés commerciales*, t. 1, nᵒˢ 27 à 36.

(2) Paris, 19 août 1841 (Dalloz, *Répertoire*, vᵒ *Acte de commerce*, nᵒ 282 ; Sirey, 1841. 2. 483) ; Dijon, 26 avril 1841 (Dalloz, *ibid.*, nᵒ 281 ; Sirey, 1841. 2. 483). Ces deux arrêts ont décidé que la forme de la commandite entraînait le caractère commercial comme manifestant la volonté des parties de devenir commerçants.

(3) Douai, 13 mars 1867 (Jurisprudence de la Cour de Douai, 1867, p. 80).

gnent (1). En tout cas, la question est plus large ; qu'il y
ait faveur ou non, nous avons à nous demander si la loi
a imposé ce caractère civil ou si elle a laissé les parties
maîtresses de choisir entre la nature civile ou commerciale. Troplong admet cette seconde supposition. mais il
ne la démontre pas. Tout concourt à prouver au contraire
que c'est à la première opinion qu'il faut se rallier. En
effet, d'après la nature même des choses, nous l'avons dit,
nos compagnies sont civiles, et nous leur reconnaîtrions
cette qualité même en l'absence de l'article 32 de la loi de
1810 ; cette loi n'a donc fait en réalité qu'interpréter l'article 632 du Code de commerce, et n'a pas créé un droit
nouveau. Les travaux préparatoires disent formellement
qu'on a voulu « soustraire les Sociétés formées pour l'exploitation des mines à l'empire du Code de commerce, »
ce qui prouve que cette disposition de la loi est impérative
et non pas facultative.

Enfin, convenances ne vainquent la loi qu'en matière
d'intérêts privés ; dès que l'ordre public est en jeu, la
volonté des parties est inefficace : « On ne peut déroger,
par des conventions particulières, dit l'article 6 du Code
civil, aux lois qui intéressent l'ordre public et les bonnes
mœurs. » Or quelles seraient les conséquences de la transformation de, nos compagnies en sociétés de commerce ?
Sans parler de la personnalité civile qui résulte pour les
sociétés minières de l'article 8 de la loi du 21 avril 1810

---

(1) Voir le rapport de M. Ducarre, au nom de la Commission chargée de
procéder à une enquête parlementaire sur l'état de l'industrie houillère en
France (*Journal officiel,* 18 août 1874, p. 5937).

et que la Cour de Cassation (1) reconnaît à toutes les sociétés civiles, ni de la contrainte par corps abolie par la loi du 22 juillet 1867, il en est trois que les conventions privées ne peuvent produire : ce sont l'attribution de compétence aux tribunaux consulaires, la soumission à la faillite en cas de cessation de paiements, l'extinction des actions contre les associés non liquidateurs par la prescription de cinq ans après la dissolution. En effet : 1° Les tribunaux de commerce sont incompétents pour juger les affaires civiles ; or cette incompétence *ratione materiæ* tient à l'organisation judiciaire, partant est d'ordre public, à la différence de l'incompétence *ratione personæ* qui est établie dans l'intérêt des parties ; aussi, pour montrer que les convenances particulières n'y peuvent rien changer, le Code de procédure (articles 170 et 424) ordonne-t-il en pareils cas le renvoi d'office, même si le déclinatoire n'a pas été proposé ; — 2° D'après l'article 437 du Code de commerce, « tout commerçant qui cesse ses paiements est en état de faillite ; » donc il est absolument nécessaire, pour être mis en faillite, d'être commerçant, c'est-à-dire (article 1er C. de com.) d'exercer des actes de commerce et d'en faire sa profession habituelle ; et puis comment comprendre la faillite en dehors de la compétence des juges consulaires ? — 3° Il est impossible de réduire à cinq ans la durée de la prescription de droit commun ; car, bien loin de pouvoir imposer aux tiers cette réduction, on ne peut pour soi-même renoncer d'avance à la prescription, en tout ou en partie : l'article 2220 du Code civil le défend.

(1) Cassation, 23 février 1891 (Dalloz, 1891. 1. 337 ; Sirey, 1892. 1. 73). 2 mars 1892 (Dalloz, 1893. 1. 169 ; Sirey, 1893. 1. 497).

La conclusion s'impose donc que les parties, n'ayant pas le droit de changer l'ordre des juridictions, de se soumettre à la faillite, de modifier les règles de la prescription, n'ont pas non plus le droit de transformer en société commerciale une société houillère à laquelle la loi a imposé le caractère civil.

C'est en vain que l'on objecte qu'un propriétaire de vignes ou de forêts peut, s'il le désire, devenir commerçant ; c'est une erreur de plus : de même que la volonté des parties ne peut attribuer à un acte civil la nature commerciale, de même la qualité de commerçant ne peut être reconnue qu'à celui qui fait d'actes de commerce sa profession habituelle ; l'article 1er du Code de commerce est formel, et il n'y a pas à tenir compte de la qualification prise (1).

60. La doctrine semble unanime à partager ce sentiment. Nous avons déjà cité MM. Bédarride et Delangle ; ajoutons Laurent (*Principes de droit civil français*, t. 26, n° 217) ; Pont (*Des Sociétés*, n°s 118 et 119) ; Lyon-Caen et Renault (*Traité de droit commercial*, t. 2, n° 92) ; Delecroix (*Législation des Sociétés de mines*, n°s 192 et suiv.) ; Féraud-Giraud (*Code des mines et mineurs*, n° 181) ; Guillouard (*Contrat de Société*, n° 361) ; Bouvier-Bangillon (*La législation nouvelle sur les Sociétés*, p. 14).

La jurisprudence (2) a consacré cette opinion dans un très grand nombre d'espèces, ordinairement à propos de l'adoption par les sociétés civiles de la forme anonyme.

---

(1) Tribunal civil de Valence, 10 décembre 1863 (Dalloz, 1863. 3. 32).
(2) Cassation, 18 novembre 1824 (Dalloz, Répertoire, v° *Société*, n° 243).

Citons seulement un arrêt de la Cour de Grenoble (1) qui proclame très nettement « que pour être commerçant il faut faire des actes de commerce à titre de profession habituelle (C. comm., art. 1) ; que rien ne peut remplacer ces conditions, sans lesquelles la volonté d'un individu, et la qualification même qu'il se donne, sont impuissantes ; que ces principes sont applicables aux êtres collectifs, sociétés ». Par une application inverse des mêmes principes, la Cour de Paris (2) a imposé le caractère commercial à une société qui cependant s'était qualifiée civile. Même décision de la Cour de Douai, le 23 juin 1875 (3).

61. Un effet sortira cependant de cette déclaration que la société est commerciale, c'est qu'elle sera censée l'être jusqu'à preuve du contraire : si donc elle était actionnée devant le tribunal de commerce, elle serait obligée, pour décliner sa compétence, de prouver qu'elle n'est pas société commerciale à cause de la nature civile de ses actes. La Cour de Cassation (4) a appliqué cette règle au locataire d'une mine qui avait pris la qualité de commerçant. En un mot, c'est le renversement de la présomption posée par l'article 32 de la loi de 1810 : celui qui veut poursuivre devant les juges consulaires une société houillère doit prouver qu'elle a fait acte de commerce ; c'est l'inverse qui se produit dans le cas que nous venons d'étudier.

Il ne faudrait pas croire que ce résultat soit contraire à ce que nous avons dit de l'incompétence absolue des tri-

(1) Grenoble, 19 mars 1870 (Sirey, 1871.2.35).
(2) Paris, 30 novembre 1861 (Dalloz, 1872.2.208).
(3) Jurisprudence de la Cour de Douai, 1875, p. 292.
(4) Cassation, 14 juin 1865 (Dalloz, 1867.1.293).

bunaux de commerce à l'égard des affaires civiles : une
société houillère peut en effet être commerciale, nous le
savons ; lors donc qu'elle s'affirme telle, il est permis de
la croire ; il est vraisemblable de penser qu'elle se livre
principaliter à des opérations de commerce. Par conséquent les tribunaux n'ont pas à se déclarer d'office incompétents. Mais il est toujours permis de rétablir la vérité
et la compagnie poursuivie devant la juridiction consulaire pourra opposer le déclinatoire, sauf à prouver son
caractère civil, nous le répétons.

D'autre part, si elle était actionnée devant les juges civils, ce serait encore à elle à prouver qu'elle est commerciale ; son affirmation pure et simple ne saurait prévaloir
contre la présomption créée par la nature des choses et
par la loi de 1810.

62. C'est donc une vaine prétention que de dire, comme
Drocourt et Meurchin, que le but de ces compagnies est
« essentiellement commercial », et c'est aller directement
à l'encontre de l'article 32 de la loi de 1810 que de prétendre avec Ferfay que l'« exploitation » d'une telle société est « essentiellement commerciale ».

Ce qui nous explique de pareilles affirmations, c'est
qu'en réalité ces compagnies se prétendent commerciales
à cause de la forme anonyme qu'elles ont adoptée. Nous
sommes donc amenés à étudier quel est le caractère de
ces sociétés, civiles par leur objet, qui ont revêtu la forme
anonyme empruntée au Code de commerce ; auparavant
nous devrons nous poser la même question pour la division du capital en actions, une difficulté ayant été élevée
sur ce point.

III. — La division du capital social en actions ne modifie
pas le caractère civil de nos compagnies.

63. Toutes nos sociétés houillères ont divisé leur capital social en actions, c'est-à-dire que chaque part d'associé est considérée comme normalement cessible, le cessionnaire prenant entièrement la place du cédant (1). Or,
en principe, dans la société civile, telle qu'elle est organisée par le Code civil, notamment par l'article 1861, la
part d'associé est un *intérêt* incessible ; d'autre part, c'est
le Code de commerce qui parle des *actions*, en réglementant la société anonyme et la commandite ; à cause de
cela certains auteurs et nombre d'arrêts ont cru pouvoir
conclure que la division du capital social en actions, surtout en actions au porteur, entraînait pour la société la
nature commerciale.

Ces auteurs sont particulièrement MM. Vincens (2) et
Delangle (3). Ces arrêts ont été rendus notamment par les
cours de Bordeaux (4), de Dijon (5), de Paris (6), et même
par la Cour de Cassation (7).

---

(1) Ce caractère de cessibilité est le criterium adopté par la grande majorité des auteurs et des arrêts de jurisprudence pour distinguer l'action de
l'intérêt.

(2) *Législation commerciale*, t. 1, p. 353, et *Des sociétés par actions*,
p. 5.

(3) *Des sociétés commerciales*, n° 34.

(4) Bordeaux, 22 juin 1833 (Dalloz, 1834. 2. 48 ; Sirey, 1833. 2. 547).

(5) Dijon, 26 avril 1841 (Dalloz, 1841. 2. 216 ; Sirey, 1841, 2. 441).

(6) Paris, 8 décembre 1842 (Dalloz, 1843. 2. 88) ; 9 février 1843 (Dalloz,
Répertoire, V° *Acte de commerce*, n° 284) ; 22 février 1848 (Dalloz, 1854.
5. 11).

(7) Cassation, 30 avril 1828 (Dalloz, 1828. 1. 234 ; Sirey, 1828. 1. 148).

64. Quelles sont les raisons invoquées en faveur de cette doctrine ? Il n'en a pas toujours été donné, et l'on s'est parfois contenté d'une simple affirmation : la création d'actions n'est alors qu'un prétexte pour rendre à la société minière le caractère commercial qu'on voudrait lui attribuer toujours, n'était le texte si formel de l'article 32 de la loi du 21 avril 1810. Cet article, disent quelques-uns, doit être entendu restrictivement ; il ne faut l'appliquer que « lorsque l'exploitation a lieu pour le compte des concessionnaires et sous leur direction, et non lorsqu'elle s'effectue par une réunion d'actionnaires associés ». Il n'y a là qu'une simple proposition, mais sans preuve.

D'autres y voient l'expression de la volonté des parties d'imprimer à la société la nature commerciale ; mais nous savons que cette prétention est inefficace.

Pour beaucoup, la division en actions du capital social est en opposition avec les principes du Code civil ; elle est au contraire conforme au Code de commerce ; d'où il suit qu'il faut appliquer le titre III de ce dernier et reconnaître la compagnie comme commerciale.

Enfin, comment distinguer à la Bourse les actions des sociétés civiles de celles des sociétés commerciales ? Les unes et les autres seront les objets des mêmes spéculations. Aussi la création de titres au porteur ou d'actions quelconques est un acte de commerce, et la société qui se livre à une semblable opération est commerciale.

65. Vains raisonnements que tout cela. En quoi les principes de nos Codes justifient-ils une pareille conclusion ? Dans quel article la loi civile prohibe-t-elle les actions ?

Dans quel article le Code de commerce impose-t-il le caractère commercial à la compagnie qui divise ainsi son capital ? Aucun texte ne vient appuyer la théorie que nous combattons. Bien au contraire, l'article 1861 du Code civil autorise chaque intéressé à « associer à la société » une tierce personne avec le consentement de ses coassociés ; or la création de parts d'intérêt cessibles n'est que la mise en pratique de cette faculté (1), que nous devrions encore admettre, en l'absence de texte, en vertu du principe de la liberté des conventions.

Qu'importe après cela la confusion sur le marché des actions civiles et des actions commerciales ? Le billet à ordre n'est-il pas dans le même cas, tantôt civil, tantôt commercial, suivant la nature de l'opération à l'occasion de laquelle il a été souscrit ? Et cependant aucune mention n'indique la nature du billet aux tiers à qui il est offert. Ainsi en est-il de nos actions. Sans doute, si quelqu'un cherche à spéculer sur leur cours, en les achetant ou en les revendant selon les alternatives de baisse ou de hausse, il fera en cela acte de commerce ; mais en quoi la nature de la société en est-elle atteinte ? Celle-ci, en créant ces actions, n'a fait nullement une spéculation : les concessionnaires, pour réunir le capital qui leur était nécessaire, ont offert aux souscripteurs de participer à tous leurs droits en partageant leurs charges ; cette souscription n'est en rien un fait commercial et les actions ne sont pas des titres commerciaux. Et fallût-il admettre contre l'évidence même que la division du capital en parts cessibles au gré de

_____

(1) Delecroix, *Législation des sociétés de mines*, n° 216.

leurs possesseurs est un acte de commerce, la société res-
terait civile, car cette opération n'est pas son but ; elle
n'est qu'un moyen de l'atteindre (1).

La législation en plus d'un endroit nous fournit de nouvelles preuves non moins convaincantes : c'est la loi du
5 juin 1850 sur le timbre, dont l'article 14 commence
ainsi : « Chaque titre ou certificat d'*action*, dans une Société, Compagnie ou entreprise quelconque, financière,
commerciale, industrielle ou *civile* »... C'est la loi du
24 juillet 1867 elle-même qui dans son article 50 parle des
actions des sociétés à capital variable, c'est-à-dire pratiquement des sociétés coopératives qui ont pour la plupart
un caractère civil indiscuté. C'est surtout, dans la question
qui nous occupe, la loi du 21 avril 1810 qui prévoit par
son article 8 la division en *actions* des sociétés minières,
civiles d'après l'article 32.

66. On ne peut donc que s'étonner des difficultés qui
ont surgi sur cette matière ; ajoutons qu'aujourd'hui la
jurisprudence (2) et les auteurs (3) sont d'accord et qu'il
n'est douteux pour personne que nos compagnies ont
conservé leur caractère civil bien que leur capital soit divisé en actions cessibles.

(1) Pont, *Des sociétés*, p. 92, n° 122.
(2) Voir Paris, 15 février 1868 (Dalloz, 1868, 2, 208 ; Sirey, 1868, 2, 333) ;
21 juin 1884 (*Revue de la législation des mines*, 1885, p. 33) ; Dijon, 19 mars
1868 (Sirey, 1868, 2, 333) ; Douai, 12 novembre 1839 (Jurisprudence de la
Cour de Douai, 1848, p. 314) ; 17 décembre 1842, affaire *Compagnie des mines d'Arras* (Dalloz, *Répertoire*, v° *Acte de commerce*, n° 285 ; Sirey,
1843, 2, 81 ; Jurisprudence de la Cour de Douai, 1843, p. 1) ; Tribunal
civil de Béthune, 13 juillet 1881 (*Revue de la législation des mines*, 1884,
p. 155).
(3) Pont, *op. cit.* ; Duvergier, *Contrat de société*, n° 485 ; Troplong, *Contrat de société*, n°ˢ 143, 327 et 328 ; Dalloz, *Répertoire*, v° *Mines*, n° 283 ;
Delebecque, *Législation des mines*, t. 2, n° 869 ; Delecroix, *op. cit.* ; Féraud-Giraud, *Code des mines et mineurs*, n° 175.

IV. — Influence de la forme anonyme.

§ I. — Les compagnies constituées sous la forme anonyme avant la loi du 1er août 1893 sont des sociétés civiles.

67. Onze de nos compagnies actuelles sont constituées sous la forme de sociétés anonymes. Une seule parmi elles, Drocourt, l'était avant 1893 ; les autres, Annezin, Azincourt, Carvin, la Clarence, Crespin-Nord, Douchy, Ferfay, Ligny-lez-Aire, Marly et Meurchin, se sont créées ou transformées depuis la loi du 1er août 1893. Cette distinction est fort importante à faire, car cette loi a ajouté à celle du 24 juillet 1867 un article (68) ainsi conçu : « Quel que soit leur objet, les sociétés en commandite ou anonymes qui seront constituées dans les formes du Code de commerce ou de la présente loi, seront commerciales et soumises aux lois et usages du commerce. »

Or, il est à remarquer que cet article ne statue que pour l'avenir ; par conséquent, s'il est hors de doute que les dix sociétés citées plus haut sont commerciales, la question reste entière pour la compagnie de Drocourt, ainsi que pour celles qui sont aujourd'hui dissoutes ou modifiées et qui avaient adopté la forme anonyme avant la loi de 1893 : telles ont été Auchy-au-Bois, Carvin, la Lys-Supérieure, Meurchin, Vendin-lez-Béthune, anciennes sociétés civiles transformées, et Azincourt, Ferfay, Fléchinelle, Lières, qui furent anonymes dès leur première constitution.

Nous avons donc à rechercher quel est le caractère de ces sociétés en faisant abstraction de la législation nouvelle qui ne leur est pas applicable.

68. Écartons tout d'abord une opinion d'après laquelle l'adoption de formes commerciales n'est qu'une manifestation de la volonté des parties de devenir commerçantes (1). La question posée dans ces termes ne laisserait aucun doute : puisque nous avons démontré que cette volonté est inopérante, nos compagnies resteraient certainement civiles. Pour que le problème soit nouveau, il faut se demander si, en dehors de l'intention des contractants, la loi n'impose pas la nature commerciale à toutes les sociétés anonymes. Evidemment la volonté intervient en choisissant cette forme, mais si le caractère commercial en résultait, ce ne serait pas comme conséquence de cette prétention, mais en vertu de la puissance de la loi aux prescriptions de laquelle on se serait soumis : de même, n'est commerçant que celui qui veut bien faire des actes de commerce, et pourtant s'il est commerçant, ce n'est pas parce qu'il l'a voulu, c'est parce que la loi lui impose cette qualité comme à tous ceux qui font profession d'exercer des actes de commerce. Cela est tellement vrai que Troplong, après avoir soutenu que l'intention des stipulants imprime le caractère commercial à une société de mines, ne reconnaît pas cet effet à l'adoption de la forme anonyme.

Nous devons donc examiner la question de la façon suivante : une société houillère anonyme est-elle commerciale, quelle que soit sa volonté à cet égard ? La réponse n'est pas douteuse : tout le monde aujourd'hui adopte la

---

(1) Pont, *Des sociétés*, t. 1, n. 121, *in fine* ; Laurent, *Principes de droit civil français*, t. 26, n. 220 ; Lyon-Caen et Renault, *Traité de droit commercial*, t. 2, n. 91 ; Bouvier-Bangillon, *La législation nouvelle sur les sociétés*, p. 14.

négative ; une telle société est civile, qu'elle le veuille ou qu'elle ne le veuille pas.

69. Nous avons dit : aujourd'hui, car l'unanimité actuelle n'a pas toujours existé. La jurisprudence d'une part, dans nombre d'arrêts, même de la Cour de cassation (1), a consacré cette théorie que la forme commerciale (2) rend commerciale une société qui est civile par son objet ; des auteurs éminents, d'autre part, comme MM. Bédarride, Delangle et Vincens (3), ont énergiquement soutenu la même doctrine.

Les arguments employés peuvent se réduire à deux principaux. D'abord, les sociétés anonymes sont étudiées seulement dans le Code de commerce : le Code civil est muet ; donc le législateur veut que les sociétés anonymes soient commerciales.

Secondement, la forme anonyme est incompatible avec la société civile, car l'une restreint le gage des créanciers aux apports effectués, tandis que l'autre oblige chaque associé à sa part de la dette, personnellement et sur tous ses biens.

70. La conclusion, semble-t-il, c'est que toute société anonyme est commerciale. M. Bédarride ne va pas jusque là, tout en soutenant que les compagnies minières ano-

---

(1) Cassation, 26 mars 1855 (Dalloz, 1855,1,68) ; Paris, 19 août 1840 (Sirey, 1841,2,483) ; Dijon, 26 avril 1841 (Sirey, 1841,2,482).

(2) C'est à dire la société en nom collectif, la société en commandite, la société anonyme, toutes trois décrites au Code de commerce. La difficulté que nous éclaircissons existe pour ces trois formes : nous n'étudions que la dernière parce que seule elle est employée par les compagnies de notre bassin.

(3) Bédarride, *Des sociétés*, t. 1, nos 95 à 99 ; Delangle, *Des sociétés commerciales,* t. 1, n° 36 ; Vincens, *Législation commerciale,* t. 1, n° 19.

nymes sont commerciales, il n'ose généraliser ; mais il
arrive à des conclusions qui montrent amplement le mal
fondé de son raisonnement : la forme, dit-il, ne peut rendre commercial ce qui n'a jamais été susceptible de l'être.
C'est parfait, nous voulons en effet nous en tenir à l'article 632 du Code de commerce : mais alors ou l'entreprise
est civile ou elle est commerciale, pas de milieu, et la
forme importe peu. Cependant notre auteur distingue :
« Lorsque l'acte que se propose la société répugne au caractère commercial, quelle que soit la dénomination
qu'elle ait reçue, cette société restera purement civile. »
Eh quoi ! tout acte civil ne répugne-t-il pas au caractère
commercial ? Cette distinction est contraire à l'article 632.
Aussi voyez quelles conséquences elle engendre : « Peut-
on ranger dans cette catégorie l'acte consistant à exploiter
une mine ? Non, sans doute, car se procurer à plus ou
moins de frais des produits destinés à être vendus avec
bénéfice, c'est évidemment se livrer à un fait offrant l'idée
et les caractères du commerce. » Rien n'est plus faux,
nous l'avons déjà démontré ; à ce compte, le cultivateur
serait commerçant, car il ne fait pas autre chose. Cette
comparaison, M. Bédarride a pourtant essayé de la faire
tourner à son avantage : « Celui dont les vignobles pro-
duisent une grande quantité de vin, celui qui possède de
vastes forêts, peut devenir, dans toute l'acception du mot,
marchand de vin ou de bois, et lorsqu'il a publiquement
pris ou exercé cette qualité, sera-t-il recevable à en décliner les conséquences, sous prétexte qu'il ne vend, en réalité, que le produit de ses propres récoltes ? » Quel oubli
de l'article 638 ! Quelle contradiction avec les premiers

mots de ce paragraphe, où la dénomination prise ou reçue était déclarée sans influence ! L'impossibilité pour le concessionnaire de mines d'être commerçant n'est plus qu'une « incompétence personnelle....., bénéfice dont on peut vouloir ne pas profiter. » Nous avons précédemment fait justice d'une semblable affirmation, ce qui nous dispense de nous arrêter plus longtemps sur un point suffisamment élucidé.

Et quel critérium nous présente ce système hybride ? Il faut rechercher si « l'acte que se propose la société répugne au caractère commercial! » Or il est aisé de voir qu'une fois l'article 632 abandonné, la confusion va régner en cette matière, et que dans les décisions d'espèces les opinions les plus diverses se feront jour, tant en doctrine qu'en jurisprudence : *tot capita, tot sensus* (1).

Cette théorie est réfutée par son exposition même. Par conséquent, toutes les sociétés anonymes, civiles par leur objet, restent civiles, ou toutes sont commerciales.

71. Reprenons les raisons qui ont été invoquées en faveur de cette seconde opinion. Premièrement, le législateur trace au Code de commerce les règles de certaines formes de sociétés dont il n'a parlé nulle part au Code civil : cela montre bien que ces formes sont particulières aux sociétés commerciales; donc les sociétés civiles ne peuvent abandonner les principes de la loi civile, sans perdre par cela même leur caractère. — Il suffit pour démon-

---

(1) La société pour acheter et revendre des immeubles se prêterait d'après Troplong (*Contrat de société*, n° 320) à la transformation en société commerciale ; elle y répugnerait, d'après Bédarride (*op. cit.*, n° 99), et Delangle (*op. cit.*, n° 36).

trer l'inanité d'une semblable affirmation d'en demander
la preuve, et de répéter ce que nous disions plus haut :
Quelle disposition législative a sanctionné ces maximes ?
Quel texte interdit la forme commerciale à nos compagnies ? Il n'en est aucun. Bien loin de là, nous allons citer
tout à l'heure des déclarations du législateur qui établis-
sent hautement le système contraire. Si la société anonyme ne se trouve réglementée que dans le Code de commerce et les lois qui l'ont modifié, c'est qu'en fait elle doit
son origine à la pratique commerciale, et que pendant
longtemps, les conditions économiques n'étant pas les
mêmes qu'aujourd'hui, elle a servi aux seules opérations
de commerce ; il eût donc été illogique de traiter ailleurs
cette matière. *Lex statuit de eo quod plerumque fit.*

En second lieu, l'adoption de la forme anonyme écarte
l'application des articles 2092 et 2093, d'après lesquels
qui s'oblige, oblige le sien ; au contraire, les sociétés civiles sont soumises à cette règle de l'obligation *in infinitum* ; donc une société civile ne peut être anonyme. —
Que l'article 2092 s'applique ordinairement aux sociétés
civiles, cela ne fait pas de doute ; mais qu'il formule une
prescription impérative, nous le nions. Les compagnies
qui se constituent sous l'anonymat ont précisément pour
but d'y échapper, et nous justifierons cette prétention
quand nous ferons l'étude de la responsabilité des associés
à l'égard des tiers. Dès lors le raisonnement proposé pèche
par la base, et l'incompatibilité invoquée n'existe pas. Et
s'il fallait admettre avec certains auteurs et quelques arrêts qu'on ne peut écarter l'article 2092, on ne pourrait
en conclure l'impossibilité de prendre la forme anonyme ;

seulement l'adoption de cette forme ne produirait pas les effets qu'on en aurait espérés.

Il ne reste donc rien des arguments qu'on nous oppose. Pour achever la ruine du système, une grave objection se présente encore : il aboutit à créer un commerçant qui ne fait pas d'actes de commerce ; or, pour contredire ainsi l'article 1ᵉʳ du Code de commerce, il faudrait un texte, et ce texte n'existe pas (1). Comme le dit M. Delecroix, « il n'est pas plus possible de retrancher quoi que ce soit de l'énumération des articles 632 et 633, que d'y ajouter d'autres actes que la loi n'a pas nommés. Considéré à ce point de vue, le fait, par une société civile, de revêtir une forme commerciale, est sans influence, puisque ces articles ne s'attachent jamais aux questions de forme, mais seulement au fond même des actes et à leur essence. » (2)

72. Il nous faut maintenant présenter des preuves positives. Nous en trouverons une dans le grand principe de la liberté des conventions ; les paroles mêmes du législateur nous en fourniront une seconde.

A défaut de texte prohibitif, la maxime : Tout ce qui n'est pas défendu est permis, doit recevoir son application ; or la société civile n'est pas enfermée dans une organisation sacramentelle ; donc tous les pactes non illicites lui sont permis. Elle peut en particulier prendre la forme anonyme, puisque rien ne le lui interdit. La loi du 23 mai 1863 sur les sociétés à responsabilité limitée réservait cette institution aux sociétés de commerce (article 1ᵉʳ). Mais rien de semblable n'existe pour l'anonymat.

---

(1) Rappelons que la loi du 1ᵉʳ août 1893 ne s'applique pas à notre cas de sociétés anonymes constituées antérieurement.

(2) *Législation des sociétés de mines*, n° 229.

Bien au contraire, et spécialement en matière de mines,
l'article 8 de la loi du 21 avril 1810 parle des actions
d'une compagnie minière que l'article 32 déclarera civile,
et ce mot actions a un sens général qui comprend évidemment celles d'une société anonyme : dans les travaux préparatoires se trouve en effet une longue discussion au
Conseil d'Etat, le 20 juin 1809, qu'il nous paraît inutile
de reproduire *in extenso* ; rappelons seulement la conclusion à laquelle elle aboutit : le comte Berlier avait demandé « que, relativement aux mines, les sociétés anonymes fussent interdites. » Encore ne donnait-il pour
cela d'autre raison que la propriété de la mine allant devenir « perpétuelle et incommutable, on ne doit pas souf-
frir que cette propriété repose sur des êtres de raison. »
Cette proposition fut combattue par l'archichancelier Cam-
bacérès, par le comte Regnaud de Saint-Jean-d'Angély, et
ne fut pas adoptée (1).

Deux autres fois encore, les débats parlementaires mon-
trèrent que la volonté du législateur n'avait pas varié. Ce
fut d'abord lors de la discussion de la loi du 27 avril 1838,
relative à l'assèchement et à l'exploitation des mines : le
projet de loi, dans son article 7, prévoyait l'hypothèse de
l'exploitation par une société en nom collectif ; on aurait
pu en conclure l'exclusion des autres formes commerciales
pour les compagnies minières. Aussi le comte d'Argout,
rapporteur de la loi devant la Chambre des pairs, prit-il
soin de faire l'observation suivante : « La Chambre des
députés a substitué l'expression générique de société à la

(1) Locré, t. IX, p. 207.

désignation spéciale de société en nom collectif, et elle a
bien fait d'opérer ce changement, puisque une mine peut
appartenir à une société anonyme ou à une société en
commandite, tout aussi bien qu'à une société en nom
collectif (1). » L'article 7 fut en conséquence retouché,
et ne contient plus que cette formule générale : « lorsqu'une concession de mines appartiendra à plusieurs personnes ou à une société... »

Plus tard les mêmes déclarations furent faites devant
le Corps législatif pendant la discussion de la loi du
24 juillet 1867 sur les sociétés, dans la séance du 21 mai
1867, par M. Mathieu, rapporteur, à l'occasion d'un amendement (2) sur les « sociétés civiles, charbonnières ou
autres, » constituées sous la forme de la commandite ou
d'anonymat. Signalant tout spécialement les Compagnies
du Nord et du Pas-de-Calais dont les statuts combinent à
la fois l'élément civil et l'élément commercial, M. Mathieu
ajoutait : « De telles sociétés sont-elles valables ? en les
supposant telles, quel est leur caractère ? civiles par leur
objet, ne deviennent-elles pas commerciales quand elles
empruntent leurs formes aux sociétés de commerce? La
jurisprudence depuis lontemps a eu à se prononcer sur ces
questions. Sans entrer dans des détails que ne comporte
pas ce rapport, nous pouvons dire que les arrêts, là où
ces sociétés ne rattachaient pas à leur objet principal et
direct des spéculations auxiliaires fortement empreintes

---

(1) *Moniteur universel*, 16 et 17 avril 1838, p. 917. Chambre des Pairs,
séance du 16 avril.

(2) Présenté par MM. Seydoux, Jules Brame, des Rotours, Kolb-Bernard,
députés du Nord, Sens, député du Pas-de-Calais, Sénéca, député de la Somme,
Aimé Gros, député du Haut-Rhin, Haentjens, député de la Sarthe.

du caractère commercial, leur ont maintenu la qualité de sociétés civiles (1) ».

Les travaux législatifs sont donc d'accord avec les principes : le doute est impossible et nous reconnaissons la nature civile aux compagnies que nous avons citées précédemment et qui ont adopté la forme anonyme avant la loi de 1893.

73. Le gouvernement s'était conformé à cette doctrine en accordant à des sociétés civiles l'autorisation dont elles avaient besoin, sous l'empire de l'article 37 du Code de commerce, pour se constituer sous la forme anonyme. Nous en avons même un exemple dans nos compagnies : l'ancienne société anonyme des mines d'Azincourt, constituée par acte passé devant Mᵉ Deledicque, notaire à Lille, le 20 juin 1842, a été autorisée par arrêté royal du 31 juillet de la même année (2).

74. Une jurisprudence désormais constante consacre cette opinion ; citons seulement quelques arrêts de la Cour de Cassation du 27 mars 1866 (3), du 18 décembre 1871 (4), du 26 février 1872 (5), du 21 juillet 1873 (6), du 28 janvier 1884 (7), du 12 décembre 1887 (8), du 11 juin 1888 (9). Les

(1) *Moniteur universel*, 10 juillet 1867, p. 914.
(2) *Moniteur universel*, 2 août 1842, p. 1719.
(3) Dalloz, 1866, 1, 428 ; Sirey, 1866, 1, 211.
(4) Dalloz, 1872, 1, 9 ; Sirey, 1871, 1, 196.
(5) Dalloz, 1872, 1, 9 ; Sirey, 1872, 1, 175.
(6) Dalloz, 1874, 1, 127 ; Sirey, 1873, 1, 456.
(7) Dalloz, 1884, 1, 145 ; Sirey, 1866, 1, 465. « Attendu, dit excellemment cet arrêt, que l'exploitation d'une mine par la Société qui en est propriétaire ne constitue qu'un acte civil... ; que le caractère civil ou commercial dépend de l'objet de la Société et non de la forme ·qu'il a plu aux parties de lui donner, l'usage qu'elles ont fait d'une forme commerciale ne pouvant avoir pour effet de changer la nature de l'objet de la société, et de transformer en opération commerciale une opération civile... »
(8) Dalloz, 1888, 1, 429 ; Sirey, 1888, 1, 319.
(9) Dalloz, 1889, 1, 293.

Cours d'appel marchent à l'unisson : telles Paris (15 février 1868) (1), 17 août 1868 (2), 7 décembre 1869 (3), 8 mars 1889) (4) ; Douai (4 août 1859) (5) ; Orléans (28 juillet 1887) (6) ; Dijon (19 mars 1868) (7), 1er avril 1874) (8) ; Grenoble (19 mars 1870) (9).

Enfin, parmi les auteurs qui soutiennent la même théorie, mentionnons Duvergier (*Contrat de société*, nos 481 et suiv.) ; Troplong (*Contrat de société*, nos 327 à 330) ; Pont (*Des sociétés*, t. 1, no 121, et t. 2, no 818) ; Bravard (*Traité de droit commercial*, t. 1, p. 180) ; Laurent (*Principes de droit civil francais*, t. 26, nos 219 et 220) ; Dalloz (Répertoire, vo *Société*, nos 248 et 1445) ; Boistel (*Cours de droit commercial*, no 165) ; Lyon-Caen et Renault (*Traité de droit commercial*, t. 2, nos 94 et 1077 *bis*) ; Delebecque (*Législation des mines*, t. 2, nos 869 et 1240) ; Bury (*Législation des mines*, t. 2, no 1367) ; Delecroix (*Législation des sociétés de mines*, nos 222 à 237) ; Féraud-Giraud (*Code des mines et mineurs*, no 175) ; Guillouard (*Contrat de société*, nos 91 et 361).

75. La conclusion pratique de cette discussion c'est qu'il faut reconnaître le caractère civil à la compagnie de Drocourt, ainsi qu'aux anciennes sociétés que nous avons précédemment énumérées. C'est en vain que certaines d'entre

---

(1) Dalloz, 1868, 2, 208 ; Sirey, 1868, 2, 329.
(2) Dalloz, 1868, 2, 192 ; Sirey, 1868, 2, 329.
(3) Dalloz, 1872, 1, 10.
(4) Dalloz, 1890, 2, 233 (Société de Panama).
(5) Jurisprudence de la Cour de Douai, 1859, p. 234.
(6) Dalloz, 1888, 2, 258 ; Sirey, 1890, 2, 42.
(7) Sirey, 1868, 2, 333.
(8) Dalloz, 1875, 2, 81.
(9) Sirey, 1871, 2, 35.

elles ont pu prétendre à une qualité différente : Drocourt
a formulé ainsi ses statuts : « Article 1er. Une *Société ano-*
nyme commerciale se constitue... etc. — Article 2. La société a pour objet :... 5° Tous les actes d'industrie et de
commerce se rattachant directement à l'exploitation de la
société, dont le but est *essentiellement commercial.* » Ferfay
n'était pas moins explicite : « Article 1er. Il est formé... une
société anonyme commerciale... Cette société a pour objet...
4° Généralement, tous les actes d'industrie et de commerce
se rapportant à l'exploitation, *essentiellement commerciale*
de la société. — Article 2. Outre le titre de *société ano-*
nyme commerciale... » L'article 4 porte aussi que la société
exploitera « *commercialement.* »

76. Toutes ces affirmations ne sauraient prévaloir contre
le caractère civil de ces sociétés. Et pourtant Fléchinelle
qui était constituée sur les mêmes bases a été déclarée en
faillite par un jugement du Tribunal de Douai, du 22 février
1893, confirmé par un arrêt de la Cour de Douai, du 13 juin
1893 (1). Mais cette disposition que nous avons déjà expli-
quée et approuvée (n° 53), n'infirme en rien la doctrine que
nous avons établie : sans doute, on lit dans les considérants :
« Attendu... qu'il échet de déterminer la nature de la société ; — Attendu que les statuts s'expliquent très nettement sur ce point ; que l'article 1er déclare que « la société,
« tant à l'égard des tiers qu'entre les intéressés, est une
« société *commerciale sous la forme anonyme* » ; qu'elle a
pour but : « l'achat et la revente des charbons et produits
« de toutes autres mines, de manière à donner successive-

---

(1) *Revue de la législation des mines*, 1894, p. 298.

« ment le plus grand développement *commercial* possible à
« l'affaire » ; que l'article 14 dispose encore que les tiers et
les créanciers de la société sont réputés « admettre sans
« réserve le caractère *commercial* de la société, quoique mi-
« nière en partie ; au besoin, renoncer implicitement à in-
« voquer les articles 1862 à 1864 du Code civil pour s'en
« tenir aux droits et actions des tiers et créanciers à l'égard
« d'une société *commerciale ordinaire sous la forme ano-*
« *nyme* » ; — Qu'il n'est donc pas douteux que les sociétaires ont voulu organiser une société commerciale. »
Mais ce ne sont pas ces considérations qui ont dicté la
décision de la Cour : « Attendu, ajoute-t-elle, que la loi
du 21 avril 1810 en dispose autrement ; que son article 32 dit, en effet, que l'exploitation des mines n'est pas
considérée comme un commerce et n'est pas sujette à
patente ; que, si l'on ne rencontrait donc, dans la cause,
que cette volonté, bien que formellement manifestée
dans les statuts, il y aurait à rechercher si ladite volonté
peut prévaloir contre les dispositions de la loi qui refuse de voir un acte de commerce dans l'exploitation d'une
mine et la vente du charbon qui en est extrait. »

On voit que la Cour n'a pas voulu se prononcer sur
l'influence de la volonté des parties : elle laisse de côté
cette question parce qu'elle n'offrait pas d'intérêt dans
l'espèce, la société étant commerciale par les opérations
auxquelles elle s'était livrée ; elle ne s'est pas arrêtée non
plus, pour la même raison, à la forme anonyme dont la
Compagnie de Fléchinelle était revêtue.

77. Donc, encore une fois, les compagnies dont nous
parlons ne sont pas, de par leur forme anonyme, com-

merciales. Plusieurs cependant avaient espéré ce résultat : ce désir reste inefficace.

Mais ce n'est pas tant à la nature commerciale qu'aux avantages du Code de commerce et de la loi de 1867 qu'ont aspiré ces sociétés. Impuissantes à modifier leur caractère, n'ont-elles pas réussi à obtenir les bénéfices qu'elles voulaient retirer de cette transformation ? Dans quelle mesure restent-elles assujetties au Code civil ? Quelles dispositions des lois commerciales leur sont applicables ? C'est ce que nous allons rechercher.

Il est possible d'établir à ce sujet une formule générale : puisque, d'une part, nos compagnies ont pris la *forme* de sociétés commerciales, il faut les soumettre aux principes qui gouvernent ces sociétés à cause de leur forme, aux conséquences de cette forme et aux conditions qu'elle exige ; d'autre part, comme elles n'en restent pas moins *au fond* des sociétés civiles, on doit écarter les règles qui, tenant à la qualité de commerçants des sociétés de commerce, concernent l'ordre public ; il y a lieu de les traiter à cet égard comme un particulier non commerçant (1). Cette proposition ressort, semble-t-il, de la doctrine que nous venons d'exposer. Nous la trouvons énoncée dans un arrêt de la Cour de Cassation (2) : « Si les parties qui, pour constituer une société civile, ont recours à une forme commerciale, doivent se conformer aux règles applicables

(1) Pont, *Des sociétés*, t. 1, n. 123 ; Laurent, *Principes de droit civil français*, t. 26, n. 221 ; Lyon-Caen et Renault, *Traité de droit commercial*, t. 2, n. 1079 ; Dalloz, Supplément au Répertoire, v° *Société*, n. 2135. — *Contrà* : Bédarride, *Des sociétés*, t. 1, n. 123.

(2) Cassation, 28 janvier 1884 (Dalloz, 1884,1,145 ; Sirey, 1886,1,465).

à cette forme, elles restent, en ce qui concerne au fond leurs droits, sous l'empire des seules règles applicables aux sociétés civiles... »

78. Recherchons d'abord, la question offre moins de difficultés, en quoi le caractère civil de nos compagnies les soustrait au régime des lois commerciales.

En premier lieu, elles échappent évidemment à l'obligation de tenir des livres (1) ; première différence avec les sociétés de commerce. L'article 8 du Code de commerce dit en effet : « *Tout commerçant* est tenu d'avoir un livre-journal... de mettre en liasse les lettres missives qu'il reçoit, et de copier sur un registre celles qu'il envoie. » De même de l'article 9 qui impose l'inventaire annuel et sa copie sur un registre spécial. En fait cependant les compagnies houillères tiennent ces écritures ; mais en droit, ce n'est qu'une mesure de bon ordre intérieur : il n'y a pas à les faire viser, coter ou parapher (art. 10 et 11) ; par contre elles ne jouissent pas de la force probante accordée aux livres de commerce par les articles 12 et 13, et par le Code civil (art. 1329 et 1330).

Dissemblance plus importante, il n'y a pas lieu à faillite ou à liquidation judiciaire (2) : nous avons déjà dit que l'article 437 du Code de commerce réserve la faillite aux seuls commerçants ; il en est de même de l'article 1er. de

---

(1) Lyon-Caen et Renault, *op. cit.*, n. 1080.

(2) Paris, 21 juin 1884 (*Revue de la législation des mines*, 1885, p. 33) ; Toulouse, 23 mars 1887 (Dalloz, 1887,2,233). — Pont, *op. cit.*, n. 123 ; Bury, *Législation des mines*, t. 2, n. 1370 ; Lyon-Caen, *op. cit.*, n. 1080 ; Delecroix, *Législation des sociétés de mines*, n. 228. —Il a fallu une loi spéciale (1er juillet 1893), pour appliquer les principales règles de la faillite à la compagnie du canal interocéanique de Panama, société civile sous la forme anonyme.

la loi du 4 mars 1889 sur la liquidation judiciaire. Nos compagnies ne sont pas des commerçants ; ces règles leur sont donc également inapplicables. En cas de cessation de paiements, elles seraient en déconfiture et soumises au droit commun.

Il en est de même de la juridiction consulaire qui est incompétente à leur endroit, d'une incompétence absolue, *ratione materiæ,* nous avons eu occasion de le dire précédemment ; elles relèvent donc des tribunaux civils (1). Ce point a été jugé très souvent, et presque tous les arrêts cités plus haut sur le caractère des sociétés civiles à formes commerciales ont été rendus à propos de la compétence : attendu, disent-ils en substance, que ces sociétés sont civiles, le Tribunal civil est compétent, ou : le Tribunal de commerce est incompétent.

Enfin la prescription de cinq ans établie par l'article 64 du Code de commerce au profit des associés non liquidateurs reste étrangère à notre cas, et nous suivrons les principes ordinaires du droit civil (2). En effet, quelle est la raison de cette courte prescription ? D'après l'opinion générale (3), c'est la faveur accordée au commerce ; elle est donc une conséquence de l'objet des sociétés commerciales, s'étend à elles toutes, mais ne saurait être étendue aux compagnies civiles, même anonymes (4). On arrive à

---

(1) *Adde* aux auteurs ci-dessus nommés : Laurent, *op. cit.*, n° 222. — Voir aussi Toulouse, 23 mars 1887 (Dalloz, 1887,2,233).

(2) Cassation, 28 janvier 1884 (Dalloz, 1884,1,145 ; Sirey ; 1886,1,465). — Laurent, *op. cit.*, n° 224 ; Delecroix, *op. cit.*, n° 228.

(3) Cassation, 21 juillet 1835 (Dalloz, 1835,1,450 ; Sirey, 1836,1,121) ; Cassation, 24 novembre 1845 (Sirey, 1846,1,134) ; Cassation, 9 février 1864 (Dalloz, 1864,1,137).

(4) *Contrà* : Pont, *op. cit.*, t. 2, n. 2003.

une conclusion identique dans la théorie particulière de MM. Lyon-Caen et Renault (1), d'après lesquels la prescription quinquennale, contre-partie de la solidarité entre associés, ne s'appliquerait qu'aux sociétés en nom collectif ou en commandite, mais s'appliquerait à toutes, qu'elles soient civiles ou commerciales ; aucune solidarité n'existe entre les actionnaires de nos compagnies (2), ils ne pourraient donc invoquer l'article 64.

79. Telles sont les principales différences que leur nature civile impose aux sociétés que nous étudions avec les sociétés de commerce. Il reste à appliquer la première partie de la formule que nous posions tout à l'heure et à rechercher les effets de la *forme* anonyme ; mais cette question, très controversée, ne doit pas être traitée ici : elle trouvera sa place dans l'étude de la responsabilité des associés à l'égard des tiers ; la restriction de cette responsabilité est en effet la principale conséquence de l'anonymat. Il y en aurait une autre, la personnalité civile, si nos sociétés, d'après la loi de 1810, n'en jouissaient toujours, quelque soit la forme qu'elles aient adoptée.

§ II. — Les sociétés anonymes constituées depuis la loi du 1er août 1893 sont commerciales.

80. Nous avons déjà donné le texte du nouvel article 68 ajouté par la loi du 1er août 1893 à celle du 24 juillet 1867 :

---

(1) *Op. cit.*, n. 545.
(2) Les statuts de Carvin (art. 9) et de Ferfay (art. 9) contiennent cette mention, inutile puisque telle est la situation légale des sociétés civiles et des sociétés anonymes.

désormais toutes les sociétés anonymes, comme toutes les
sociétés en commandite, au moins celles par actions (1),
sont commerciales, « *quelque soit leur objet* ». Nous ne
parlons bien entendu que des nouvelles sociétés, car la
loi de 1893 n'a pas d'effet rétroactif : elle ne parle que des
sociétés « qui *seront* constituées dans les formes du Code
de commerce et de la présente loi », et elle dit qu'elles
« *seront* commerciales ».

Cette importante décision s'applique à dix compagnies
de notre bassin (2). Quatre d'entre elles ont été créées depuis 1893 sous la forme anonyme, et sont par conséquent
soumises au régime nouveau : ce sont Annezin, la Clarence,
Ligny-lez-Aire et Marly ; les six autres, plus anciennes, se
sont transformées en sociétés anonymes pour se placer
sous l'empire de cette législation : ce sont Azincourt, Carvin, Crespin-Nord, Douchy, Ferfay et Meurchin.

81. Ici, le critérium sur lequel nous nous étions appuyé
pour distinguer les sociétés civiles des sociétés commerciales se trouve en défaut : contrairement aux règles admises jusqu'ici en semblable matière, la forme emporte le
fond ; c'est une dérogation à l'article 1er du Code de commerce, et aussi, au point de vue théorique, une *inelegan-
tia juris,* puisque cette disposition a pour effet de créer

---

(1) Une controverse s'est élevée sur le point de savoir si la loi nouvelle
régissait les sociétés en commandite par intérêts : pour l'affirmative, voir
Bouvier-Bangillon, *La législation nouvelle sur les sociétés,* p. 27 ; pour la
négative, voir Lyon-Caen et Renault, *Traité des sociétés commerciales, Appendice,* n° 51 ; Plichon, *La loi du 21 avril 1810 et le Code civil,* p. 191.
Cette question ne nous offre aucun intérêt, aucune de nos compagnies
n'ayant adopté la forme de la commandite.

(2) *Adde* : projet de Courrières.

des commerçants qui ne font pas d'actes de commerce (1).
En ce qui nous concerne plus particulièrement, elle va à
l'encontre de l'article 32 de la loi du 21 avril 1810.

Les divers projets dont est sortie la loi de 1893 restaient
au contraire fidèles aux principes reconnus jusque-là. Le
texte que le Sénat avait déjà voté le 29 novembre 1884 (2)
disait : Article 108 : « Les Sociétés *civiles* qui divisent
leur capital en actions doivent se conformer aux prescriptions de la présente loi, sous les mêmes sanctions civiles
et pénales. » La proposition de M. Thellier de Poncheville
était plus explicite encore (3) : « Les sociétés civiles peuvent se constituer sous la forme de sociétés en commandite par actions ou de sociétés anonymes, avec les conséquences que ces formes entraînent, mais *sans perdre leur
caractère civil*. Elles doivent en ce cas se conformer aux
prescriptions de la loi du 24 juillet 1867 sous les mêmes
sanctions civiles et pénales. »

C'était, généralisé pour toutes les sociétés, le système
adopté pour les compagnies minières par la législation
belge. La loi du 18 mai 1873 comprenait en effet un article
136 ainsi conçu : « Les sociétés dont l'objet est l'exploitation des mines peuvent, sans perdre leur caractère civil,
emprunter les formes des sociétés commerciales, en se
soumettant aux dispositions du présent titre. » Et la loi du

---

(1) Bouvier-Bangillon, *op. cit.*, p. 24 ; Plichon, *op. cit.*, p. 192 ; Lamache,
De la transformation des sociétés civiles, p. 8.
(2) *Journal officiel*, 30 novembre 1884 ; *Débats parlementaires, Sénat*,
p. 1793.
(3) Proposition à la Chambre des députés, 21 janvier 1890 (Annexe n. 280,
Journal officiel, 15 avril 1890, *Documents parlementaires, Chambre*, p. 126).

22 mai 1886 a étendu cet article aux sociétés dont l'objet
est l'exploitation des minières ou des carrières.

Comment se fait-il que la loi nouvelle ait rompu avec
les anciens errements, en créant, pour la première fois,
des commerçants par la volonté de la loi? Cette innova-
tion s'explique par des raisons d'utilité pratique (1) : le
législateur a cru avec raison que les sociétés en commandite ou anonymes devaient présenter certaines garanties,
et, selon lui, elles sont inséparables du caractère commercial. Le rapporteur de la loi à la Chambre des députés l'a
clairement exprimé (2) : « Il faut choisir :

« Être société civile, ou être société commerciale ;

« Être régi par une loi, ou être régi par une autre, avec
les bénéfices et les charges respectives de l'une ou de l'autre :

« Ou rester sous l'empire de la loi purement civile,
avec la garantie pour les tiers de la responsabilité individuelle des associés ;

« Ou bénéficier de la limitation des pertes aux apports
déterminés, mais sous les garanties correspondantes, —
de la juridiction commerciale, avec sa célérité et son économie, — de la tenue des livres, contrôle nécessaire des
opérations et de l'emploi fait du fonds social, — enfin, de
la déclaration de faillite, avec ses sanctions contre les dé-
tournements ou les dissipations, ses règles protectrices de
l'égalité entre créanciers, l'économie et la promptitude de
la réalisation et de la répartition de l'actif.

(1) Lyon-Caen et Renault, *Traité des sociétés commerciales*, n° 1090, et
Appendice, n° 53.
(2) Annexe n° 2066, *Journal officiel*, 9 septembre 1892, *Documents parlementaires, Chambre*, p. 971.

« Le crédit même des sociétés est à ce prix. »

82. Quelles sont les conséquences de la nature commerciale qu'impose aux sociétés dont nous parlons le nouvel article 68 ? Les paroles que nous venons de rapporter indiquent les principales.

C'est d'abord l'obligation de tenir des livres et, d'une façon générale, de se soumettre aux articles 8, 9, 10 et 11 du Code de commerce ; l'article 12 leur devient du même coup applicable et, lorsqu'ils sont régulièrement tenus, ils pourront être admis à servir de preuve.

83. C'est ensuite la faillite, qui sera prononcée en cas de cessation de paiements. Cette disposition suscita de vifs débats, au Sénat du moins (1), car la Chambre vota le projet de loi sans discussion (2) : les avantages de la faillite, a-t-on dit, consistent dans la rapidité de la liquidation de l'actif ; or cette rapidité ne peut convenir en notre matière, l'actif des sociétés civiles comprenant des immeubles, des quartiers de rues, et même, c'est notre cas, des exploitations minières ; il est préférable de « laisser un liquidateur prendre le temps et les précautions qui lui paraîtront nécessaires pour arriver à vendre, à liquider une situation si spéciale, si périlleuse, si délicate, si difficile ». A quoi il fut répondu que la faillite l'emportait sur la contribution du droit civil par la diminution des frais et par l'égalité entre les créanciers : la contribution exige

---

(1) Seconde discussion, le 13 juillet 1893 (*Journal officiel*, 14 juillet 1893 ; *Débats parlementaires, Sénat*, p. 1145 et suiv.). La première discussion avait eu lieu le 3 juillet (*Journal officiel*, 4 juillet 1893 ; *Débats parlementaires, Sénat*, p. 1018 et suiv.).

(2) Séance du 16 mars 1893 (*Journal officiel*, 17 mars 1893 ; *Débats parlementaires, Chambre*, p. 978).

en effet des formalités nombreuses et très coûteuses, et, « de tous les créanciers, c'est le plus diligent qui, dans une certaine mesure, emporte le prix de la course. *Tarde venientibus ossa* ». Cette procédure « ne peut être appliquée à de grandes sociétés anonymes comme celles dont nous nous occupons, et qui comptent des multitudes d'actionnaires, et aussi quelquefois malheureusement, des multitudes de créanciers ».

84. Les tribunaux de commerce vont se trouver compétents. Cette conséquence fut aussi énergiquement combattue : n'était-il pas dangereux de confier à des juges, qui n'ont généralement pas l'expérience et la science des magistrats de carrière dont se composent les tribunaux civils, l'examen des questions si complexes que soulève l'organisation des sociétés civiles à formes commerciales ? Mais il fut répliqué qu'en fait les sociétés importantes ont leur siège dans les grandes villes (1) où les tribunaux consulaires ont des présidents plus distingués et des juges plus instruits ; et puis la Cour d'appel, toujours juge du second degré, sera là pour réformer les jugements qui pourraient prêter à critique.

Quoiqu'il en soit de la valeur respective de ces divers arguments, la compétence commerciale s'impose aujourd'hui ; l'article 631 du Code de commerce devient applicable. Donc, d'après ses propres termes, les tribunaux de commerce connaîtront « *des contestations entre associés* ». Ne faut-il pas aller plus loin et leur donner la connaissance

---

(1) Pour nos compagnies, ceci n'est pas exact en général ; leur siège social est souvent au lieu le plus important de l'exploitation ; pour quelques-unes, il est à Paris, pour d'autres à Lille.

des contestations nées des opérations de la société ou en-
gagées avec les tiers ? Cette opinion a été soutenue (1) ;
elle s'appuie sur les paroles du rapporteur de la loi à la
Chambre : « Nous ne voyons rien d'anormal ni de contraire
aux principes du droit à dire que *pour déterminer le caractère civil ou commercial de la série d'actes réalisés par une
société, il ne faut pas se restreindre à la nature intrinsèque
des opérations, mais* qu'il faut s'attacher aussi à l'esprit
de spéculation, aux procédés employés. » D'où l'on induit
que non-seulement la société anonyme est commerciale,
mais encore que tous ses actes sont des actes de commerce.
L'article 68, ajoute-t-on, est général, et s'il en était autrement il y aurait des commerçants dont l'exploitation ne
serait pas commerciale.

Il nous paraît impossible d'admettre une pareille doctrine : elle ne ressort pas nécessairement des paroles précitées ; en tout cas, le discours d'un rapporteur n'est pas
la loi, et la loi ne contient rien de semblable. Pour qu'un
acte ordinairement civil devienne commercial par cette
seule raison qu'il est accompli par une société anonyme,
il faudrait un texte formel et précis ; or l'article 68 dit seulement qu'une telle société est commerciale, et par son si
lence à l'égard de ses opérations il leur laisse leur caractère normal : rien n'est changé à l'article 632 du Code de
commerce (2).

De ce que les actes faits par la société ne sont pas com-
mercialisés, il faut encore déduire qu'on ne pourra pas

(1) Dalloz, Supplément au Répertoire, v° *Société,* n° 2156.
(2) Lyon-Caen et Renault, *Traité des sociétés commerciales, Appendice,*
n° 49 ; Bouvier-Bangillon, *op. cit.,* p. 20 et 21 ; Lamache, *op. cit.,* p. 9.

justifier de leur existence par tous les modes de preuve autorisés par l'article 109 du Code de commerce (1) ; il faut aussi rejeter la théorie de l'accessoire qui suppose un commerçant faisant le commerce et donne le caractère commercial aux actes civils qu'il exerce comme accessoires de ce commerce (2) ; enfin, l'on ne saurait présumer commerciales les opérations de la société, par généralisation de l'article 638, alinéa 2 (3).

85. La prescription de cinq ans édictée par l'article 64 du Code de commerce en matière de sociétés commerciales trouve ici son application ; ce point ne peut faire difficulté.

86. De même nos compagnies sont soumises à la loi de 1867 dont quelques articles ont même été modifiés par celle de 1893. Elles devront donc remplir toutes les conditions de publicité exigées des sociétés commerciales, et toutes les formalités imposées aux sociétés par actions, que nous aurons plus tard à décrire brièvement ; toutes les sanctions, nullités, responsabilités, peines d'amende ou d'emprisonnement, devront être appliquées en cas d'inobservation de ces prescriptions de la loi.

En un mot, il faut traiter les sociétés de ce genre comme toutes les sociétés commerciales, sauf les légères restrictions que nous venons de faire d'après ce principe que leurs actes conservent leur nature propre.

(1) Lyon-Caen et Renault, *loc. cit.*
(2-3) Bouvier-Bangillon, *op. cit.*; p. 29.

CHAPITRE III

ENGAGEMENTS DES ASSOCIÉS ENTRE EUX

1. — Droits et obligations des associés.

87. Les droits des actionnaires peuvent se réduire à quatre (1) : le droit de participer aux bénéfices nets de la société proportionnellement au nombre de leurs actions, le droit à une partie de l'actif social en cas de dissolution, le droit de prendre part aux assemblées générales, enfin le droit de céder son action.

Le droit à une partie de l'actif social en cas de dissolution n'est pas un droit réel sur la mine : celle-ci, nous le dirons en étudiant la liquidation de nos sociétés, ne peut pas être partagée. Il faudra donc la vendre en un seul lot et en partager le prix entre les actionnaires, après extinction du passif. Nous n'avons donc pas à en parler ici davantage.

Le droit de prendre part aux assemblées générales sera étudié ailleurs, avec tout ce qui est relatif à ces assemblées.

Enfin le droit de cession des actions et ses effets trouvera sa place dans une section spéciale, à cause des conséquences qu'il engendre à la fois sur les droits et les obligations du cédant et du cessionnaire.

(1) Lyon-Caen et Renault, *Traité de droit commercial*, t. 2, n° 551.

Nous n'aurons donc à traiter ici que du droit de participer aux bénéfices.

88. Les obligations des actionnaires se résument dans les deux suivantes : réaliser leur apport, éteindre le passif.

Réaliser l'apport, c'est verser le capital des actions que l'on a souscrites, lorsque ces actions sont de somme fixe ; c'est répondre aux appels de fonds, lorsque ce sont des actions de quotité.

Eteindre le passif,c'est,au cas d'une liquidation malheureuse, verser sa part proportionnelle de la somme nécessaire pour combler le déficit existant entre l'actif de la société et les dettes qu'elle a contractées. Cette obligation sera étudiée au chapitre des engagements des associés à l'égard des tiers, et nous dirons alors dans quelle mesure elle incombe à nos actionnaires.

89. Nous pouvons donc dès maintenant apprécier, au moins dans ses grandes lignes, la situation des actionnaires de nos compagnies : leurs bénéfices ou leurs charges peuvent être considérables.Ce caractère aléatoire de leur condition a été mis en relief par la Cour de Douai, le 9 mars 1885 (1),dans un procès où elle a eu à décider si des actions de la Compagnie de Béthune pouvaient rentrer dans l'expression « argent placé ».La Cour déclara « que si, en dehors du prêt d'argent fait à un tiers qui constitue dans le langage ordinaire le véritable sens des mots « argent placé », on peut soutenir que l'achat de certaines valeurs à capital à peu près invariable et à intérêts déterminés peut encore être compris sous la même dénomination, il ne saurait en

(1) Jurisprudence de la Cour de Douai, 1885, p. 113; *Revue de la législation des mines*, 1886, p. 20.

être de même de l'achat d'actions dans la Société des mines de Béthune ; qu'en effet ces actions ne représentent pas un capital placé par le capitaliste, assuré de le retrouver toujours, et destiné par lui à produire un intérêt annuel, mais bien plutôt un capital engagé dans une spéculation, la Société des mines de Béthune étant une société civile, et chaque propriétaire d'action recevant une part inconnue des bénéfices sociaux, mais pouvant aussi être tenu pour sa part de toutes les dettes de la Société, bien au-delà de la somme employée à l'achat de ladite action. » Il faut en dire autant des actions de toutes nos compagnies, car l'actionnaire est toujours exposé, nous le dirons plus tard, à y perdre au moins le montant de ses actions, comme aussi il peut espérer y faire des bénéfices de beaucoup supérieurs à l'intérêt légal des sommes qu'il a versées.

90. Nous diviserons cette section en deux paragraphes : dans le premier, nous étudierons le droit qu'ont les actionnaires de participer aux bénéfices ; nous verrons dans le second leur obligation de réaliser leur apport, les sanctions de cette obligation, et comment certaines compagnies leur permettent, par la renonciation, de se libérer des charges en perdant leurs droits. Quant à la cession des actions, comme elle a des conséquences très importantes et qu'elle met en scène un nouvel intéressé, le cessionnaire, il en sera traité dans une section particulière.

§ I. — Répartition des bénéfices.

91. Tous les ans à des époques généralement fixées par les statuts, les écritures et les comptes sont arrêtés, et le bi-

lan dressé. Cette mesure de bonne administration est ordonnée pour les sociétés anonymes par l'article 34 de la
loi du 24 juillet 1867 ; elles doivent en outre établir chaque semestre un état sommaire de leur situation active et
passive. L'ensemble de ces opérations est ordinairement
soumis à la vérification de commissaires de surveillance
et à l'approbation de l'assemblée générale, comme nous le
dirons ailleurs. De la comparaison des recettes et des
dépenses résultera parfois la constatation d'un bénéfice réalisé ; il pourra être distribué aux actionnaires sous forme
de dividendes. Mais, comme il est raisonnable de prévoir
l'avenir, surtout en matière d'exploitation houillère où
des événements imprévus peuvent compromettre la situation la plus prospère, on prélève sur ce bénéfice une certaine somme, afin de constituer un fonds de réserve destiné à parer à toutes les éventualités. Souvent aussi il
existe des fonds de roulement, de prévoyance, d'amortissement (1), mais ordinairement ils ne sont pas réglemen-
tés, ni même prévus par les statuts.

1° *Fonds de réserve.*

92. Toutes nos compagnies ont un fonds de réserve : une
grève prolongée, une inondation, une explosion, un in-
cendie, des accidents imprévus, peuvent en effet épuiser
subitement leurs ressources ordinaires et les mettre dans
la nécessité de dépenser des sommes considérables. Des

---

(1) Par exemple, l'article 34 des statuts de Bruay dispose que « le fonds
de roulement sera limité à un million. Le fonds de prévoyance pour puits
nouveaux, affaissements, voies d'eau, ne pourra s'élever au-dessus de deux
millions. »

emprunts, des appels de fonds, pourraient ne pas réunir assez rapidement les capitaux indispensables ; en tout cas ils risqueraient d'ébranler le crédit de la société. C'est pourquoi elles ont toutes constitué un fonds de réserve, alors même que leurs statuts étaient restés muets sur ce point, comme ceux d'Aniche, d'Anzin et de Marles.

93. Les statuts déterminent ordinairement quelle somme devra atteindre la réserve, et indiquent alors un chiffre maximum fixe ; ce chiffre est très variable : 6 millions pour Vicoigne-Nœux, 4 millions pour l'Escarpelle, 3 millions pour Courrières, 1.800.000 francs pour Béthune, 500.000 francs pour Dourges, 300.000 francs pour Bruay, Ostricourt, Thivencelles. Flines le fixe à la moitié de son capital social. Lens stipule un minimum de 1 million et un maximum de 10 millions.

Les sociétés anonymes doivent avoir, d'après l'article 36 de la loi de 1867, un fonds de réserve du dixième au minimum de leur capital : Carvin, la Clarence, Drocourt, Ferfay, Ligny-lez-Aire, Marly, Meurchin se soumettent à cette prescription, comme l'avaient fait autrefois Auchy-au-Bois, Fléchinelle, Vendin-lez-Béthune (1). Crespin-Nord et Douchy ne s'en contentent pas : leurs réserves doivent atteindre un million et 600.000 francs.

Enfin Liévin laisse à l'assemblée générale des actionnaires le soin d'estimer, sur la proposition du conseil d'administration, quelle doit être l'importance de la réserve. Dans le silence de ses statuts, c'est aussi ce qu'il faut décider pour la Compagnie de Marles. Quant à Aniche et à

(1) L'ancienne société civile de Vendin-lez-Béthune devait avoir une réserve de 300.000 francs.

Anzin, cette fixation rentre dans les pouvoirs étendus de leurs administrateurs.

94. Le fonds de réserve est constitué par des prélèvements sur les bénéfices faits avant toute distribution des dividendes. Toutefois, l'article 34 des statuts de Bruay et l'article 42 des statuts de Thivencelles et Fresnes-Midi autorisent l'attribution préalable de l'intérêt à cinq pour cent au capital versé par les actionnaires.

Ces prélèvements sont laissés à l'appréciation du conseil d'administration par les statuts de Vicoigne et à celle de l'assemblée générale par les statuts de Liévin. Mais en général ils sont fixés par les statuts ; ils sont du quart des bénéfices pour Bruay, de 10 0/0 pour Courrières et Flines-lez-Raches, de 5 0/0 pour Béthune et l'Escarpelle. Ce *quantum* de 5 0/0 ou du vingtième est celui que la loi de 1867 (article 36) impose aux sociétés anonymes : aussi le voyons-nous stipulé par Carvin, la Clarence, Douchy, Drocourt, Ferfay, Ligny-lez-Aire, Marly, Meurchin (1). Crespin-Nord ne s'en contente pas et le porte à 10 0/0.

Parfois aussi le prélèvement à opérer sur les bénéfices est d'une somme fixe : il est de 30.000 francs pour Thivencelles, et de 10.000 francs pour Dourges.

Lorsque le fonds de réserve a atteint le chiffre fixé par la loi, les statuts ou l'administration, les prélèvements cessent, pour reprendre dès que la réserve a été entamée au point de descendre au-dessous de cette valeur. Plu-

---

(1) *Sic* : anciennes compagnies anonymes d'Auchy-au-Bois, Fléchinelle, Vendin-lez-Béthune.

sieurs de nos compagnies ont aujourd'hui leurs réserves
complètes : telles Bruay, Carvin, Courrières.

95. Le capital ainsi réuni est placé, ordinairement au
choix du conseil d'administration : celui-ci l'emploiera,
disent les articles 34 des statuts de Béthune et de Bruay,
« soit en rentes sur l'État, soit en actions de la Banque de
France, soit de toute autre manière qu'il jugera convenable dans l'intérêt de la société ». Carvin et Ostricourt ne
permettent ce placement qu'en « rentes ou autres valeurs
garanties par l'État ».

96. Nous avons dit quel était le but de la réserve ; l'article 51 des statuts de la Clarence ajoute une affectation spéciale à celle dont nous avons parlé, lorsqu'elle dépasse le
minimum légal du dixième du capital social : elle pourra
alors servir, en cas d'insuffisance des produits d'une année, sauf pour les quatre premières, à donner un dividende
de 5 0/0 par action sur les sommes dont elles seront libérées.

97. Cette destination de la réserve à maintenir le taux
normal des dividendes en est même la seule raison d'être
dans le cas particulier de la Compagnie des 30 0/0 de Marles. Celle-ci n'a d'autres dépenses que des frais d'administration, puisque son seul but est de percevoir une partie
des bénéfices réalisés par la société d'exploitation ; il semble donc qu'un fonds de réserve ne saurait être constitué
dans ces conditions. Nous ne pouvons mieux faire que de
transcrire ici un extrait de l'exposé des motifs que le conseil d'administration a communiqué à l'assemblée générale de 1889 : « Conformément à la convention passée
entre la Compagnie de Marles et la Société des 30 0/0, le

bénéfice net qui résulte des opérations d'un exercice doit
être partagé dans la proportion de 70 0/0 pour la Compagnie et de 30 0/0 pour la Société, après prélèvement de
5 0/0 d'intérêts en faveur des capitaux utilisés par ladite
Compagnie et de tout autre tantième pour cent attribué à
l'administrateur délégué. Comme les capitaux nécessaires
pour développer et maintenir plus tard le chiffre d'extraction d'une houillère au taux normal vont toujours en
augmentant et que les bénéfices annuels tendent, au contraire, vers une limite à peu près constante, il découle du
principe ci-dessus énoncé que l'intérêt à 5 0/0 prélevé
chaque année sur le bénéfice absorbe une part toujours
plus grande de ces bénéfices et qu'il pourra arriver un
moment où la répartition faite à la Société des 30 0/0 di-
minuera notablement d'importance..... Il paraît prudent
d'admettre que ce bénéfice, dans l'avenir, ne s'élèvera
guère au-dessus d'une moyenne de deux millions.

« Pour faire face aux travaux nouveaux que nécessitera
le maintien d'une exploitation pouvant réaliser annuellement un pareil bénéfice, il faudra augmenter progressive-
ment le capital social ; et si, dans l'espace de 30 ans, ce
capital ayant servi à tous les frais de premier établissement a monté jusqu'à 15 millions, on peut avancer qu'une
dépense à peu près égale sera suffisante pour une durée
double, soit pour 60 ans, les installations à faire dans l'a-
venir devant être moins importantes que pour les débuts
d'une affaire. Ainsi donc, dans 60 ans le capital social de
la Compagnie de Marles pourra être de 30 millions environ, le bénéfice probable n'étant que de deux millions ; il
résulte que la part du coupon des 30 0/0 qui, aujourd'hui,

pour ce bénéfice, peut être de 900 francs, se réduira dans 60 ans à 375 francs après prélèvement de l'intérêt du capital. N'est-il pas évident que la nécessité d'une réserve annuelle s'impose pour donner au coupon des 30 0/0 une valeur qui puisse ne pas péricliter dans l'avenir et rester comparable aux bénéfices réalisés par la Compagnie de Marles. »

L'assemblée vota le principe de cette réserve ; mais le chiffre à atteindre n'a pas été fixé. En outre, on n'a pas introduit la nécessité du fonds de réserve dans les statuts ; aussi chaque assemblée annuelle doit-elle décider s'il y a lieu de l'augmenter et même de le conserver.

2° *Dividendes.* — *Prescription de cinq ans.*

98. On appelle proprement dividendes la part des bénéfices annuels qui est attribuée à chacun des actionnaires. Outre ces dividendes ordinaires et normaux, il y a parfois des distributions extraordinaires ; citons-en seulement quelques exemples empruntés à l'histoire de la Compagnie d'Anzin : nous verrons, en étudiant le droit de retrait, qu'elle a réparti en trois fois, en 1821, en 1837 et en 1872, entre ses actionnaires, 57 deniers 6 dixièmes, soit le cinquième de ses propres actions, qu'elle avait acquis par retrait ; en 1857, elle distribua, à raison de deux par denier, les actions des mines de Dourges qui lui avaient été données en représentation du concours par elle apporté à la formation de cette société ; enfin, en 1874, trois actions de Vicoigne-Nœux furent attribuées à chaque denier, la Compagnie d'Anzin ayant acquis en 1843 tous les droits de la

Société d'Hasnon, l'une des quatre sociétés fondatrice des Vicoigne (1).

Mais ordinairement il n'y a d'autres dividendes que la part qui revient à chacun des bénéfices de l'exercice écoulé, après les prélèvements stipulés pour les fonds de ré-

(1) Ces distributions d'actions d'autres compagnies houillères étaient conformes à la disposition de l'article 13 de l'acte de société d'Anzin : « A été convenu qu'aucun desdits intéressés ne pourra, sous quelque prétexte que ce soit ou puisse être, former aucuns établissements ni commerce de charbons directement ou indirectement, *ni s'associer avec aucune compagnie* pour en extraire dans quel endroit que ce soit sur France, que de société et de concert avec les intéressés dans la présente réunion, *à peine d'être privé de son intérêt*, sans aucun remboursement ni répétition. » Ces répartitions d'actions étant faites à tous les actionnaires, c'est de concert avec ses co-intéressés que chacun est devenu associé d'une autre compagnie. Quoi qu'il en soit, une pareille prohibition ne pourrait plus être prise au sérieux aujourd'hui que tant de sociétés houillères ont des actions au porteur, dont il est souvent impossible de connaître les propriétaires.

L'ancienne compagnie civile de Douchy avait aussi stipulé cette *déchéance* à l'article 29 de ses premiers statuts : « Nul des sociétaires ne pourra, directément ni indirectement, devenir associé ni employé dans aucune autre compagnie charbonnière en France. Il ne pourra non plus prêter son industrie à une exploitation de même nature à l'étranger, ni y être employé. Il est fait exception à l'égard de M. Piérard pour les intérêts actuels qu'il possède en Belgique. Toute contravention au présent article emportera, de la part du contrevenant, renonciation à tous ses droits dans la Société, sans indemnité, indépendamment des dommages et intérêts dont la hauteur, outre sa part dans les dettes et charges de la Société, ne pourra être moindre d'une somme triple de celle fixée dans les assemblées générales pour le cas de retrait ; ces dommages et intérêts seront déterminés dans une assemblée générale sans autre recours que la voie de l'arbitrage ci-après établie. »

Mais le 1er mai 1855, une assemblée générale, « Considérant que les raisons qui ont présidé à la rédaction de l'article 29 du contrat de société ont cessé d'exister depuis longtemps, l'avenir de la compagnie étant suffisamment assuré et rien ne paraissant pouvoir désormais y porter atteinte ; — Considérant que l'exécution rigoureuse de cet article n'a pas toujours été surveillée... — Considérant, enfin, que l'exécution dudit article 29 devient chaque jour plus difficile ; que cette exécution ne pourrait que nuire, du reste, à la valeur des actions de la compagnie de Douchy ; — Décide, à l'unanimité, que ledit article 29 des statuts sera abrogé, et que les associés qui auraient pu déroger aux dispositions de cet article par un moyen quelconque, ne pourront être inquiétés de ce chef, toute décharge leur étant donnée à cet égard. »

serve. D'autres prélèvements sont aussi autorisés par certains statuts : 3 0/0 sont accordés aux administrateurs de Marly, et 2 0/0 y sont destinés à rémunérer les services rendus ; 5 0/0 sont affectés à cette rémunération par les statuts de Crespin-Nord. Les Compagnies de Ligny-lez-Aire et de la Clarence réservent à leurs administrateurs 10 0/0 et 5 0/0 de la somme qui reste après le prélèvement fait pour la réserve et la distribution de 5 0/0 d'intérêt au capital versé par les actionnaires. Nous venons de dire aussi que sur les bénéfices de Marles sont pris 5 0/0 pour le même intérêt du capital, et un tantième pour cent attribué à l'administrateur délégué ; le surplus se partage ensuite entre les deux sociétés des 70 0/0 et des 30 0/0.

99. Les bénéfices ne sont pas généralement distribués en totalité : il est bon d'une part qu'ils s'élèvent à une somme assez considérable pour que le dividende par action atteigne une valeur appréciable ; les statuts de Courrières (art. 51) veulent qu'il y ait au moins 80.000 francs à répartir ; toute somme inférieure à ce chiffre restera en disponibilité pour s'ajouter au dividende suivant. D'autre part, les compagnies cherchent à rendre stable la valeur de leurs actions en maintenant les dividendes à un chiffre aussi constant que possible : aussi laissent-elles souvent en réserve une certaine somme prise sur les bénéfices de l'exercice écoulé pour la faire figurer à l'actif de l'exercice suivant ; cette somme est plus ou moins élevée suivant que ces bénéfices sont eux-mêmes plus ou moins considérables.

C'est le Conseil d'administration qui fixe le dividende, tantôt définitivement, comme à Béthune, Bruay, Ferfay,

Lens, Meurchin, Ostricourt, tantôt avec approbation de l'Assemblée générale des actionnaires, comme à Carvin, Courrières, Douchy, Liévin. Dans ce dernier cas, lorsque les dividendes sont payables en plusieurs fois à échéances fixes, « le Conseil d'administration peut, lorsque les bénéfices de l'entreprise lui paraîtront clairs et assurés, allouer aux actionnaires des dividendes provisoires, de manière que, sauf les cas qu'il n'a pu prévoir, ils ne puissent jamais égaler le bénéfice net de l'année, tel qu'il sera arrêté par l'Assemblée générale des actionnaires dans sa séance annuelle » (art. 52 des statuts de Courrières).

100. La périodicité de ces échéances est très variable : les dividendes sont annuels pour Dourges et Marles 30 0/0, semestriels pour Anzin, Béthune, l'Escarpelle, Vicoigne-Nœux, trimestriels pour Bruay, Courrières et Lens, cette dernière Compagnie servant en outre un dividende supplémentaire ; à Aniche, ils sont mensuels pour les porteurs de trois douzièmes ou multiples de trois, et trimestriels pour les porteurs de moins de trois douzièmes. Ils sont distribués aux époques fixées par l'Assemblée générale pour Liévin et Ostricourt, et par le Conseil d'administration pour Carvin, Crespin-Nord, Drocourt, Ferfay, Meurchin, Thivencelles ; enfin Marles 70 0/0 sert un intérêt de 5 0/0 en janvier et le dividende à l'époque fixée par le Conseil (1).

101. Comment touche-t-on ces dividendes ? Certaines sociétés envoient directement des mandats à leurs actionnaires : ce mode de distribution s'impose lorsqu'il n'est remis

(1) Voir les Statuts des Compagnies et *Annuaire des valeurs admises à la cote officielle de la Bourse de Lille.*

à l'associé aucun titre constatant ses droits, comme cela a
lieu dans les Compagnies d'Aniche, Anzin et Marles ; il est
aussi employé par Lens, Liévin, Marles 30 0/0 et Vicoigne-Nœux, dont les actions sont nominatives. Dans les
autres cas, le paiement se fait au moyen de coupons dont
est accompagné chaque titre d'action : il suffit de présenter lors des échéances ces coupons aux caisses indiquées par les compagnies ; il est donc impossible de vérifier que le porteur du titre est vraiment actionnaire. Cette
règle, applicable aussi bien aux actions nominatives qu'aux
actions au porteur, est formulée dans plusieurs statuts
d'une façon analogue à celle-ci : « La possession du titre
vaut pouvoir pour toucher le dividende ; en conséquence,
les quittances données par les porteurs de titres libéreront
la compagnie vis-à-vis des titulaires. » (Carvin, art. 9 ; la
Clarence, art. 14; Ferfay, art. 8; Flines-lez-Raches, art. 16 ;
Ligny-lez-Aire, art. 13 ; Marly, art. 16 ; Meurchin, art. 6 (1).

102. La prescription quinquennale édictée par l'article
2277 du Code civil s'applique aux dividendes de nos compagnies : « Tout dividende non réclamé dans le délai de cinq
ans est acquis à la société », disent les statuts de Carvin,
la Clarence, Douchy, Drocourt, Flines-lez-Raches, Liévin,
Ligny-lez-Aire, Marly, Meurchin (2). Mais pas n'est besoin
d'une semblable stipulation, le texte de l'article 2277 est
général et formel : « Les intérêts des sommes prêtées, et
généralement tout ce qui est payable par année ou à des

---

(1) *Sic* : anciennes Compagnies de Fléchinelle (art. 13), Meurchin (art. 6),
et Vendin-lez-Béthune (art. 10).
(2) *Sic* : Auchy-au-Bois, Fléchinelle, la Lys-Supérieure, Vendin-lez-Béthune.

termes périodiques plus courts, se prescrivent par cinq ans. » Or, nous venons de le dire, nos dividendes sont « payables par année ou à des termes périodiques plus courts » ; alors même que pendant un temps peut-être long il ne peut en être distribué ; ils ne perdent pas pour cela le caractère que leur donne l'usage général. La Cour de Douai l'a reconnu, et dans l'espèce il s'agissait d'une compagnie charbonnière, dans son arrêt du 4 janvier 1854 (1).

Il ne saurait y avoir de doute à ce sujet. Bigot-Préameneu disait dans l'exposé des motifs de la loi relative à la prescription : « On a voulu empêcher que les débiteurs ne fussent réduits à la pauvreté par des arrérages accumulés : l'action pour demander ces arrérages au delà de cinq années a été interdite. » Et plus loin : « La crainte de la ruine des débiteurs étant admise comme un motif d'abréger le temps ordinaire de la prescription, *on ne doit excepter aucun des cas auxquels ce motif s'applique* (2). » Or il s'agit bien ici d'une dette véritable ; la société, personne morale, est débitrice, et les associés sont ses créanciers ; l'accumulation des dividendes pourrait amener la ruine de la société, s'ils n'étaient réclamés qu'au bout de trente ans, celle-ci n'ayant pas dans sa caisse une somme disponible assez considérable pour les payer ainsi en bloc. Sous ce rapport, il y a donc encore lieu d'appliquer l'article 2277.

(1) Dalloz, 1854. 2. 136 ; Jurisprudence de la Cour de Douai, 1854, p. 131.
(2) Séance du 17 ventôse an XII au Corps législatif (Locré, t. XVI, p. 585 ; Fenet, t. XV, p. 599 ; *Code civil et motifs*, t. VII, p. 160).

§ II.— Obligation aux appels de fonds.

1o Fixation et réalisation de l'apport.

103. Lorsque les actions sont de somme fixe, l'actionnaire
doit verser le montant des actions qu'il a souscrites ; ce
versement se fait le plus généralement en plusieurs fois,
car la société n'a pas besoin dès son début de la totalité de
son capital (1) ; souvent même il arrive que le montant
intégral des actions n'est pas appelé. Tant que le versement n'est pas complet, l'actionnaire est obligé de répondre aux appels de fonds déterminés par le conseil d'administration ; celui-ci a ordinairement toute liberté pour
fixer la somme à payer par chaque action ; citons, à titre
d'exemple, l'article 6 des statuts de Béthune : « Tout souscripteur d'actions sera tenu de verser... le montant des
actions par lui souscrites, savoir : 200 francs par action au
moment même de la souscription..... et le surplus au fur
et à mesure des besoins de la Société et dans le mois qui
suivra les appels de fonds décidés par le Conseil d'administration et portés à la connaissance des actionnaires,
soit par des avis insérés dans les journaux de Cambrai,
Douai, Lille, Arras, Béthune, Paris et Valenciennes, soit
par lettres missives. »

Parfois les statuts indiquent que les administrateurs ne
pourront pas appeler plus d'une certaine somme à la fois,

(1) La loi de 1867 modifiée par celle de 1893 exige (art. 1er) pour que les
sociétés anonymes puissent être constituées, « le versement en espèces par
chaque actionnaire du montant des actions ou coupons d'actions par lui
souscrites lorsqu'elles n'excèdent pas 25 francs, et du quart au moins des
actions lorsqu'elles sont de 100 francs et au-dessus ».

ni avant certaines époques. L'article 5 de Ferfay (5 mars 1881) est ainsi conçu : « Le capital social est divisé en actions de mille francs chacune.....Aucune souscription ne sera admise sans un versement immédiat d'un quart, soit 250 fr. par action..... Le second versement sera fixé à un quart, soit 250 francs par action, et devra être effectué le 30 avril 1881. Les deux derniers quarts ne seront appelés qu'au fur et à mesure des besoins de la Société. Le Conseil d'administration fixera les dates de ces versements, mais ils ne pourront être exigés que par quart, et pas avant le 31 mai prochain pour le troisième quart, et avant le 30 juin prochain pour le quatrième quart. Les souscripteurs seront avisés de ces deux derniers versements par simple lettre chargée, un mois à l'avance. » Des dispositions analogues se trouvent dans les statuts de la Clarence (art. 11), Flines-lez-Raches (art. 11), Ligny-lez-Aire (art. 7 et 9).

104. Si les actionnaires ne peuvent être forcés de verser la somme qu'ils ont souscrite que par fractions, ainsi que nous venons de l'indiquer, la compagnie, de son côté, n'est pas obligée de recevoir des paiements anticipés qui la rendraient comptable de deniers dont peut-être elle n'aurait pas l'emploi. Une clause spéciale pourrait évidemment décider le contraire, et les statuts de Marly et d'Ostricourt permettent aux actionnaires de se libérer aussitôt qu'ils le veulent ; ceux de Béthune et de Bruay ajoutent même qu'un intérêt de 4 0/0 sera servi aux sommes ainsi versées par anticipation (1).

105. Mais il est des compagnies dont les actions sont libérées : certaines d'entre elles, ayant modifié leurs statuts,

(1) *Sic* : Ancienne Société civile de Vendin-lez-Béthune.

l'indiquent dans le nouveau contrat ; telles Crespin-Nord,
Douchy, Ferfay, Liévin, Meurchin (1). D'autres se trouvent dans la même situation sans que leurs statuts en
parlent (2), soit qu'elles aient appelé la totalité du montant des actions, comme Dourges, Drocourt, Ostricourt,
Thivencelles, soit qu'elles aient réduit leur capital à la
valeur versée comme Bruay et Carvin.

Lorsque les actions sont ainsi libérées, tout appel de
fonds est désormais impossible : si la société a besoin d'argent, elle devra recourir à un emprunt ; les actionnaires
pourront le souscrire s'ils le veulent, mais ils ne peuvent
y être forcés, ni par le Conseil d'administration, ni par
l'Assemblée générale. La Cour de Lyon a proclamé le
9 janvier 1870 (3) : « Que le droit conféré..... au Conseil
d'administration « de faire tous emprunts » est absolument différent de celui de faire des appels de fonds ; que
l'emprunt proprement dit suppose le consentement d'un
prêteur à avancer son argent, tandis que l'appel de fonds
est un emprunt forcé pour l'associé qui ne l'a pas personnellement voté ; que, d'autre part, l'emprunt a sa limite
naturelle ou au moins présumée dans la valeur du fonds
social ; qu'il n'est pas présumable en effet qu'un prêteur
prudent avance à la société une valeur supérieure à celle
du gage qu'elle présente à ses créanciers, tandis que l'appel de fonds peut aller aussi loin que les caprices ou les

(1) Le projet des statuts nouveaux de Courrières porte aussi (article 5) la
division du capital « en soixante mille actions de cent francs chacune, entièrement libérées ».

(2) *Annuaire des valeurs admises à la cote officielle de la Bourse de
Lille.*

(3) Dalloz, 1871. 2. 111.

illusions des directeurs de la société, et étendre ainsi les obligations des associés au delà de leurs prévisions primitives. »

Vainement objecterait-on que l'emprunt crée une dette dont chaque associé sera tenu : il est légitime d'espérer que la société pourra un jour rembourser ses créanciers, et ainsi ses actionnaires n'auront rien eu à débourser personnellement.

106. Il faudrait donc une clause formelle des statuts pour donner au Conseil d'administration ou à l'Assemblée générale le droit de faire des appels de fonds. Or certains statuts leur permettent d'augmenter le capital social, et réservent même aux anciens actionnaires un droit de priorité pour la souscription des nouvelles actions (Dourges, art. 8, Marly, art. 9) ; mais ce n'est pour eux qu'une simple faculté. Aucun n'autorise les appels de fonds pouvant obliger les associés et beaucoup les prohibent expressément : Béthune, Bruay, Carvin, la Clarence, Crespin-Nord, Douchy, Drocourt, l'Escarpelle, Ferfay, Flines-lez-Raches, Marly, Meurchin, Ostricourt, Vicoigne-Nœux (1), contiennent des clauses analogues à celles-ci : « Les actionnaires ne pourront être tenus au delà du montant des actions qu'ils auront souscrites », ou encore « Les actionnaires ne pourront être soumis à aucun appel de fonds au delà du capital de leurs actions (2). »

107. Tout différent est le régime des compagnies qui ont des actions de quotité : des appels de fonds peuvent y être

---

(1) *Sic* : anciennes Compagnies d'Auchy-au-Bois, Cauchy-à-la-Tour, Ferfay et Ames, Fléchinelle, Lys-Supérieure, Vendin-lez-Béthune.

(2) Nous aurons à étudier plus tard quelle peut être la portée de ces clauses relativement aux obligations des associés à l'égard des tiers.

faits sans limitation, et les actionnaires sont toujours obligés de verser les mises appelées, de « faire les fonds », di-
sait-on autrefois. Dans la société de Marles, « les appels de
fonds seront réglés en Assemblées générales et notifiés par
lettres chargées aux associés absents » (art. 7). Dans l'ancienne société de Douchy, les gérants pouvaient voter une
mise de fonds de 200 francs par action, en cas d'épuisement de la caisse (art. 11), et l'Assemblée générale avait
le droit d'ordonner « toutes mises de fonds qui seront par
elle jugées nécessaires » (art. 21). Dans l'acte de société
d'Anzin, il est, dit l'article 16, « convenu que, dans le cas
où il serait nécessaire de faire des fonds, chacun devra
y contribuer, par quote-part, quinze jours après qu'il en
aura été averti, suivant les délibérations des assemblées ».
Il s'agit ici des assemblées des régisseurs : la Compagnie
d'Anzin n'en connaît pas d'autres. De même à Aniche, les
directeurs « auront la liberté de délibérer des fonds nécessaires à l'entreprise » (art. 10) ; mais une certaine limite
est apportée par l'article 12 à l'étendue de leurs pouvoirs :
« Les délibérations pour faire des fonds d'avance ne pourront être plus hautes que mille livres de France au sol ;
les fonds en seront remis au caissier dans trois semaines
au plus tard à compter du jour de l'advertance à chaque
intéressé obligé à faire des fonds ; ainsi la délibération
de mille livres au sol ne fera qu'un fonds de caisse de
22.500 livres, à cause des deux sous six deniers qui ne
doivent pas faire d'avance. »

108. Ces derniers mots visent une classe d'actions dis-
pensées des appels de fonds. Il en existe en effet, tant de
quotité que de somme fixe : ce sont les actions d'apport et

les actions industrielles, pour employer la terminologie actuelle. Les premières, nous l'avons déjà dit, sont attribuées aux associés qui ont fait des apports en nature : sondages, travaux, bâtiments, mines, concessions ; elles n'ont donc aucune somme d'argent à verser. Les autres ne sont en réalité qu'une variété des actions d'apport ; elles représentent en [effet un apport d'industrie, ou sont destinées à rémunérer des services rendus : c'est plutôt à cette catégorie qu'appartiennent les deux sous six deniers d'Aniche, « qui ne feront point de fonds ».

Voici, en effet, l'article 2 du contrat de société : « Des deux sous six deniers qui ne seront point soumis à faire fonds, il en appartiendra à M. le Marquis de Trainel comme obtenteur de l'octroy et en considération de ce qu'il veut bien ne point exiger de droit d'entre-cens au cas que l'on extraye du charbon dans les quatre terres, dont il est Seigneur Haut-Justicier, comprises dans la démarcation du terrain pour lequel on espère obtenir l'octroy, un sou quatre deniers et demi, cy . . . .

	sous	deniers
un sou quatre deniers et demi, cy	1	4 1/2
A M. Desvignes père, en reconnaissance de son travail, voyages, etc., quatre deniers et demi, cy	»	4 1/2
A une ou deux personnes qui seront choisies par mon dit sieur de Trainel, pour le bien de la chose commune, sans être tenu à les nommer, six deniers, cy	»	6
Et les trois restant à la disposition de mondit sieur de Trainel et des directeurs pour une personne utile à la Compagnie, cy	»	3
	2	6

109. Ces actions, dites industrielles, n'ont jamais à faire aucune avance de fonds ; aussi n'ont-elles droit en principe qu'à des dividendes et non au capital social. A Aniche toutefois, les deux sous six deniers ne faisant pas fonds ont été assimilés aux autres actions, car elles ont fait, en moins prenant, les mêmes sacrifices pécuniaires. L'article 3 du contrat de société disait en effet : « Quoique les deux sous six deniers ci-dessus ne soient pas tenus de fournir aux avances, il est néanmoins convenu, qu'en cas de réussite de l'entreprise, les fonds qui auraient été faits par les autres associés pour raison desdits deux sous six deniers seront retirés, à proportion de ce que chacun y aura contribué, sur les bénéfices résultant de l'entreprise, mais à raison de la moitié seulement par chaque année, c'est-à-dire que dans le cas où il y aurait un dividende du bénéfice à raison de mille livres au sou, il n'en pourra être retenu que cinq cents livres pour la restitution des avances, et les autres cinq cents livres seront payées aux copropriétaires desdits deux sous six deniers, ce qui sera suivi de même jusqu'à l'entière restitution desdites avances. » Au mois de mai 1857, le montant des avances faites par les deniers faisant fonds (7.121 fr. 38), s'est trouvé ainsi remboursé par la retenue de la moitié des dividendes exercée sur les deniers ne faisant pas fonds, de sorte qu'aujourd'hui il y a assimilation entre les deux sortes de deniers.

2° Sanctions. Déchéance.

110. Si un associé ne remplissait pas ses obligations et ne répondait pas aux appels de fonds, la société pourrait le poursuivre par toutes les voies de droit comme le ferait un créancier envers son débiteur.

Il y avait autrefois une autre sanction, la déchéance de l'actionnaire au profit de la société. Elle existait de plein droit en vertu des lois au pays de Liège : les « maîtres de fosses » pouvaient saisir les parts de leurs comparchonniers ou co-associés en retard de trois quinzaines de payer les cédules qui leur avaient été délivrées. Cette législation est aujourd'hui abrogée. Mais rien n'empêcherait les associés de stipuler une pareille déchéance dans les statuts (1) : « Si lesdits intéressés, dit l'article 12 du contrat d'Aniche, étaient en défaut de fournir aux fonds délibérés dans le terme de trois mois, il sera libre à la Compagnie représentée par ses directeurs de reprendre ledit intérêt... » L'article 7 des statuts de Vicoigne-Nœux dit de même : « Faute par un actionnaire de satisfaire à cet appel dans la quinzaine au plus tard de l'avertissement qu'il aura reçu à son domicile réel ou élu, et après une simple sommation, la Société pourra, sans préjudice de l'action personnelle, exercer le retrait des actions qui n'y auront pas satisfait, au taux indiqué en cas de donation à l'article onzième... » c'est-à-dire au taux moyen des quatre dernières actions vendues. L'ancienne société civile de Douchy contenait une disposition analogue : l'article 22 portait qu'une sommation par huissier serait faite aux retardataires et qu'après l'expiration d'un mois « le sociétaire qui n'aurait pas satisfait à ladite sommation serait déchu,

(1) Delebecque, *Législation des mines*, n° 1246 ; Bury, *Législation des mines*, n° 1401 ; Laurent, *Principes de droit civil français*, t. 26, n° 428 ; Delecroix, *Législation des sociétés des mines*, n°s 181 et 288.

de plein droit et sans qu'il soit besoin de jugement ou de tout autre acte, de son intérêt dans ladite société, sans pouvoir prétendre à aucune indemnité ni restitution, à raison des sommes par lui versées et de l'intérêt qu'il aurait dans ladite société ; l'actionnaire ainsi déchu, restera obligé à supporter les dettes qui pourraient exister à la charge de ladite société à l'époque de la délibération prise, et celles qui, par suite d'un jugement ou autrement, remonteraient à ladite époque ; le tout, si mieux n'aime la société poursuivre par toutes voies de droit l'exécution du présent contrat et des délibérations prises ».

111. Cette attribution à la société des actions en retard de paiement est exceptionnelle. Mais la presque unanimité de nos statuts donnent aux compagnies le droit de faire vendre ces actions, de les exécuter, comme l'on dit en langage de bourse. Sans doute la société ayant pour gage tout le patrimoine de l'associé (art. 2092 C. civ.) peut saisir ses actions comme ses autres biens ; mais, d'après le droit commun, en l'absence de titre exécutoire, le créancier doit s'adresser à la justice. L'article 8 des statuts de Marles se contente de ce recours : « Faute par un associé de fournir sa mise quinze jours après l'échéance prescrite par l'Assemblée générale, et quinzaine après une mise en demeure par acte extra-judiciaire, la Société aura le droit de faire prononcer par le Tribunal civil de la Seine la déchéance de l'associé en retard, et de faire vendre aux enchères la part dudit associé. »

Thivencelles et Fresnes-Midi se réserve (art. 12) la faculté, quinzaine après sommation, de procéder, « en vertu d'une simple ordonnance de référé, rendue par le président du Tribunal de première instance, séant à Valenciennes, à la vente aux enchères publiques de la part d'intérêt de l'associé en retard, en sa présence ou lui dûment appelé ».

112. Ordinairement, les statuts stipulent ce droit de vente sans intervention de justice, sans préjudice des poursuites personnelles, et après avoir imposé un intérêt de 5 0/0 pour toute somme dont le paiement sera retardé. Avant de vendre l'action, il faut au moins mettre l'associé en demeure de s'exécuter. Les compagnies dont les actions sont nominatives envoient aux actionnaires des lettres recommandées et des sommations par huissier ; voici, par exemple, ce que dit l'article 6 des statuts de Lens : « Faute par un actionnaire de satisfaire à un appel dans le mois au plus tard de l'avertissement qu'il aura reçu à son domicile réel ou élu, et après une simple sommation, la Société pourra, sans préjudice à l'action personnelle, faire vendre les actions qui n'y auront point satisfait, par le ministère d'un notaire, aux enchères publiques, ou par celui d'un agent de change, à la Bourse de Lille ou de Paris. Le prix de la vente sera d'abord employé à solder ce qui restera dû par l'action sur le capital appelé, et les frais de la sommation et de la vente. Le reste sera remis à l'actionnaire. »

L'article 48 de Courrières ne se contente pas de la sommation par acte extra-judiciaire ; il veut encore qu'une affiche soit apposée une quinzaine à l'avance, et avis inséré dans un des journaux de chacune des villes de Douai, Lille, Valenciennes et Arras.

Cette dernière mesure est la seule qui puisse être em-

ployée lorsque les actions sont au porteur : « Les numéros
des actions en retard de paiement, disent les articles 19
de Béthune et de Bruay, seront publiés dans les journaux
d'annonces légales de Cambrai, Paris, Béthune, Arras et
Valenciennes ; quinze jours après cet avis et sans autre
acte de mise en demeure, lesdites actions seront vendues
sur duplicata par le ministère d'un notaire, aux enchères
publiques, pour le compte et aux risques et périls des
actionnaires retardataires, sans préjudice de l'action personnelle que la Société pourra exercer contre eux. Les
titres des actions ainsi vendues seront nuls de plein droit,
et il en sera délivré aux acquéreurs de nouveaux, ayant
les mêmes numéros que les titres annulés. »

3° *De la renonciation.*

113. Une particularité analogue à la déchéance que
nous venons d'étudier se rencontre dans un petit nombre
de nos compagnies : c'est le droit de renonciation, ou la
déchéance introduite en faveur de l'actionnaire.

Ce droit existait d'après l'usage dans les anciennes sociétés charbonnières du Hainaut. Mais aujourd'hui, il faut
une clause spéciale des statuts pour que les actionnaires
puissent s'en prévaloir : à défaut de cette clause, un associé ne peut sortir de la société qu'en vendant ses actions.
Une semblable stipulation se rencontre dans les statuts
d'Aniche, de Béthune, de Bruay, de Courrières (1) et de

---

(1) Le droit de renonciation ne figure plus dans le projet de Courrières ;
il n'en pouvait être autrement, les nouvelles actions que l'on se propose de
créer étant libérées.

l'Escarpelle ; ceux de l'ancienne Société de Douchy la contenaient également.

114. La renonciation est le droit d'abandonner à la compagnie sa part en tout ou en partie : l'associé devient, pour l'avenir, étranger à la société ; il ne pourra plus réclamer ni dividende, ni fraction du capital social. Pour le passé, il perd tout ce qu'il a apporté, ses mises de fonds notamment, sans aucune répétition ; quant aux charges de la société il y reste soumis : « Il sera libre à chacun des associés, dit l'article 14 d'Aniche, de quitter la Compagnie et son intérêt en totalité ou en partie en perdant les fonds qu'il y aura exposés à due concurrence jusqu'au jour de son abandonnement, et en payant sa quote-part des dettes qui se trouveront contractées par la Société au moment de son abandon. » L'article 49 de Courrières spécifie de son côté que « cette renonciation n'aura d'effet que pour l'avenir ; il restera chargé de sa part dans les dettes de la Société, contractées avant sa renonciation ». La détermination de ces dettes et charges devait être faite, d'après l'article 25 des statuts de Douchy, « dans une Assemblée générale qui devra avoir lieu dans les deux mois de l'abandon. A l'égard des dettes et charges dont l'appréciation ne pourrait avoir lieu lors de cette Assemblée générale, le sociétaire qui se retire y restera soumis également ».

Quant à Béthune et Bruay, il est permis (art. 16) à tout actionnaire « de se retirer après avoir versé au moins 500 francs par action en abandonnant le montant de ses mises et tous ses droits dans la Société. — Les actions ainsi abandonnées profiteront à la Société ». L'article 7 de l'Escarpelle est identique, sinon qu'il suffit à l'actionnaire d'avoir versé deux cents francs.

115. Dans quelle forme doit être faite cette renoncia-tion ? — L'article 49 des statuts de Courrières règle ainsi cette question : « Tout actionnaire ayant la libre disposi-tion de ses droits ou valablement autorisé, pourra se sous-traire à l'obligation de satisfaire tant aux mises de fonds demandées qu'aux obligations résultant pour lui de sa qualité d'associé, moyennant de notifier à la Société, par acte extra-judiciaire, signé de lui ou de son fondé de pou-voir spécial authentique, signifié à la personne du direc-teur-gérant de la Société, qu'il renonce, au profit de la So-ciété, à la propriété de son intérêt social. »

Les autres compagnies n'ont rien indiqué à cet égard ; l'abandon de son intérêt par un actionnaire peut donc être fait sans aucune condition de forme : il suffit que la vo-lonté de l'abandonner ait été exprimée d'une façon cer-taine par l'actionnaire et qu'il soit prouvé que la compa-gnie en ait eu connaissance.

Il a même été décidé par le Parlement de Flandre, le 31 décembre 1789 (1), que le refus de payer sa part des appels de fonds entraînait renonciation tacite. Le Comte de Sainte-Aldegonde, ayant refusé de répondre aux appels de fonds faits par la Compagnie d'Aniche dont il était l'un des associés, eut avec les directeurs de cette société un long procès dont nous n'avons à rappeler qu'un épisode : sur le point qui nous intéresse, le Parlement de Flandre le condamna à payer les 8.000 livres qui lui étaient récla-mées, et faute par lui de s'exécuter dans le terme de trois mois déclara qu'il sera « censé avoir usé de la liberté ac-cordée par l'article 14 du contrat de société du 11 novem-

(1) Vuillemin, *Les Mines de houille d'Aniche, pièces justificatives*, p. 20.

bre 1773, le condamne audit cas au paiement des dettes contractées par ladite Société lors de la première somma- tion à lui faite le 10 mars 1787, et ce au prorata de ses in- térêts dans ladite Société ».

116. Cette stipulation du droit de renonciation est-elle valable ? — Oui, certainement, lorsque l'associé qui quitte ainsi la société paie sa quote-part des dettes : les autres associés, liés par le contrat social, sont obligés de lui re- connaître cette faculté et les tiers ne peuvent s'en plain- dre puisqu'ils recevront tout ce qu'ils peuvent exiger de lui.

Mais que dire du cas où il lui est loisible de se retirer en perdant seulement ses mises ou tout au moins une somme fixe déterminée par les statuts, comme cela est sti- pulé par ceux de Béthune, de Bruay et de l'Escarpelle ? « Est-ce que la société, répond Troplong (1), n'aurait pas pu déclarer que le capital consiste dans les fonds du pre- mier quart seulement, avec réserve de faire un appel de fonds en cas d'insuffisance et sous la clause pénale que ceux qui n'y répondraient pas perdraient leur première mise ? Est-ce que cette combinaison n'est pas permise ? Quelle différence y a-t-il entre elle et les effets de celle qu'on taxe d'illégalité ? » Evidemment, entre les parties, cette clause est valable. Mais à l'égard des tiers, des créan- ciers sociaux, en est-il de même ? Cette question revient à celle-ci : Peut-on forcer ces créanciers à se contenter comme gage du capital social ? Les associés peuvent-ils vis-à-vis d'eux limiter leur responsabilité aux apports ? Ce

(1) *Contrat de société*, n° 179, p. 183.

n'est pas ici le lieu d'y répondre : c'est au chapitre suivant
que ce point sera traité.

II. — Cession des actions.

§ I. — Du droit de céder ses actions.

117. L'article 1861 du Code civil dispose que « chaque
associé peut, sans le consentement de ses associés, s'associer une tierce personne relativement à la part qu'il a dans
la société : il ne peut pas, sans ce consentement, l'associer
à la société, lors même qu'il en aurait l'administration ».

La première partie de cet article permet à chacun d'avoir
un croupier ; cette disposition est pour nous sans intérêt
particulier. Il n'en est pas de même de la seconde qui défend de céder sa part dans une société civile sans le consentement de tous ses co-associés.·

118. La société civile ordinaire est une association de
personnes ; les sociétaires se sont choisis les uns les autres ; leur nombre est généralement assez restreint, puisque, à défaut de stipulation spéciale, chacun a le pouvoir
d'administrer ; en tout cas, la société finit par la mort de
l'un d'entre eux, par son interdiction ou sa déconfiture.
Donc la personne de l'associé y joue le plus grand rôle, et
l'article 1861 ne fait qu'appliquer cette idée générale.

Toute différente, nous l'avons dit, est l'organisation de
nos compagnies : formées entre un très grand nombre de
souscripteurs inconnus les uns des autres, elles sont des
associations de capitaux ; la personne de l'associé y est
indifférente, à tel point que sa mort elle-même n'entraîne

pas la dissolution de la société, nous le verrons plus tard.
Dès lors l'interdiction de céder sa part perd toute raison
d'être : pourquoi exiger le consentement d'associés qui ne
savaient même pas que le cédant était actionnaire ? Il
serait donc contraire à la nature de nos compagnies de leur
appliquer l'article 1861.

119. On aboutit à la même conclusion en signalant cet
autre caractère que leur durée est illimitée. En principe,
la société houillère n'a d'autre terme que l'épuisement de
la mine, et il est impossible de prévoir avec certitude à
quelle époque cette éventualité se produira. Les Compagnies d'Anzin et d'Aniche ont chacune plus d'un siècle
d'existence et peuvent escompter un avenir beaucoup
plus long encore. Or, d'après l'article 1869, la dissolution
d'une société dont la durée est illimitée peut avoir lieu
par la volonté d'une seule des parties. Nous dirons que
cette règle est inapplicable : s'il en était autrement les
sociétés houillères n'auraient qu'une existence précaire,
au grand détriment des intérêts publics et privés. Mais
alors la maxime que « nul ne peut être contraint de
demeurer dans l'indivision » (art. 815) autorise tout actionnaire à sortir de la société : il le fait en vendant ses
actions. Et il n'a pas à solliciter le consentement de ses
co-associés : ce serait en effet leur reconnaître le droit de
refuser, et ce refus aurait cette double conséquence inad-
missible de forcer l'actionnaire à rester dans la société et
de rendre en fait sa propriété incessible.

120. Un nouvel argument nous est fourni par la loi du
21 avril 1810 elle-même ; son article 8 est ainsi formulé :
« Les mines sont immeubles..... Néanmoins les actions

ou intérêts dans une société ou entreprise pour l'exploitation des mines seront réputés meubles, conformément à l'article 529 du Code civil. » Que dit cet article 529 ? « Sont meubles..... les actions ou intérêts dans les *compagnies de finance, de commerce ou d'industrie*, encore que des immeubles dépendant de ces entreprises appartiennent aux compagnies. Ces actions ou intérêts sont réputés meubles à l'égard de chaque associé seulement, tant que dure la société. » Or ces actions des compagnies de finance, de commerce ou d'industrie sont cessibles au gré de leurs propriétaires, sans qu'il y ait à obtenir l'assentiment des autres actionnaires, d'après les règles du droit commercial. Il en est donc ainsi des actions de nos compagnies. C'était là le but du renvoi fait au Code civil par l'article 8 de la loi de 1810. Nous lisons en effet dans les travaux préparatoires (1) : « M. le Comte Treilhard propose de rappeler ici ce que dit l'article 529 du Code civil, que ces actions sont réputées meubles à l'égard des associés seulement. Cette disposition a été établie afin de *donner aux actionnaires plus de liberté pour disposer de leurs actions.* » Déjà Treilhard avait émis la même idée le 4 brumaire an XII dans la discussion de l'article 529 au Conseil d'État (2) : « Quant aux actions, disait-il, elles sont mobilières et il est nécessaire de leur conserver cette qualité, *parce qu'il importe d'en faciliter la circulation.* »

121. La cessibilité des actions des compagnies minières sans le consentement des associés est unanimement re-

---

(1) Locré, t. IX, p. 207 ; séance du 20 juin 1809 au Conseil d'Etat.
(2) Locré, t. VIII, p. 44 ; Fenet, t. XI, p. 24 ; *Conférence du Code civil*, t. III, p. 138.

connue par la jurisprudence et les auteurs qui ont traité cette question. Voir notamment : Delebecque (*Législation des mines*, n° 1257) ; Peyret-Lallier (*Législation des mines*, n° 206) ; Bury (*Législation des mines*, n° 1390) ; Dalloz (Répertoire, t. 31, v° *Mines*, n° 91) ; Laurent (*Principes de droit civil français*, t. 26, n°ˢ 331 et 422) ; Delecroix (*Législation des Sociétés de mines*, n°ˢ 302 et suivants) ; Guillouard (*Contrat de Société*, n° 367). Cf. Pont (*Des Sociétés*, n° 598). — Cassation, 15 avril 1834 (1) ; Lyon, 12 mars 1828 et 12 août 1828 (2). — Cassation belge, 17 juin 1864 (3) ; Bruxelles, 10 avril 1862 (4) ; Liège, 26 décembre 1818 (5).

Rapportons encore, après M. Delecroix, un arrêt de la Cour de Liège, du 27 juin 1838 (6), qui résume ce que nous avons dit : « L'introduction de personnes étrangères à la Société, dans le cas de mutations forcées, le mode d'exploitation qui n'exige guère le concours des associés que pour les fonds nécessaires à l'entreprise, enfin la durée illimitée de l'association et les inconvénients inséparables de l'indissolubilité, sont des considérations puissantes qui ne permettent pas de croire que les sociétaires aient voulu s'obliger indéfiniment entre eux et s'interdire la facilité de disposer chacun à son gré de son intérêt dans la chose commune. »

122. Ajoutons que, si ce n'était assez de la nature particulière de nos compagnies pour emporter dérogation à

(1) Dalloz, Répertoire, v° *Mines*, n° 195 ; Sirey, 1834, 1, 650.
(2) Dalloz, *ibidem*, n° 194.
(3) *Pasicrisie*, 1865, 1, 54,
(4) *Pasicrisie*, 1863, 2, 107.
(5) Dalloz, *ibidem*, n° 141.
(6) *Pasicrisie*, 1838, 2, 175.

l'article 1861, la convention des parties peut toujours modifier cette règle qui n'est nullement d'ordre public (1),
et nous allons voir que les divers statuts réglementent la
cession des actions sans qu'aucun ne demande l'assentiment des associés (sous réserve de ce que nous dirons du
droit de retrait).

123. On peut donc céder sa part tout entière. Peut-on
en céder une partie seulement? Bien évidemment, celui
qui possède plusieurs actions peut n'en aliéner qu'une
seule ou quelques-unes, et garder les autres ; il faut en
dire autant des coupures d'action, sixièmes, dixièmes,
vingtièmes, centièmes, dont nous avons parlé, et qui doivent à ce point de vue être assimilées à des actions proprement dites. Mais peut-on céder une partie d'action autre que les coupures autorisées par certaines compagnies,
ou une partie d'une de ces coupures? Nous parlons bien
entendu d'une véritable cession, destinée à mettre le cessionnaire complètement à la place du cédant, car il n'est
pas douteux que l'on puisse s'adjoindre un croupier pour
partie aussi bien que pour la totalité de son intérêt.

124. En ce qui concerne les actions de somme fixe, elles
sont indivisibles, c'est un usage constant : puisqu'elles
énoncent, d'après leur dénomination même, une valeur
fixe, il est naturel qu'on ne puisse les diviser. En outre,
le droit de l'actionnaire est représenté par un titre qu'on
ne peut matériellement scinder ; il faudrait donc que la
compagnie délivrât de nouveaux titres à chaque cession
partielle, ce qui entraînerait un travail et des frais de bu-

(1) Pardessus, *Droit commercial*, t. 4, n° 973 ; Aubry et Rau, *Cours de
droit civil français*, t. 4, § 381, p. 559.

reau considérables. Aussi voyons-nous la presque unanimité de nos compagnies stipuler dans leurs statuts que
« chaque action (ou coupure d'action) est indivisible », et
que « la société ne reconnaît qu'un propriétaire par chaque action ». Parfois il est spécifié que les copropriétaires
d'une même action, héritiers, cessionnaires ou autres
ayants droit d'un actionnaire, doivent se faire représenter par un mandataire unique dans l'exercice de tous les
droits actifs et passifs attachés à l'action : voir notamment
Ostricourt (art. 13) et l'Escarpelle (art. 13). L'Escarpelle
ajoute même que ce mandataire doit être constitué par
procuration notariée et justifier des droits et qualités de
ses mandants ; de plus, tous les copropriétaires d'une action à un titre quelconque sont tenus indivisiblement des
obligations y attachées.

125. Quant aux actions de quotité, on admet que l'on
peut les diviser à l'infini, comme un créancier peut céder
une part quelconque de sa créance. Puisque ces parties
ne sont pas constatées par des titres qui se transmettent
matériellement et sont indivisibles, comme cela existe
pour les actions de somme fixe, il n'y a pas les mêmes
inconvénients à les subdiviser, soit entre plusieurs cohéritiers, soit entre plusieurs actionnaires. Toutefois, si
nous passons du domaine de la théorie à celui de la pratique, nous devons reconnaître qu'il en est tout différemment, au moins pour les compagnies de notre bassin.
Dès le 14 décembre 1848, une délibération de l'Assemblée générale de Douchy décidait que les actions de cette
ancienne société ne pourraient plus se diviser qu'en deniers et douzièmes de deniers, ou cent quarante quatriè-

mes d'action. « Considérant, dit cette délibération, qu'aux termes de l'article 4 des statuts, le nombre des actions dont la Société se compose est de 26; que les actions ont, dès l'origine, été divisées en deniers à raison de douze deniers par chaque action, ce qui portait à 312 le nombre des deniers dont la Société se composait; — Considérant que les deniers eux-mêmes n'ont pas tardé à être divisés en fractions de tous les degrés, ce qui rend presque impossible leur réduction au même dénominateur et complique singulièrement les soins de la comptabilité en ce qui concerne la répartition des dividendes ; — Qu'il en est résulté pour quelques actions une si grande division et une telle complication qu'il devient fort difficile aujourd'hui de reconnaître de quelle action procèdent certaines fractions aliénées, ce qui expose les vendeurs, les acquéreurs et la Compagnie elle-même à des erreurs qui pourraient un jour donner lieu à des contestations sérieuses ;...
— Considérant qu'en mettant un terme au fractionnement illimité des actions, il convient d'avoir égard aux divisions déjà opérées, et de choisir pour base des divisions futures un diviseur de telle nature qu'il permette de rencontrer avec exactitude la plupart des fractions d'action déjà existantes dans la Société et d'approcher de très près celles qui ne pourraient entrer dans la division admise par la Compagnie ; — Qu'un examen attentif des fractionnements de deniers déjà opérées indique le chiffre 12 comme étant le diviseur qui pourra le mieux remplir le but qu'on se propose, ce diviseur étant d'ailleurs l'un des meilleurs diviseurs connus ; — Que ce diviseur n'est point exagéré bien qu'il permette la division de l'action origi-

naire en 144 parties, vu que la valeur d'une de ces parties
serait encore de 2.500 francs dans le cas où la valeur des
deniers serait de 30.000 francs ; — Que, d'un autre côté,
il est suffisant, le fractionnement de l'action en 144 parties permettant aux actionnaires de faire subir à leur intérêt telle division raisonnable qui pourra leur paraître
utile dans les limites ci-dessus, tout en leur interdisant
cependant un fractionnement excessif qui devient nuisi-
ble aux intérêts de tous ; — Considérant en outre que la
division régulière de l'action pourra permettre, enfin, à
la Compagnie de délivrer, par la suite, à chaque actionnaire reconnu par elle un titre numéroté et non divisible ;

« Par ces motifs : — L'Assemblée décide qu'à l'avenir,
les actions ne pourront plus se diviser qu'en deniers et
douzièmes de denier, ou cent quarante quatrièmes d'action ; — Que les fractions d'actions existantes aujourd'hui,
qui ne pourront entrer dans cette division, seront réduites
en cent quarante quatrièmes d'action et fractions de cent
quarante quatrièmes pour cette sous-fraction être retraite,
soit par convention amiable entre la Compagnie et l'actionnaire intéressé, soit par l'exercice du droit de retrait,
lorsque cette partie sous-fractionnée viendra à être aliénée.

« En conséquence de ces dispositions, l'article 27 des
statuts se terminera dorénavant en ces termes : «..... Les
« sous-fractions de douzièmes de deniers ou de cent qua-
« rante quatrièmes d'action qui rentreront ainsi au pou-
« voir de la Société ne seront point amorties ; elles seront
« au contraire réunies, pour être aliénées par la Compa-
« gnie au profit de la masse sociale, en vertu de décisions
« prises par l'Assemblée générale, soit pour compléter des

« sous-fractions inférieures à un douzième de denier,
« soit, lorsqu'elles seront en nombre suffisant, pour for-
« mer un douzième de denier. »

De même le capital d'Aniche fut divisé en 1852 en douzièmes de deniers, et celui d'Anzin en 1875 en centièmes
de deniers. Le 9 avril 1879, l'Assemblée générale des actionnaires de Marles 70 0/0 modifia comme il suit l'article 6 de ses statuts : « La Société se divise en vingt parts ;
chaque part peut se subdiviser, mais en quatre-vingtièmes (1) seulement, pour ne pas multiplier les écritures
de la Société. » Les statuts de Marles 30 0/0 indiquent
que les 800 coupons, qui donnent droit chacun à un huit
centième des 30 0/0 des bénéfices, sont nominatifs et
transmissibles par endossement : ils sont donc matériellement indivisibles. Ainsi en est-il encore des six mille
« parts de propriété » d'Azincourt, les titres pouvant être
au porteur.

Les actions de quotité que l'on rencontre dans nos compagnies sont donc indivisibles comme les actions de
somme fixe.

126. Cette indivisibilité n'empêche pas, comme nous
l'avons dit, qu'une seule action ait en fait plusieurs copropriétaires ; un associé peut aussi avoir un croupier.
De même une action peut être en propriété à une personne
et en usufruit à une autre : les statuts de la Clarence et de
Marly disent (art. 17), que « si des actions sont grevées
d'usufruit, elles peuvent être immatriculées au nom de
l'usufruitier pour l'usufruit et au nom du nu propriétaire

---

(1) Cette subdivision, qui à l'origine était en vingtièmes, avait été portée
en quarantièmes par l'Assemblée générale du 7 mars 1867.

pour la nue propriété. » L'article 7 de Douchy formule la même règle. Enfin une action peut être donnée en gage : si l'action est nominative, le nom du créancier gagiste figurera dans un transfert d'ordre, dit transfert pignoratif (article 91, alinéa 3 du Code de commerce) : si l'action est à ordre, il y aura endossement pignoratif ; si elle est au porteur, elle sera traitée comme meuble corporel, et le créancier apparaîtra seul comme s'il était propriétaire.

§ II. — Modes et formalités de la cession.

1° *Transmission de la propriété.*

127. D'après l'article 1138 du Code civil, la propriété se transmet par la seule convention : « L'obligation de livrer la chose est parfaite par le seul consentement des parties contractantes. — Elle rend le créancier propriétaire.., dès l'instant où elle a dû être livrée, encore que la tradition n'en ait point été faite... » Ce principe est général et s'étend à la cession des actions. Il suffit donc du simple consentement des parties pour en transférer la propriété du cédant au cessionnaire.

Mais cette transmission de propriété n'est valable qu'*inter partes* : pour qu'elle soit opposable aux tiers, il faut remplir certaines formalités qui résultent des prescriptions statutaires, ou à leur défaut des règles du droit commun et de la nature des actions. Ces formalités varient suivant que le droit de l'actionnaire est ou n'est pas constaté par un titre ; et, dans le premier cas, suivant que ce titre est nominatif, au porteur ou à ordre.

128. Dans les Compagnies d'Aniche, d'Anzin et de Marles (70 0/0), il n'y a pas de titres d'actions. L'actionnaire a contre la société un droit incorporel et il faut appliquer les règles de l'article 1690 du Code civil pour le transport des créances : « Le cessionnaire n'est saisi à l'égard des tiers que par la signification du transport faite au débiteur. Néanmoins le cessionnaire peut être également saisi par l'acceptation du transport faite par le débiteur dans un acte authentique. » En réalité, pour nos compagnies, à cause du droit de retrait qu'elles se sont réservé, il faut, d'après leurs statuts, employer la signification. L'article 13 de la Société d'Aniche dispose que « il sera encore libre à chacun des intéressés... de vendre son intérêt à qui il trouvera convenir et quand il le jugera bon..., si c'est un associé connu, il lui suffira de l'offrir à Messieurs les Directeurs pour être repris... ». Anzin (art. 12) dit aussi « qu'aucun des intéressés ne pourra vendre tout ou partie de son intérêt sans en avertir la Compagnie ». Et l'article 29 de Marles est ainsi conçu : « Tout associé pourra vendre sa part d'intérêt dans la Société. Les cédants et les cessionnaires devront, dans les huit jours qui suivront la vente, donner avis au siège de la Société, par écrit, des conditions de vente ; il leur sera accusé réception de cet avis ».

129. Lorsqu'il s'agit de titres nominatifs, l'article 36 du Code de commerce dit que « la cession s'opère par une déclaration de transfert inscrite sur les registres, et signée de celui qui fait le transport ou d'un fondé de pouvoir ». C'est cette formalité qui opère la transmission à l'égard des tiers, et, de deux acquéreurs successifs du même titre, celui-là serait préféré pour lequel elle aurait été remplie en premier lieu. C'est cette règle de droit commun que rappelle l'article 10 des statuts de Vicoigne et Nœux : « S'il existait un acte notarié ou sous seing privé entre les parties, le transfert résultant de cet acte ne produira effet, tant à l'égard de la Société qu'à l'égard des tiers et des parties contractantes elles-mêmes, qu'après inscription du transfert sur le registre sus-indiqué, signé également par les parties ou leurs mandataires. — Dans le cas où le cessionnaire ne serait pas soumis à l'exercice du retrait aux termes de l'article 8 des statuts sociaux, les formalités ci-dessus prescrites n'en seront pas moins nécessaires pour que la transmission de la propriété des actions se réalise à son profit. »

Nos compagnies ont fait avec quelques variantes l'application de la loi : certains statuts (Carvin et Flines-lez-Raches) se contentent de renvoyer à l'article 36 du Code de commerce ; le plus grand nombre exigent que le transfert soit signé non seulement du cédant, mais aussi du cessionnaire, et beaucoup ajoutent : ou de leurs fondés de pouvoirs. Douchy spécifie que ce pouvoir pourra être donné sous seing privé ; mais Courrières (1) et Liévin ne s'en contentent que pour l'acheteur ; le vendeur ne peut constituer un mandataire que par acte authentique ; Marly veut même l'authenticité pour le mandat de l'un et de l'autre. Courrières, Drocourt, Ferfay, Ostricourt ordonnent aussi la signature d'un ou de deux administrateurs. En outre Courrières et Lens exigent encore l'indication du

(1) L'article 8 du projet de Courrières se contente de la signature du cédant ou de son fondé de pouvoir. Ce pouvoir pourra être sous seing privé, légalisé ou certifié par un agent de change ou un notaire.

prix de la cession. Les frais du transfert sont à la charge des parties, et plusieurs statuts (Dourges, Escarpelle, Liévin, Thivencelles) les évaluent à une somme fixe de 2, 3 ou 10 francs. Enfin, Béthune, Courrières, Drocourt, Ferfay, Thivencelles, veulent que mention du transfert soit faite au dos du titre (1).

130. Cette dernière prescription cumule en somme deux modes de transmission, le transfert et l'endossement, applicables le premier aux actions nominatives, le second aux actions à ordre. Aucune de nos sociétés actuelles d'exploitation n'a ses actions à ordre. L'ancienne Société de Ferfay et Ames avait adopté cette forme, tout en autorisant les propriétaires d'actions à les rendre nominatives. Seule aujourd'hui, la Compagnie des fondateurs de Marles (30 0/0), a choisi l'endossement moins compliqué que le transfert et plus sûr que la simple tradition, puisqu'il faudrait faire un faux pour s'attribuer la propriété d'un titre volé ou trouvé. Et encore on y a presque ajouté la formalité du transfert (2), puisque l'endos doit être signé

(1) Les statuts de Courrières imposent une autre formalité quand la cession n'est pas une vente : « Les mutations par suite de donations, de successions et de partages ; par liquidation de société ; par legs et jugements ; n'ont d'effet, à l'égard de la Compagnie de Courrières, que par la notification par lettre et la délivrance qui lui sont faites de l'expédition des titres constatant les droits du nouvel ayant droit, et cette notification devra être inscrite sur le livre des transferts » (Article 8). — L'article 8 des statuts de Liévin contient une disposition semblable, mais il semble exiger cette notification dans tous les cas, cumulativement avec le transfert : il l'impose en effet « en cas de vente amiable ou publique, de liquidation de société, de donation, succession ou legs, comme en cas de transmission de propriété, par décision judiciaire, ou par toute autre voie légale..... »

(2) L'article 6 des statuts de l'ancienne société civile de Meurchin disait aussi que « La cession des actions nominatives s'opérera par voie d'endossement, à charge de signifier la cession dans le délai de quinze jours au siège de la Société. »

non seulement par le cédant, mais encore par un Commissaire (c'est la dénomination sous laquelle on désigne les administrateurs). « L'endos ne sera signé par le Commissaire qu'après : 1° une déclaration du vendeur et de l'acheteur indiquant le prix de cession du coupon ; 2° le paiement du droit de transfert déterminé par la loi du 23 juin 1857, et 3° le paiement d'une somme de 5 francs par coupon pour couvrir les frais de bureau de la Société » (Article 6).

131. Les actions au porteur ne demandent aucune de ces formalités ; il suffit de la tradition du titre de la main à la main, comme le dit l'article 35 du Code de commerce. C'est cette tradition qui rend le cessionnaire propriétaire de l'action *erga omnes* ; jusque là, il peut craindre d'être évincé par un possesseur de bonne foi à qui le titre aurait été livré (art. 1141 du Code civil) ; l'action au porteur est en effet assimilée à un meuble corporel, et comme telle soumise à l'article 2279. Toutefois, la loi du 15 juin 1872, relative aux titres au porteur, a restreint la portée de cette règle en faveur du propriétaire qui en est dépossédé par quelque événement que ce soit, perte, vol, abus de confiance, etc.

Cette différence entre les actions au porteur et les actions nominatives est rappelée par l'arrêt de la Cour de Douai, du 5 janvier 1873 (1), à propos des actions de Douchy. L'arrêt observe « que si en fait de meubles possession vaut titre, ce principe, posé par l'article 2279 du Code civil, n'est applicable qu'aux meubles corporels ou aux

(1) Dalloz, 1874, 1, 145.

titres au porteur transmissibles par la tradition manuelle
et non aux meubles incorporels dont la propriété ne s'acquiert que par l'accomplissement de certaines formalités ; que dans cette dernière catégorie se trouvent placées
les valeurs mobilières nominatives, toujours soumises à
un transfert régulier ».

2° Ministère des agents de change.

132. Deux questions vont se présenter successivement
à nous : quels intermédiaires ont le droit de négocier les
actions de nos compagnies ? Quelles sont leurs obligations
relativement aux formalités à remplir pour la transmission de la propriété de ces actions ?

133. Qui peut négocier ces actions ? — Les agents de
change prétendent avoir en cette matière un privilège,
car, d'après l'article 76 du Code de commerce, ils « ont
seuls le droit de faire les négociations des effets publics et
autres susceptibles d'être cotés ». Contrairement à ces prétentions, il a été jugé que les notaires pouvaient procéder
à la vente judiciaire d'actions appartenant à une succession bénéficiaire (1). Nous signalons cette décision parce
que, dans l'espèce, il s'agissait d'actions de la Compagnie
de Douchy : le syndic des agents de change de Lille réclamait 20.000 francs de dommages-intérêts d'un notaire qui
avait vendu six de ces actions appartenant à une succession bénéficiaire, ayant été commis à cette vente par un
jugement du Tribunal civil de Lille. La Cour de Douai, le

---

(1) Pour les mineurs et les interdits, la loi du 27 février 1880 (article 3)
confirme le monopole des agents de change.

2 juin 1876 (1), confirma le jugement de ce même tribunal qui déboutait le syndic de ses fins et conclusions (2),
« attendu que le fait d'avoir obéi à un mandement de justice ne saurait donner lieu à des dommages-intérêts ».

Bien plus, il est même permis de douter que les agents
de change aient le droit de négocier en bourse les actions
de sociétés minières. M. Delecroix (3) enseigne la négative,
et il la fait ressortir d'un jugement du Tribunal de commerce de Lille, du 6 novembre 1885, confirmé par un
arrêt de la Cour de Douai, du 1er mars 1886, d'après lequel
« la vente d'une action d'une Société civile (4) ne constitue pas une opération commerciale (5) ». Chose curieuse,
c'était la thèse soutenue par les agents de change eux-
mêmes ; mais alors, l'article 74 du Code de commerce leur
défend de s'immiscer dans les ventes d'actions de charbonnages, au moins quand les sociétés d'exploitation sont civiles, ce qui est le cas général : cet article dit en effet que
« la loi reconnaît, *pour les actes de commerce*, des agents
intermédiaires, savoir : les agents de change et les cour-
tiers ». Par conséquent ces mêmes agents sont sans qualité et sans pouvoir quand il s'agit d'un contrat purement
civil. Les décisions que nous venons de citer ont donc pour
corollaire l'exclusion des agents de change comme intermédiaires pour la négociation de nos actions.

(1) *Jurisprudence de la Cour de Douai*, 1876, p. 355 ; *Revue de la législation des mines*, 1888, p. 44.
(2) *Sic :* Cassation, 7 décembre 1853 (Sirey, 1854, 1, 177).
(3) *Revue de la législation des mines*, 1892, p. 65.
(4) Il s'agissait de la Compagnie de Ferfay et Ames.
(5) *Jurisprudence de la Cour de Douai*, 1886, p. 124 ; *Revue de la législation des mines*, 1888, p. 52.

134. Quoi qu'il en soit de la théorie, il n'a jamais été contesté en pratique que les agents de change aient ce droit de négociation. C'est par eux que se traitent normalement les cessions des actions de nos compagnies. Toutes ces actions sont admises à la cote officielle de la Bourse de Lille, à l'exception de celles d'Annezin, la Clarence, Crespin-Nord, Flines-lez-Raches et Marly ; mais ces dernières sont de formation toute récente. L'article 12 des statuts de la Clarence dit d'ailleurs que « la cote à la Bourse de Lille et de Paris sera demandée ».

135. Disons enfin qu'à propos du droit que se réservent nos sociétés de faire vendre les actions en retard de paiement, les statuts de la Clarence et ceux de Ligny-lez-Aire spécifient que cette vente sera faite par un agent de change ; ceux de Drocourt et de Marly portent que la vente aura lieu avec le ministère d'un agent de change si les titres sont cotés, avec celui d'un notaire s'ils ne le sont pas. Dourges, Flines-lez-Raches, Lens, comme autrefois Fléchinelle, laissent à leur Conseil d'administration le soin de choisir entre l'agent de change et l'officier ministériel. Enfin Béthune, Bruay, Courrières, l'Escarpelle, Ostricourt et Vicoigne ordonnent qu'un notaire procède à cette vente ; l'ancienne Société civile de Meurchin et les anciennes Sociétés civile et anonyme de Vendin-lez-Béthune avaient adopté la même disposition.

136. A quelles obligations les agents de change sont-ils tenus quant à la transmission de la propriété du titre ? (1) Sont-ils tenus de livrer à l'acquéreur le titre même qui

(1) Voir Delecroix, *Revue de la législation des mines*, 1888, p.17 et suiv.

leur a été remis pour être vendu ? Ont-ils le devoir de
faire exécuter le transfert régulier des actions aliénées
par leur ministère ? Ces deux questions ont été soulevées
lors de la liquidation de Ferfay, et nous allons les examiner brièvement.

137. La première revient à celle-ci : les actions de nos
compagnies sont-elles des choses fongibles, et le mandat
donné aux agents de change est-il de vendre et d'acheter
ces actions *in specie* ou *in genere* ? Aux yeux de l'acheteur,
peu importe qu'il soit le cessionnaire d'un associé ou d'un
autre : il entre dans la société et est tenu de toutes les
charges sociales de la même façon, quel qu'ait été son prédécesseur. Pour le vendeur, il peut en être différemment,
non pas dans celles de nos sociétés qui sont commerciales, mais dans celles qui sont civiles : nous verrons en
effet qu'au moins dans le système de la jurisprudence,
l'actionnaire qui a cédé son intérêt peut cependant encore
être poursuivi ; mais il a un recours contre son cessionnaire ; il est donc important pour lui que ce dernier soit
solvable. Par conséquent il y a grand intérêt à ce que le
titre même qui a été acheté, et non un autre similaire,
soit remis à l'acquéreur ; d'où obligation pour l'agent de
change de délivrer ce titre spécial.

C'est ce qu'a jugé la Cour de Douai, le 26 novembre
1884 (1) en l'espèce : l'agent de change acheteur avait
livré à son mandataire une autre action de Ferfay et Ames
acquise par lui postérieurement, et avait transmis le titre
objet du litige à l'un de ses confrères, comme élément de

(1) Dalloz, 1885. 2. 157 ; Jurisprudence de la Cour de Douai 1884, p. 234 ;
Revue de la législation des mines, 1888, p. 56.

liquidation d'une vente qu'il lui avait faite : « Attendu,
dit la Cour, que la vente d'un titre de cette nature avait
pour but et devait avoir pour effet non seulement de procurer au vendeur le prix afférent à la chose vendue, mais
encore d'ouvrir à son profit contre son acheteur devenu
cessionnaire des droits et des obligations inhérents à cette
chose, un recours éventuel en garantie, au cas où, lui
vendeur viendrait à être appelé à contribuer, pour une
part quelconque, au paiement d'un passif social ; — Attendu qu'en raison de la condamnation prononcée contre
lui, P... (le vendeur) a actuellement intérêt à exercer ce
recours ; qu'il est par suite en droit de réclamer de L...
(l'agent de change acheteur), l'indication de l'acheteur au
nom et pour le compte de qui a été contractée l'acquisition de son action vendue le 8 octobre 1874 ;..... — Attendu que cette façon de procéder de L..., que n'autorisait
pas la nature spéciale de la valeur litigieuse, a actuellement pour conséquence de laisser P... dépouillé de la
garantie qu'il avait entendu s'assurer par sa vente du 8 octobre 1874 ; — Qu'elle constitue de la part de L... une
faute ayant occasionné à P... un préjudice dont réparation
lui est due ; que cette réparation doit comprendre tout ce
dont aurait pu être tenu vis-à-vis de P... le cessionnaire que
L... avait le devoir de lui procurer, c'est-à-dire le remboursement en capital, intérêts et frais des condamnations prononcées contre ledit P... » — L'agent de change auquel
L... avait transmis le titre fut à son tour condamné comme
ayant de même compris cette action dans une compensation entre deux opérations d'achat et de vente : « Attendu
que l'opération ainsi pratiquée était contraire à la nature

spéciale des titres qui en ont fait l'objet, et constitue...
une faute préjudiciable à L... » pour laquelle il lui était
dû réparation.

La Cour de Cassation rejeta, le 31 janvier 1887 (1) le
pourvoi formé contre cet arrêt, en proclamant qu'il « déclare à bon droit que, vu la nature spéciale du titre, les
agents de change... en procédant comme ils l'ont fait, ont
commis une faute et qu'ils doivent réparer le préjudice
résultant de l'inexécution de leur mandat, et consistant
en ce que P... est demeuré soumis à une responsabilité
dont il eût dû être affranchi, si l'opération avait été régulièrement et complètement accomplie par les agents ».

Un nouvel arrêt de la Cour de Douai, rendu le 27 janvier 1885 (2), dans des circonstances analogues, rappelle
« que la Société de Ferfay est une société civile dont les
actions, en cette qualité, soumettent ceux qui en sont
propriétaires à l'obligation de contribuer au paiement des
dettes sociales, si ladite Société vient à se liquider en déficit, conformément aux articles 1853 et 1863 du Code
civil ; que M... avait par conséquent intérêt, en vendant
ses actions, à mettre en son lieu et place un acheteur qui,
avec les titres, prendrait les obligations que la loi y attache et le délivrerait de toute responsabilité à partir du
jour de la vente ; — Attendu que la liquidation de la Société de Ferfay a été onéreuse et que le syndic réclame à
M... un rapport provisionnel... ». La Cour décide ensuite

(1) Jurisprudence de la Cour de Douai, 1888, p. 226 ; *Revue de la législation des mines*, 1888, p. 59.
(2) Jurisprudence de la Cour de Douai, 1885, p. 238 ; *Revue de la législation des mines*, 1888, p. 54.

qu'en ne livrant pas à l'acheteur les titres qui lui avaient été remis, et en les transmettant postérieurement à un autre acquéreur, l'agent de change n'avait créé aucun lien de droit entre celui-ci et le vendeur M... « Attendu, conclut-elle, qu'en n'exécutant pas le mandat ainsi qu'il aurait dû le faire, (l'agent de change) a commis une faute ; que cette faute a causé préjudice à M... en le privant du recours sur lequel il avait le droit de compter ; que ce préjudice comprend tout ce dont le cessionnaire aurait pu être tenu à l'égard du cédant, etc. »

Comme on le voit, ces décisions sont dictées par des considérations d'espèces : si, en cédant son action, le vendeur avait échappé à toute responsabilité, la personne de l'acheteur eût été indifférente, les actions auraient été des choses fongibles, et les agents de change auraient pu impunément les livrer les unes pour les autres. Ainsi en serait-il, nous le répétons, pour les actions de nos sociétés anonymes commerciales.

Cette jurisprudence ne nous offre plus maintenant qu'un intérêt historique, et les tribunaux devraient aujourd'hui statuer d'une façon différente. Le décret du 7 octobre 1890 (1) réglementant les opérations de bourse et les fonctions des agents de change, dispose en effet dans son article 46 que « les négociations ne portent que sur des quantités, sans aucune spécification, par voie d'indication de numéros ou autrement, des titres négociés ». C'est le renversement du système que nous venons d'exposer : la lé-

(1) Décret portant règlement d'administration publique pour l'exécution de l'article 90 du Code de commerce et de la loi du 28 mars 1885 sur les marchés à terme. — (*Journal officiel*, 8 octobre 1890).

gislation nouvelle est donc tout à l'avantage des agents de change, mais elle est désastreuse pour les vendeurs d'actions de sociétés civiles, que la jurisprudence oblige aux dettes et qui pourront être privés de recours contre leurs acquéreurs.

138. Les agents de change sont-ils obligés de veiller à l'exécution des formalités du transfert des actions à la vente desquelles ils procèdent? — Il faut répondre affirmative- ment : nous avons dit en effet que la propriété des actions est transférée *solo consensu*, mais qu'à l'égard des tiers, de la société en particulier, il faut exécuter le transfert, pour les actions nominatives bien entendu. Donc, tant que cette formalité n'est pas remplie, le vendeur reste obligé envers la société et l'acheteur est sans droit pour participer aux bénéfices. Ce n'est pas là ce qu'ont voulu les parties quand elles ont donné mandat à leurs agents de change de vendre ou d'acheter ces actions.

Ceux-ci commettent donc une faute lorsqu'ils ne font pas opérer régulièrement le transfert, notamment lorsqu'ils se contentent d'un transfert en blanc. « En 1873-1874, dit une note (1) insérée dans la *Revue de la législation des mines* (1885, p. 177), les transactions sur les valeurs houil- lères prirent une importance inconnue jusque-là. Une action changeait de possesseur plusieurs fois par semaine ; les intermédiaires, pour ne pas retarder les livraisons des titres, pour ne pas grever leurs clients de frais onéreux, livraient les valeurs, soit avec un transfert en blanc, soit revêtues d'un simple endossement. Cette fièvre de spécu-

(1) Du transfert des actions nominatives dans les sociétés houillères, par M. de Carpentier, banquier à Valenciennes.

lation prit bientôt fin, et l'on s'aperçut avec quelle imprudence avaient opéré les intermédiaires. En effet, quelques sociétés tombèrent en liquidation (1), les actionnaires furent forcés de rapporter des mises de fonds ; quelques-uns, ayant vendu leurs titres depuis plusieurs années, durent s'exécuter, leurs titres n'ayant pas été tranférés ou l'ayant été à des insolvables. »

La Cour de Cassation, le 4 juillet 1876 (2), a refusé d'assimiler les titres nominatifs avec transfert en blanc aux titres au porteur : tant que le transfert n'est pas réellement fait au nom de l'acquéreur, l'ancien titulaire en reste propriétaire.

L'arrêt précité de la Cour de Cassation, du 31 janvier 1887, a fait l'application de ces principes : « Attendu que l'arrêt attaqué constate que le titre litigieux était une action nominative, inscrite sur les registres sociaux au nom de P... et qu'aucun transfert n'a été opéré depuis cette inscription ; — Attendu, dès lors, qu'aucune transmission régulière de propriété n'ayant été opérée, c'est avec raison que l'arrêt attaqué a reconnu au liquidateur le droit de s'adresser à P... pour le paiement de la part contributive dans les dettes sociales revenant à l'action inscrite en son nom ;... — Attendu qu'en ce qui concerne la vente des titres nominatifs, les obligations des agents de change ne consistent pas seulement à vendre ou à acheter ces sortes de titres, à en opérer ou à en prendre livraison, mais en-

---

(1) La Compagnie de Ferfay et Ames, spécialement visée dans cette note, a été dissoute en 1880, Auchy-en-Bois et Marly en 1881, la Lys-Supérieure et Vendin-lez-Béthune en 1884.

(2) Dalloz, 1877.1.33.

core à effectuer le transfert de l'action, transfert qui a pour effet, d'une part, de faire passer sur la tête de l'acheteur la propriété du titre, les profits et les charges inhérents au titre, et, d'autre part, d'exonérer le vendeur desdites charges. »

139. L'acheteur et le vendeur ayant tous deux intérêt à ce que le transfert soit régulièrement fait, l'obligation en incombe par conséquent aux deux agents de change en présence. Les considérants de cet arrêt sont donc la condamnation de la doctrine professée par la Cour de Douai le 4 décembre 1882 (1) : « Attendu, dit-elle, que l'intimé chargé, en sa qualité d'agent de change, par les appelants de vendre des actions, soit pour eux-mêmes, soit pour des tiers, n'avait point pour mandat d'en faire opérer le transfert ; qu'en remettant à l'agent de change acheteur les titres vendus et les pouvoirs du vendeur, à l'effet d'en réaliser le transfert, en recevant en échange le prix de vente et en le remettant aux appelants, il remplissait complètement ses obligations. »

140. C'est donc une obligation pour les agents de change de faire procéder au transfert ; s'ils ne le font pas, ils commettent une faute et devront réparer le préjudice résultant de l'inexécution de leur mandat. Encore faut-il qu'il y ait eu préjudice. La Cour de Douai, le 11 août 1884 (2), a déchargé un agent de change de toute responsabilité dans les circonstances suivantes : le transfert d'actions de Ferfay avait été tardif ; seulement ce retard était explicable par

---

(1) *Revue de la législation des mines*, 1888, p. 99.
(2) Jurisprudence de la Cour de Douai, 1884, p. 231 ; *Revue de la législation des mines*, 1888, p. 62.

la lenteur des formalités à remplir ; il avait été fait à un autre nom qu'à celui de l'acquéreur, mais ce dernier était le représentant de la personne indiquée au transfert et le vendeur avait apposé un *bon pour pouvoir* sur le transfert préparé à ce nom. La même Cour, le 26 novembre 1884 (1), exonère deux agents de change qui, ayant omis de faire opérer le transfert d'actions vendues et achetées par eux, avaient désigné aux vendeurs les noms des acheteurs : « Attendu que, par cette désignation, P... et, par suite, L... ont suffisamment mis les appelants à même d'exercer, si bon leur semblait, tous les droits et actions personnels ayant pu résulter à leur profit des ventes sus-mentionnées contre ceux qui, par l'effet de ces ventes, sont devenus cessionnaires des droits et obligations afférents aux titres vendus ; — Attendu que ces droits et obligations sont absolument indépendants de ceux qu'engendre, entre la société et l'associé qui renonce à sa qualité pour la transférer à un tiers qu'il se substitue, la régularité du transfert constatant cette substitution ; qu'ils n'ont souffert aucune atteinte par le mode de transfert appliqué aux actions litigieuses, quelqu'irrégulier et tardif qu'ait pu être ce transfert ; que de ce chef donc encore, aucun préjudice n'a été causé aux appelants. »

La Cour de Douai s'est encore prononcée dans ce sens le 3 mars 1885 (2) : un transfert de plusieurs actions de Ferfay avait été fait tardivement et un acheteur intermédiaire avait été omis ; le vendeur poursuivi ne l'ayant pas appelé

(1) Jurisprudence de la Cour de Douai, 1884, p. 379 ; *Revue de la législation des mines*, 1888, p. 111.
(2) *Revue de la législation des mines*, 1888, p. 100.

en garantie avait subi un préjudice. « Mais attendu, dit la Cour, que ce préjudice n'est qu'apparent et n'existe pas dans la réalité ; qu'en effet l'acheteur intermédiaire F... n'a point été soustrait à l'action de L... (le vendeur) ; que l'agent de change, mis en cause par un mandant, a fait connaître que les actions de Ferfay vendues le 29 juillet 1878 avaient été achetées d'ordre et pour le compte dudit F... ; que cette affirmation est confirmée, ainsi qu'il a été dit, par les livres de P... (l'agent de change) et paraît sincère ; — Que L... a connu son acheteur lors des débats devant le Tribunal de première instance, c'est-à-dire lorsqu'il a été recherché par le liquidateur de la Société de Ferfay..... ; — Qu'il a donc été mis en mesure en temps utile par l'agent de change de se faire couvrir, ainsi qu'il en a le droit, par les deux acheteurs qui ont possédé après lui les actions sorties de ses mains le 29 juillet 1878... ; — Attendu que, dans ces conditions, la faute de P... n'a causé, en fait, aucun préjudice à L... ; — Par ces motifs, la Cour déboute L... de sa demande en garantie, laquelle est déclarée mal fondée. »

Citons enfin un jugement du Tribunal civil de Béthune du 29 décembre 1884 (1), en matière de transfert tardif, toujours d'une action de Ferfay : « Attendu que des documents du procès, il résulte que si D... a donné ordre de vendre avec obligation de transfert, il ne justifie pas que la tardiveté de cette opération lui ait causé préjudice, puisque la dette sociale n'a point été augmentée dans le laps de temps qui s'est écoulé de février à juin 1879, entre

(1) Même Revue, 1885, p. 177, note précitée.

la vente et le transfert, et que le cessionnaire est resté le
même (1) ; que si le mandataire répond des fautes qu'il
commet dans sa gestion, on ne saurait appliquer aucune
responsabilité en l'absence de toute perte pouvant résulter
de l'inexécution du mandat. »

· **141**. Conclusion générale : les agents de change sont
obligés de faire effectuer les transferts le plus tôt qu'il leur
est possible ; l'omission ou le retard de cette formalité constitue une faute professionnelle, et si elle cause un dommage à l'une des parties, ils sont tenus de le réparer.

142. Mais ici encore le décret du 7 octobre 1890 apporte
quelques changements : « Les agents de change, dit l'article 47, ne se livrent entre eux que des valeurs au porteur,
sauf en ce qui concerne les valeurs qui ne peuvent, d'après
la loi ou d'après les statuts de l'établissement émetteur, af-
fecter d'autre forme que la forme nominative et les autres
valeurs qui seraient spécialement déterminées par les règlements prévus à l'article 82. »

Donc en ce qui concerne nos compagnies, ne peuvent se
négocier comme nominatives, d'après la loi, que les actions
non encore libérées des sociétés anonymes commerciales
d'après la loi du 1ᵉʳ août 1893 (2) ; d'après les statuts sont
aussi nécessairement nominatives les actions de Courrières, Drocourt, l'Escarpelle, Lens, Liévin, Meurchin (les
dixièmes sont au porteur), Thivencelles et Fresnes-Midi,

(1) L'auteur de la note fait cependant remarquer que ce cessionnaire a pu
céder l'action à des acheteurs solvables et l'acquérir ensuite à nouveau d'eux-
mêmes : le transfert tardif causerait l'omission de leurs noms et les ferait
échapper à la responsabilité qu'ils avaient cependant encourue.
(2) Article 3 : « Les actions sont nominatives jusqu'à leur entière libération. »

Vicoigne-Nœux. Dans ce cas, si les parties ne veulent pas
se faire connaître, il y a lieu à un transfert d'ordre du vendeur à l'agent de change, et de l'agent à l'acheteur ; le premier transfert est provisoire, mais après dix jours il est
réputé sérieux, et l'agent de change est considéré comme
ayant agi pour son compte (article 49 du décret du 7 octobre 1890).

Les autres actions nominatives pouvant être converties
au porteur, devront l'être par l'actionnaire qui voudra les
vendre ; et si l'acheteur veut à son tour les rendre nominatives, il devra faire opérer une seconde conversion.

§ III. — Effets de la cession.

143. La cession d'une action a pour effet de mettre le
cessionnaire au lieu et place du cédant, pour le tout, tant
pour la participation aux bénéfices que pour l'obligation
aux dettes. Ce remplacement total est même essentiel
dans nos sociétés, au point qu'une stipulation contraire,
valable évidemment entre les parties contractantes, serait
nulle vis-à-vis de la société et des créanciers sociaux (Delebecque, *Législation des mines*, n° 1251 ; Bury, *Législation des mines*, n° 1392 ; Pardessus, *Droit commercial*, t. 4,
n° 973 ; Vincens, *Législation commerciale*, t. 1, p. 429 ;
Delecroix, *Législation des sociétés de mines*, n° 314).

La jurisprudence a autrefois sanctionné cette règle : en
1793, un actionnaire d'une société de mines étant tombé
en faillite, ses actions furent mises en vente, et l'acte d'adjudication portait que les adjudicataires entreraient dans
tout l'avoir de la société, sans entrer dans aucune des

dettes antérieures à leur adjudication. Mais les actionnaires déclarèrent qu'ils ne les admettraient que sous la condition que cette clause n'opérerait aucun effet contre la société. La Cour de Cassation, le 23 ventôse an VIII (1), leur donna raison : « Considérant que, d'après la disposition des lois romaines adoptées en France, et particulièrement usitées dans les départements réunis, tout acquéreur d'une action de société, succède de droit aux bénéfices et charges de l'associé qu'il représente, à l'égard des autres associés, quelles que soient les causes de son acquisition. » La Cour de Bruxelles a statué dans le même sens le 14 germinal an IX (2) : « Attendu que les actions d'un associé se composent de l'actif et du passif de la masse de la société ; qu'ainsi l'on ne peut séparer les charges du bénéfice, que les actions sont spécialement affectées aux charges de la masse. »

144. Cette règle est conforme à celle que nous avons déjà exposée de l'indivisibilité de nos actions, et aux stipulations des statuts de nos compagnies qui déclarent presque toutes ne reconnaître « qu'un seul propriétaire par chaque action » ; beaucoup disent aussi que « les droits *et* obligations attachées à l'action suivent le titre dans quelque mains qu'ils passent » (3) ; Dourges dispose spécialement (article 5) que « la cession d'une action ou d'un ou

---

(1) Dalloz, *Répertoire*, 1re édition, vo *Société*, p. 142, note 1 ; Dalloz, *Répertoire*, nouvelle édition, vo *Mines*, no 94 ; *ibidem*, vo *Société,* no 584 ; Sirey, *Collection ancienne*, t. 1, p. 287 ; Sirey, *Collection nouvelle*, t. 1, 1. 308.

(2) Dalloz, *Répertoire*, vo *Mines*, no 94.

(3) L'article 10 des statuts de Fléchinelle ajoutait : « en rendant l'actionnaire précédent *rétroactivement* étranger à l'actif et au passif de la Société, comme s'il n'avait jamais été actionnaire. »

plusieurs centièmes d'action entraînera de plein droit la
cession de tous les intérêts et dividendes non payés, ainsi
que de tous autres droits afférents à ces subdivisions du
capital social : la Société ne pourra, dès lors, être tenue à
admettre aucune réserve ou stipulation particulière concernant ces droits, intérêts ou dividendes. »

1° *Succession aux droits.*

145. Le cessionnaire d'une action acquiert tous les droits
que donne la qualité d'actionnaire. Il peut donc à son tour
céder son action. Il a aussi le droit d'assister aux assemblées
générales ; sur ce point toutefois, notons que si la compagnie
s'est réservé le droit de retrait que nous allons bientôt étudier, elle pourrait s'opposer à ce que l'acquéreur d'une action
prenne part aux Assemblées générales pendant le délai du
retrait, l'exercice de ce droit pouvant lui faire perdre rétroactivement sa qualité d'associé. C'est ce que disent les articles 18 de l'Escarpelle et de Vicoigne-Nœux : « Ne sera pas
considéré comme propriétaire admissible aux Assemblées
générales celui qui se trouvera dans les délais fixés pour le
droit de retrait. »

Le cessionnaire participe à tous les bénéfices à l'exclusion du cédant. Si donc la compagnie vient à se dissoudre,
il aura seul le droit de prendre part au partage. Plus pratiquement, puisque la dissolution est une hypothèse qu'on
n'envisage ordinairement que de très loin, il touchera
les dividendes au fur et à mesure de leur distribution.
Mais ici une difficulté s'est présentée : à partir de quel
moment l'acquéreur pourra-t-il percevoir ces dividendes?

146. La question ne se pose pas pour les actions du plus

grand nombre de nos compagnies : les titres au porteur sont
munis de coupons qu'il suffit de remettre aux caisses indiquées pour toucher les dividendes ; la plupart des titres
nominatifs portent également des coupons ou doivent être
marqués d'une estampille pour en indiquer le paiement ;
d'un côté comme de l'autre, les dividendes sont valablement payés au porteur du titre : nous avons dit que
certains statuts formulent cette règle qui est générale.
Dans ce cas, la transmission matérielle du titre donne à
l'acquéreur le droit de percevoir les dividendes à échoir
du jour où elle est effectuée, et même ceux qui sont déjà
échus, si le vendeur a négligé de le faire. C'est ce qu'ex-
prime l'article 5 précité des statuts de Dourges.

147. La situation est différente quand les dividendes sont
payables sur mandats envoyés directement par la compagnie aux associés. Le droit à ces dividendes n'était-il pas
né à l'instant où les bénéfices ont été déterminés et leur
répartition votée, soit par les administrateurs, soit par
l'Assemblée générale ? Ou bien appartient-il au titulaire
de l'action au moment du paiement, comme pour les titres
au porteur ou nominatifs dont nous venons de parler ?
Cette question est intéressante lorsque la cession a eu lieu
précisément entre ces deux époques, qu'un intervalle de
temps assez considérable peut séparer : les dividendes
d'Anzin par exemple sont arrêtés le 1ᵉʳ janvier et le 1ᵉʳ juillet, mais les mandats ne sont envoyés que fin novembre
pour les bénéfices du premier semestre, et fin mai pour
ceux du second semestre. Les usages de la Compagnie
d'Anzin attribuent au vendeur le mandat non encore payé,
mais relatif à un semestre déjà expiré ; la Cour de Douai

l'a reconnu le 5 janvier 1877 (1) : « En ce qui concerne les
1.200 francs touchés par de C... en mars 1876, sur six centièmes d'Anzin vendus pour son compte par P., du 21 juin
au 10 décembre 1875 ; — Attendu qu'à bon droit les premiers juges ont repoussé la prétention de P... de se faire
restituer cette somme dans l'intérêt des acheteurs ; attendu
que les centièmes ont été vendus et achetés jouissance
du 1ᵉʳ juillet 1875 ; attendu que ces expressions sont claires
et précises, qu'elles indiquent nettement que l'acquéreur
ne pouvait jouir des centièmes qu'à partir du 1ᵉʳ juillet,
et que, par suite, tous bénéfices et intérêts antérieurement acquis, à quelqu'époque qu'ils fussent votés ou
distribués, demeureraient la propriété du vendeur ; —
Attendu qu'il est encore justifié, par des documents probants, que l'usage constant de la Compagnie d'Anzin, après
la notification d'une cession d'un denier ou d'un centième
de denier, est de réserver aux précédents propriétaires
tous les intérêts et dividendes afférents à l'exercice expiré
avant la date fixée pour l'entrée en jouissance de l'acquéreur, encore que ces bénéfices soient votés ou payés après
la notification faite à la Compagnie ; attendu que vers la
fin de décembre 1875, la Compagnie des agents de change
de Lille a elle-même décidé de tenir compte, dans les
transactions de bourse, des usages de la Compagnie
d'Anzin... »

Cette dernière considération était inutile, puisque la
décision des agents de change de Lille était postérieure à
la cession ; elle était même erronée. Voici en effet cette

(1) Jurisprudence de la Cour de Douai, 1877, p. 29.

décision : « A partir du 1ᵉʳ janvier 1876, les centièmes
d'Anzin seront négociés jouissance du 20 novembre 1875,
date de la délivrance du dernier mandat. Ladite valeur
portera à l'avenir sa jouissance à dater de la délivrance
des mandats de dividende. » Comme le fait remarquer
M. Delecroix (1), elle est contraire aux usages de la Compagnie d'Anzin : les actions étant vendues avec la jouissance du dernier mandat, il en résulte que le plus prochain
mandat qui sera à toucher appartiendra toujours à l'acheteur, quelle que soit la date de la vente ; d'après les usages
d'Anzin, au contraire, il devrait être attribué au vendeur
lorsque la vente est faite après l'expiration du semestre
dont il représente les bénéfices.

Si la même question se présentait pour d'autres compagnies, il faudrait se référer à l'intention des parties ou aux
usages reconnus. Faute de ces indications, il nous semble
qu'il y aurait lieu d'assimiler ces actions à celles dont les
dividendes sont valablement payés au porteur du titre, et
d'accorder à l'acquéreur toutes les répartitions qui ne sont
pas encore touchées, sans distinguer à quel exercice elles
se rapportent ; nous ne voyons pas en effet de bonnes raisons pour établir une différence à ce sujet entre les diverses
sortes d'actions : les cessionnaires des unes et des autres
doivent se trouver dans la même situation.

Les statuts de la Compagnie de Liévin, qui paie ses dividendes au moyen de mandats, sont conformes à cette théorie : leur article 8 dit que « la cession d'un titre entraînera de plein droit la cession de tous les dividendes non

____

(1) *Législation des sociétés de mines*, nᵒ 298.

payés, quelles qu'en soient la date et l'importance, de
manière que la société ne soit jamais tenue de payer qu'au
propriétaire de l'action au moment du paiement ».

2° *Succession aux charges.*

148. L'acquisition d'une action oblige l'acquéreur à toutes les dettes de la société et une stipulation contraire serait
nulle, nous l'avons vu. A l'inverse, le cédant s'en trouve
déchargé, il devient complètement étranger à la société :
la Cour de Paris l'a jugé par son arrêt du 22 mai 1852 (1).
« Considérant qu'en matière de sociétés par actions transmissibles à la volonté des actionnaires, c'est l'action qui
est seule responsable vis-à-vis de la société ; que de même
que le porteur de l'action seul a droit aux bénéfices de la
société, il est seul passible des charges ; — Qu'à cet égard,
la société ne peut pas distinguer entre les bénéfices et les
charges antérieurs à la transmission, pour faire profiter
l'ancien actionnaire des uns au préjudice du cessionnaire,
ou lui faire subir, à l'avantage de celui-ci, les pertes antérieurement essuyées par la société ; — Qu'en fait d'actions
transmises, le cessionnaire devient le successeur *in uni-
versum jus* du cédant, et est substitué, par le fait de la
cession, au lieu et place de ce dernier, au moins vis-à-vis
de la compagnie. »

149. Les principales obligations de l'actionnaire sont,
avons-nous dit, de réaliser son apport en répondant aux appels de fonds, et d'éteindre le passif de la société à sa dissolution, notamment en remboursant les emprunts qui ont été

(1) Sirey, 1852. 2. 577.

contractés. Nous étudierons plus spécialement l'effet de la cession des actions sur cette dernière obligation au chapitre des engagements des associés à l'égard des tiers.

En ce qui concerne les appels de fonds, si les actions, étant de somme fixe, sont libérées, comme le sont, d'après leurs statuts, celles de Crespin-Nord, de Douchy, de Ferfay, de Liévin, de Meurchin, et aussi, en fait, celles de Bruay, Carvin, Dourges, Drocourt, Ostricourt, et Thivencelles-Fresnes-Midi, il est bien évident que personne n'a plus à répondre à aucun appel de fonds, ni le cédant, ni le cessionnaire. En général, il n'en est pas ainsi : les actions de quotité peuvent toujours être soumises à un appel de fonds, et les actions de somme fixe ne sont pas le plus souvent entièrement libérées. La théorie du remplacement total de l'aliénateur par l'acquéreur libère complètement le premier ; il n'a plus rien à verser, puisqu'il a quitté la société. Mais une dérogation peut y être apportée soit par la loi, soit par les statuts.

150. Et d'abord, la loi s'oppose-t-elle à l'exonération du cédant ? Il faut distinguer entre nos diverses compagnies. Les unes, tout en divisant leur capital en actions, n'ont pas revêtu l'une des formes commerciales : elles échappent donc aux lois du commerce et le principe de la liberté des conventions s'impose. S'il n'y a pas de stipulation particulière sur ce point, il nous semble que la société par actions n'étant pas une association de personnes, tout associé peut se retirer de manière à n'être tenu que des appels de fonds faits avant la cession de ses actions : pour ceux-là en effet une créance ferme est née entre la société et lui. Peut-être même pourrait-on soutenir qu'en adoptant

la forme par actions, la société a consenti d'avance à ce
qu'il y ait novation par changement de débiteur lors de la
cession. En tout cas, aux appels postérieurs le cessionnaire
n'est certainement pas obligé : il n'était relativement à
eux qu'un débiteur éventuel de la société, sous la condition d'être encore associé au moment où ils seraient dé-
crétés (1).

La Compagnie anonyme de Drocourt est la seule qui
soit soumise à la loi du 24 juillet 1867 (2) : c'est l'article 3
de cette loi qui règle la question qui nous occupe ; cet article, peu clairement rédigé, a soulevé bien des difficultés
dans l'examen desquelles nous n'avons pas à entrer ici,
les actions de Drocourt étant libérées. Disons seulement
que, conformément à l'opinion généralement admise, dans
les sociétés anonymes qui ont imposé à leurs actions la
forme nominative, les souscripteurs, qu'ils aient ou non
cédé leurs actions, les cessionnaires intermédiaires et les
porteurs actuels sont tenus personnellement du paiement
du capital entier de ces actions (3).

Enfin, pour les nouvelles sociétés anonymes, la loi du
1er août 1893 a modifié l'article 3 dont nous venons de
parler ; voici le nouveau texte, clair cette fois, et qu'il

(1) Lyon-Caen et Renault, *Traité de droit commercial*, t. 2, n° 741, p. 543.
(2) Nous dirons au chapitre des engagements des associés à l'égard des
tiers qu'une certaine opinion refuse d'appliquer la loi de 1867 aux sociétés
civiles anonymes ; il faudrait donc les traiter comme les sociétés civiles ordinaires et exonérer de toute obligation l'actionnaire qui a cédé ses actions.
(3) Cassation, 30 juin 1891 (*La Loi*, n° du 23 octobre 1891). — Lyon-Caen
et Renault, *op. cit.*, n°ˢ 744 et 755. — Drocourt qui se trouvait dans cette
situation avant que ses actions fussent libérées, disait à l'article 13 de ses
statuts : « Chaque souscripteur reste responsable du montant total des actions
par lui souscrites. »

nous suffira de transcrire sans autre commentaire :
« Les titulaires, les cessionnaires intermédiaires et les
souscripteurs sont tenus solidairement du montant de
l'action. Tout souscripteur ou actionnaire qui a cédé son
titre cesse, deux ans après la cession, d'être responsable
des versements non encore appelés. »

151. Il nous reste à voir si ces principes ont été modifiés
par les statuts. La plupart sont conformes aux prescriptions
légales : les Compagnies anonymes de la Clarence (art. 16)
et de Ligny-lez-Aire (art. 11) reproduisent textuellement
la disposition précitée de la loi de 1893, et l'article 8 de
la Société civile de Dourges dispose que : « Les propriétaires des actions, au moment où les appels de fonds auront
été décidés, pourront seuls y être contraints, leurs cédants
étant affranchis de toute responsabilité à ce sujet. » L'Escarpelle (art. 11), Lens (art. 9), et Vicoigne-Nœux (art. 12),
consacrent la même règle : « En cas de transfert, le cessionnaire ne sera admis qu'autant que les appels de fonds
antérieurs seraient versés. Quant aux appels postérieurs
à l'admission, ils seront à la charge exclusive du cessionnaire. »

Cependant l'article 12 des statuts de Béthune arrête que :
« Les souscripteurs originaires seront garants de leurs
cessionnaires jusqu'à concurrence de la moitié du montant de l'action. » L'article 12 de Bruay est rédigé de
même, mais il a perdu son intérêt depuis 1857, époque de
la libération des actions de cette compagnie.

Quant aux autres sociétés, leurs statuts sont muets ; les
principes exposés plus haut leur sont donc applicables.
Remarquons toutefois que celles qui peuvent exercer le

droit de retrait ont une garantie spéciale : elles peuvent n'accepter que les acquéreurs en qui elles ont confiance. C'est ainsi que le 27 vendémiaire an XI, la Compagnie d'Aniche refusa de considérer un cessionnaire comme associé : il dut rester croupier de ses vendeurs ; en 1825, elle soumettait encore les acheteurs de parts d'intérêt à justifier de leur solvabilité (1).

§ IV. — Des droits de retrait et de préemption.

152. Ces deux droits sont souvent confondus et pris l'un pour l'autre ; il y a cependant entre eux quelque différence. D'après Pothier (2) : « Le droit de retrait n'est autre chose que le droit de prendre le marché d'un autre, et de se rendre acheteur à sa place. Il ne tend pas à rescinder et à détruire le contrat, mais à subroger en tous les droits résultants du contrat la personne du retrayant à celle de l'acheteur sur qui le retrait est exercé. » Le retrait de société est donc le droit qu'ont la société ou les associés de reprendre pour leur compte toute action aliénée par son propriétaire. Le droit de préemption impose à l'associé qui voudrait céder son action l'obligation de l'offrir au préalable à la société ou aux autres associés, auxquels un droit de préférence se trouve ainsi réservé.

En notre matière, ces droits ont pour but de parer aux inconvénients de la faculté accordée aux actionnaires d'aliéner leur part : cette aliénation, en même temps qu'elle permet à chacun de se retirer d'une société dont la durée

---

(1) Vuillemin, *Les mines de houille d'Aniche*, p. 18.
(2) *Traité des retraits*, article préliminaire, 1.

est perpétuelle ou tout au moins fort longue, accorde à l'acquéreur le rang d'associé. Sans doute nos compagnies ne sont pas des associations de personnes, mais des sociétés de capitaux, et dans ce sens peu importe qui est associé ; mais comme cette qualité impose entre autres obligations celles de répondre aux appels de fonds quand les actions ne sont pas entièrement libérées, et de contribuer au passif de la société en cas de dissolution dans une mesure que nous étudierons plus tard, il est important que le nouvel associé ait une solvabilité reconnue. En tout cas il peut être avantageux aux actionnaires de profiter des droits de retrait ou de préemption pour augmenter leur part dans la société.

153. L'ancien droit avait un assez grand nombre de retraits, destinés pour la plupart à maintenir les biens dans les familles et à en empêcher la division : les coutumes du pays de Liège, du Limbourg et du Hainaut, consacraient notamment le droit de retrait pour les sociétés charbonnières. La loi des 13-18 juin 1790 les supprima sur la proposition de Merlin (1) : « Les retraits de bourgeoisie, d'habitation ou local, le retrait de clèche, de communion, de convenance et de bienséance, sont abolis. » Et le décret du 13 mai 1792 ajoute (2) : « L'Assemblée constituante, en supprimant les retraits lignager, demi-denier, féodal, censuel et autres, a entendu abolir toutes les autres espèces de retraits. »

154. Le retrait légal et coutumier n'existe donc plus aujourd'hui ; mais la convention des parties ne peut-elle

---

(1) *Moniteur universel*, 14 juin 1790, p. 675.
(2) Duvergier, *Collection des lois*, t. 4, p. 153.

pas, par une clause des statuts, faire naître ce droit particulièrement pour la société ?

Il ne peut y avoir aucune difficulté pour le droit de préemption : il n'a pas pour effet d'exproprier l'acheteur puisqu' « il n'y a pas encore de vente au moment où l'associé fait connaître à la société son intention de vendre ; il donne simplement la préférence à la société. Cette stipulation n'a rien d'anormal ». (Laurent, *Principes de droit civil français*, t. 26, n° 334 ; *Sic* : Pardessus, *Droit commercial*, t. 4, n° 973 ; Guillouard, *Contrat de société*, n° 256.)

Il faut en dire autant du retrait : si le retrait coutumier a disparu, rien ne prohibe le retrait conventionnel. La Cour de Liège, le 13 mai 1806 (1), avait émis une opinion différente : « Attendu, disait-elle, que le retrait de société a été aboli, et que, si on pouvait le rétablir par des conventions, ce serait un moyen de rétablir un usage contraire à la loi et d'en éluder les effets. » Mais il a été unanimement reconnu depuis lors que ce retrait n'ayant rien de contraire à l'ordre public pouvait valablement être stipulé dans les statuts : nous aurons en effet à citer plusieurs arrêts de jurisprudence qui ne mettent même pas cette question en doute ; quant aux auteurs, ils reconnaissent tous qu'une pareille clause est licite et valable (Troplong, *Contrat de société*, n° 1060 ; Delebecque, *Législation des mines*, n° 1257 ; Bury, *Législation des mines*, n° 1393 ; Pont, *Des sociétés*, n°ˢ 610 et 611 ; Delecroix, *Législation des sociétés de mines*, n°ˢ 316 et suiv.; Guillouard, *op. cit.*, n° 256).

---

(1) Dalloz, *Répertoire*, 1ʳᵉ édition, v° *Société*, p. 83, n° 1 (Cet arrêt y est reproduit sans l'indication de la date, ni de la Cour qui l'a rendu).

Ces décisions sont conformes aux principes généraux du droit : la société pourrait interdire à ses membres la cession de leurs actions ; à plus forte raison peut-elle ne l'autoriser que sous la condition du retrait ou de la préemption. L'acheteur ne pourrait lui opposer que n'ayant pas été partie au contrat de société, celui-ci est pour lui *res inter alios acta* ; on lui répondrait que le vendeur n'a pu lui céder plus de droits qu'il n'en avait et qu'il ne pouvait consentir une vente soustraite au droit de retrait.

Il a été plusieurs fois jugé (1) que dans les sociétés en commandite par actions ou anonymes le retrait ne pouvait être exercé valablement qu'à la condition de ne pas entamer le capital social : il était donc impossible si, au moment de la cession, un emprunt ou une dette quelconque n'avait pas été remboursé ; dans ce cas, le retrait n'avait pu être opéré que par un prélèvement sur le capital social. La raison de ces décisions, c'est que le capital de ces sociétés est la seule garantie des tiers et que la loi défend qu'il soit diminué. Or, nous allons voir que celles de nos compagnies qui prétendent au droit de retrait sont purement civiles ; ces restrictions ne les atteignent donc point.

155. Sept des compagnies de notre bassin jouissent du droit de retrait ; ce sont : Aniche, Anzin, Courrières (2), l'Escarpelle, Marles, Thivencelles et Fresnes-Midi, Vicoigne-Nœux. Il appartenait aussi à Douchy avant sa transfor-

---

(1) Douai, 24 décembre 1879, confirmant Arras, Affaire de Sède c. l'*Avenir*. (Jurisprudence de la Cour de Douai, 1879, p. 288) ; Orléans, 5 août 1882 (Dalloz, 1884, 2, 31) ; Douai, 31 mars 1885 (Jurisprudence de la Cour de Douai, 1885, p. 266).

(2) Dans le projet des nouveaux statuts de Courrières, le droit de retrait n'existe plus : les actions pourront être au porteur.

12

mation en société anonyme en 1894. Citons ce que disent
à ce sujet les statuts les plus anciens, ceux d'Aniche et
d'Anzin : l'article 13 d'Aniche dit qu' « Il sera libre à
chacun des intéressés dans ladite Compagnie, reconnu ou
croupier, de vendre son intérêt à qui il trouvera convenir
et quand il le jugera bon, pourvu néanmoins si c'est un
croupier d'en faire l'offre à celui de qui il tiendra ledit intérêt, ou de l'offrir à la Compagnie si le cédant l'exige, et
si c'est un associé connu il lui suffira de l'offrir à Messieurs
les directeurs pour être repris par tous les intéressés connus et assemblés si bon leur semble ou l'abandonner, ce
qui devra se faire en dedans du terme d'un mois ». Dans
l'acte de société d'Anzin, il est convenu (article 12) « qu'aucun des intéressés ne pourra vendre tout ou partie de son
intérêt sans en avertir la Compagnie qui sera libre de
prendre par préférence ledit intérêt à égalité de prix ; lequel sera réparti sur la totalité au prorata de l'intérêt de
chacun ».

Nous n'avons pas distingué dans cette énumération le
retrait et la préemption ; c'est qu'en effet la distinction
n'est pas toujours facile à faire, on peut s'en convaincre
par la lecture des articles que nous venons de reproduire.
Bien plus, la Compagnie de Marles (nous aurons tout à
l'heure à transcrire ce qu'elle dit à notre sujet) emploie
indifféremment ces deux expressions. En fait cette confusion est sans inconvénient : l'un et l'autre droit sont la
faculté de reprendre un marché ; qu'il soit déjà conclu ou
que l'associé se propose seulement de le faire, les règles
que nous allons étudier sont les mêmes, et tout ce que
nous dirons pour l'un de ces droits de préférence sera vrai

pour l'autre. Nous ferons donc comme la pratique, et ne chercherons plus à les distinguer l'un de l'autre.

156. Nous allons rechercher successivement à qui ce droit appartient, dans quels cas il peut être exercé, enfin quelles conditions et formalités il faudra remplir. Nous terminerons par l'insertion d'une note relative à la Compagnie de Marles 30 0/0 à laquelle la nature de ses actions ne permet pas le droit de retrait.

1° A qui ce droit appartient-il ?

157. Le droit de retrait peut être accordé à la société seulement, ou personnellement aux associés, ou successivement à la société et aux associés.

Dans nos compagnies, c'est à la société seule qu'il est réservé, à une seule exception près pour Marles 70 0/0 qui le donne uniquement aux associés. Il appartenait aussi à la société dans la Compagnie civile de Douchy. Les anciens statuts de Marles 30 0/0 l'accordaient successivement à la société et aux associés : l'article 24 disait : « La Société conserve pendant un mois à dater du jour de l'accusé de réception de l'avis de la vente, le droit de retrait de la part ou portion d'intérêt vendue ; ce terme écoulé, chaque associé individuellement jouira du même droit pendant un mois. »

158. Lorsque le retrait est stipulé en faveur de la société, qui est chargé de l'exercice de ce droit ? C'était l'Assemblée générale des actionnaires dans la Compagnie de Douchy. C'est elle aussi pour celle d'Aniche, car nous avons vu que les intérêts mis en vente pouvaient être « repris *par tous les intéressés connus et assemblés* » ; et en effet M. Vuillemin rapporte que l'Assemblée générale du 22 juin 1807 exerça le retrait de 2 deniers 2/3, vendus 2.000 francs (1). Aujourd'hui qu'on ne réunit plus d'assemblées générales, le Conseil d'administration s'attribue ce droit comme tous les autres : on pourrait douter que ce soit légitime.

Dans les autres sociétés l'exercice du droit de retrait appartient au Conseil d'administration. Cela est dit formellement dans les statuts de Courrières (art. 33), l'Escarpelle (art. 12), Thivencelles (art. 14) et Vicoigne (art. 11). La même solution résulte pour Anzin de la constitution même de la société, puisque tous les pouvoirs résident en la personne des administrateurs.

Dans tous les cas, la décision à prendre ne demande que la majorité et non l'unanimité des suffrages : une seule dissidence ne saurait empêcher l'exercice de ce droit (2).

159. Que deviennent les actions ainsi retraites ? Elles deviennent la propriété de la société ; celle-ci doit donc pouvoir en disposer comme elle l'entend. L'article 16 des statuts de Courrières dispose que « lorsqu'un retrait sera exercé, le titre restera la propriété de la Société, qui en touchera les dividendes et les répartitions comme tous les autres actionnaires. Par suite de ce retrait, une déclaration d'office sera inscrite par le directeur-gérant au registre *ad hoc*, laquelle mentionnera le retrait exercé par la Société. Les formalités de l'article 11 (relatif aux mutations) seront observées. Les titres retraits ou dont les titulaires feront abandon à la Société, ainsi qu'il est dit arti-

(1) *Les mines de houille d'Aniche*, p. 59.
(2) Bury, *op. cit.*, n° 1394.

cle 49, pourront être remis en circulation ou amortis par décision expresse de l'Assemblée générale. »

Les statuts de Douchy, modifiés le 14 décembre 1848, disaient (article 28) : « Les actions ou intérêts qui rentreront dans la Société par suite de déchéance, d'abandon ou de toute autre manière, ne seront point amorties et appartiendront à la masse sociale, dans la proportion et au prorata de l'intérêt de chacun, sauf le droit de l'Assemblée générale d'en disposer comme elle l'entendra au profit de la masse sociale. » En 1892, 100 actions avaient été retraites (1).

A Aniche, les deniers retraits sont aussi mis en réserve. Le 12 août 1844, l'Assemblée générale décida d'en remettre 70 en circulation à 10.000 francs le denier : la souscription en était réservée aux sociétaires reconnus (2). — Sur les 3600 parts actuelles, 488 ont été retraites ; il n'en reste que 3.112 en circulation (3).

Dans la Compagnie d'Anzin, nous l'avons déjà vu, les intérêts retraits sont « répartis sur la totalité (des associés) au prorata de l'intérêt de chacun ». Pour que cette distribution ait une importance suffisante, on attend qu'un certain nombre d'actions aient été ainsi réunies ; trois répartitions ont été faites : en 1821 on distribua un accroissement d'intérêts de 1/11, en 1837 1/23, en 1872 75/1000, soit au total $\dfrac{52.975}{253.000}$ (4), ou 57 deniers 6 dixièmes.

(1) *Annuaire des valeurs admises à la cote officielle de la Bourse de Lille* ; Compagnie de Douchy, p. 121.

(2) Vuillemin, *op. cit.*, p. 101.

(3) *Annuaire* précité ; Compagnie des mines d'Aniche, p. 101.

(4) *Ibidem* ; Compagnie des mines d'Anzin, p. 104.

160. Nous avons dit que seule la Compagnie de Marles accordait aux associés eux-mêmes un droit de préférence sur les actions aliénées. Nous ne croyons pouvoir mieux faire que de reproduire l'article 30 de ses statuts : « Chaque associé conserve le droit de préemption sur la part ou portion d'intérêt vendue en payant le prix évalué ou affirmé, ainsi qu'il a été dit ci-dessus. — Ce droit de préemption ou de retrait ne pourra être exercé par les intéressés, sous peine d'être forclos, que dans l'Assemblée générale et spéciale qui sera convoquée à cet effet. — Il y aura donc, pour assurer l'exercice de ce droit de retrait, convocation par l'Administrateur délégué, dans les huit jours qui suivront l'avis de la vente, d'une assemblée générale et spéciale à laquelle tous les sociétaires indistinctement seront appelés. Il leur sera, à cet effet, adressé à leur domicile réel ou élu, des lettres chargées, indiquant l'objet de la réunion à quinze jours de date. — Cette assemblée ainsi convoquée sera exceptionnellement valable, quel que soit le nombre des membres présents ou des parts représentées. — Le Président interpellera chaque associé présent pour lui demander s'il compte user du droit de retrait et lui donner acte de sa réponse. — Si plusieurs membres de l'Assemblée déclarent se porter acquéreurs, il y aura surenchère entre eux par déclaration cachetée. — S'il se trouvait plusieurs soumissions égales du chiffre le plus élevé, il sera procédé immédiatement à de nouvelles surenchères, toujours sous pli cacheté, et le droit de retrait sera exercé par celui des sociétaires qui aura mis la plus forte surenchère. — La plus-value résultant de la surenchère appartiendra au vendeur. » En ce qui concerne cette dernière disposition, il faut remarquer que d'après les usages de la Bourse de Lille, « le vendeur doit en faire le ristourne à son acheteur (1) ».

161. Que le droit de retrait soit réservé à la société ou aux associés, c'est le retrayant qui succède à l'aliénateur. Le retrayé, dont la condition était jusque-là en suspens, devient rétroactivement étranger à la société : il n'a jamais été associé et n'a donc eu, de ce chef, ni droits ni obligations. C'est pour cela que les articles 18 des statuts de l'Escarpelle et de Vicoigne-Nœux portent la disposition suivante que nous avons déjà rapportée : « Ne sera pas considéré comme propriétaire admissible aux Assemblées générales celui qui se trouvera dans les délais fixés pour le droit de retrait. »

2° Dans quels cas y a-t-il lieu à retrait ?

162. Cette question en comprend deux autres : Quelles sont les aliénations qui donnent lieu à l'exercice de ce droit ? Peut-il être toujours exercé, quel que soit l'acquéreur ?

163. C'est ordinairement la vente qui donne lieu au retrait ; la plupart des cessions se font en effet par ce moyen. Les statuts d'Aniche, d'Anzin et de Marles ne prévoient pas d'autre cas de cession soumise à ce droit : pour ces sociétés, la vente seule sera donc susceptible de retrait.

Mais les autres compagnies se sont réservé des pouvoirs plus étendus : Thivencelles parle en termes généraux de l'aliénation des actions ; l'Escarpelle et Vicoigne, comme précédemment Douchy, visent non seulement les trans-

(1) *Ibidem ;* Mines de houille de Marles 70 0/0, p. 142.

missions à titre onéreux, mais aussi les donations : elles
exceptent toutefois les donations faites par contrat de mariage ; enfin Courrières applique le retrait « en cas de cession, vente, liquidation de Société, donation, legs, transmission de propriété par décision judiciaire ou par toute
autre voie » (art. 14).

Dans tous les cas, il ne s'agit que d'une véritable aliénation : si donc un actionnaire a constitué un droit de gage
sur tout ou partie de son intérêt, il ne peut être question
d'exercer le retrait, puisque c'est l'associé qui en reste propriétaire : le créancier gagiste n'entre pas dans la société,
il ne peut demander aucun compte aux gérants, et n'a que
le droit de toucher les dividendes. C'est ce qu'a jugé la
Cour de Rouen, le 2 janvier 1847 (1), et cette décision est
approuvée par les auteurs (2). Mais si le créancier non
payé fait vendre l'action ou est autorisé à se l'approprier,
il y aurait là une cession à titre onéreux, et par suite ouverture au droit de retrait.

De même, si un associé prenait un croupier en lui cédant tout ou partie de son droit aux bénéfices de la société,
celle-ci ne pourrait pas le retraire : le croupier est associé
à un associé et non à la société, la convention qui intervient entre lui et l'actionnaire reste étrangère à la société;
ce dernier ne cesse pas d'être vis-à-vis d'elle le seul propriétaire de ses actions. Mais ceci suppose que la convention dont nous parlons est sérieuse ; si elle dissimulait une
cession véritable, la qualification de croupier donnée au

(1) Dalloz, 1851. 2. 232; Sirey, 1848. 2. 660.
(2) Pont, *op. cit.*, n° 612 ; Laurent, *op. cit.*, n° 336 ; Delecroix, *op. cit.*,
n° 330 ; Guillouard, *op. cit.*, n° 257.

cessionnaire ne pourrait empêcher la société d'user de son droit de préférence. Quant au point de savoir s'il y a vente déguisée ou non, il rentre dans le pouvoir souverain d'interprétation des juges du fond. Toutes ces propositions ont été reconnues par la Cour de Cassation, le 24 novembre 1856 (1), et la doctrine est unanime dans le même sens (2).

164. Nous avons supposé jusqu'ici que la cession était faite par un associé. Les statuts d'Aniche assujettissent même à un retrait spécial la vente faite par un croupier de son droit : c'est un retrait à deux degrés, le croupier étant obligé d'offrir son intérêt d'abord à celui de qui il le tient, puis à la compagnie, si celui-ci l'exige (3).

165. Voyons maintenant si le retrait ainsi délimité peut

(1) Dalloz, 1853. 1. 429 ; Sirey, 1857. 1. 510.

(2) Pont, Laurent, Guillouard, *loc. cit.* ; Delecroix, *op. cit.*, n° 331.

(3) L'article 23 des statuts de l'ancienne Compagnie civile de Douchy, modifié le 2 mai 1842, accordait à cette société un véritable droit de retrait *en cas de faillite ou de déconfiture* de l'un des associés. Dans ce cas, disait-il « la société aura le droit de considérer ce dernier comme ayant cessé de faire partie de la société, mais à la charge par elle de payer aux ayants droit de l'associé déchu une somme égale à celle fixée annuellement pour le retrait, et ce, dans la forme, et, sous la déduction, et dans les délais prescrits par l'article 27 du contrat social. (Nous dirons plus loin quelles sont les prescriptions de cet article 27.) — La société usera de cette faculté par une délibération qu'elle sera tenue de prendre en assemblée générale ordinaire ou extraordinaire dans les 40 jours qui suivront, soit la notification qui lui serait faite de cet état de faillite ou de déconfiture, soit du jugement que la société aurait provoqué elle-même et aurait obtenu en déclaration dudit acte de faillite ou déconfiture. — Dans le cas où la société n'userait pas de la faculté qui lui est réservée par le paragraphe premier du présent article, les créanciers de l'associé en faillite ou en déconfiture useront des droits et intérêts de leur débiteur dans la société, à la charge cependant par eux de se faire représenter par l'un des créanciers désigné par la masse... »

L'article 26 des mêmes statuts ajoute : « *En cas de succession vacante*, la société aura le même droit de retrait que dans le cas de faillite ou de déconfiture. »

toujours être exercé quel que soit l'acquéreur. Une difficulté s'est élevée à cet égard lorsque la cession est consentie à un autre associé, les statuts ne contenant aucune disposition restrictive : elle pourrait donc se présenter pour
Anzin, Aniche et l'Escarpelle. Ce qui a introduit un doute
dans la question, c'est que, dans l'ancien droit, le retrait
d'indivision était inapplicable à l'acquisition, par un copropriétaire par indivis d'un bien, d'une portion de ce bien
vendue par l'un de ses consorts. Mais cette règle ne saurait
être étendue au retrait de société qui n'a pas les mêmes
raisons d'être. La Cour de Douai l'a justement décidé,
le 5 décembre 1844 (1) : lorsqu'un article des statuts accorde simplement le retrait à la société en cas d'aliénation
d'une ou plusieurs actions, cette clause est « générale,
absolue, et ne distingue pas entre le cas où la vente est
faite à des étrangers et celui où elle a lieu au profit des
associés ; le but de cet article n'est pas seulement de permettre à la société d'écarter des étrangers auxquels des
intérêts auraient été cédés, mais d'attribuer à la compagnie un droit de préférence dans tous les cas de muta-
tion, afin que la masse puisse, avant tout autre, profiter
du marché, s'il est avantageux ».

Les autres compagnies, Courrières, Marles, Thivencelles, Vicoigne, et autrefois Douchy, stipulent formellement
que le retrait ne peut être exercé si le cessionnaire est
déjà associé. La question que nous venons de traiter ne
pouvait donc se poser pour elles.

166. Des dispositions particulières écartent encore le retrait lorsqu'un certain lien de parenté unit le cédant et le

(1) Jurisprudence de la Cour de Douai, 1844, p. 77.

cessionnaire : les statuts de Marles portent (art. 30) que
« le retrait ne pourra être exercé si la vente a lieu... entre
parents dans toute la ligne directe, et dans la ligne colla-
térale entre frères et sœurs ». Vicoigne (art. 8) étend
cette exception aux cas où l'acquéreur est « héritier ou
légataire de l'ancien propriétaire, ou son parent au degré
successible ». L'Escarpelle se contente de réserver la cession faite par un actionnaire à son héritier présomptif.

Ajoutons que les statuts de Douchy avaient suspendu
pendant deux ans l'exercice du droit de retrait pour les
aliénations consenties par quatre des premiers associés de
cette compagnie.

167. Citons enfin l'article 17 des statuts de Courrières :
« Au cas de retrait par suite de cession, le cédant pourra en
arrêter l'effet en redevenant propriétaire des intérêts cédés,
par une déclaration de rétrocession seulement, inscrite au
livre des déclarations de la Société, dans la quinzaine qui
suivra la notification faite au cédant et au cessionnaire,
de l'intention de retraire. » Une clause identique se trouvait à l'article 27 des statuts de Douchy, modifié le 1ᵉʳ décembre 1837.

3º *Conditions et formalités du retrait.*

168. Lorsque les statuts stipulent pour une société la faculté de retraire les actions aliénées, mais n'indiquent pas
comment devra être opéré ce retrait, la question de savoir si
les formalités qui ont été remplies sont ou non suffisantes,
est toute de fait ; il appartient aux tribunaux de la trancher, et leur décision échappe à la censure de la Cour
de Cassation, l'interprétation des contrats rentrant dans
les attributions exclusives des Cours d'appel. Mais le plus

ordinairement les statuts sont suffisamment précis : les
conditions qu'ils requièrent sont alors irritantes, *strictis-
simi juris*, disait la Coutume d'Anvers, *sic ut qui cadit a
syllaba, cadat a toto*. C'est ce qui ressort des arrêts que
nous allons avoir à citer, de la Cour de Cassation du
17 avril 1834 (1), rejetant le pourvoi formé contre un arrêt
de la Cour de Douai du 31 décembre 1831 (2), et de la Cour
de Douai du 10 janvier 1839 (3). Telle est aussi la doctrine
des auteurs (4).

Nous allons rechercher successivement comment doit
être faite à la société la notification de la cession, de quel
délai jouit la société pour exercer son droit et comment
est fixé le prix qu'elle doit rembourser.

169. Au sujet de la notification de la cession, nos statuts
n'entrent pas dans de grands détails sur la forme dans laquelle elle doit être faite : Vicoigne n'en parle pas du tout,
Aniche dit que le cédant doit offrir son action à Messieurs
les Directeurs, Anzin veut qu'il avertisse la compagnie,
l'Escarpelle demande le dépôt des pièces constatant la
cession, Thivencelles exige une demande de transfert
adressée au Conseil d'administration ; les statuts de Marles
sont un peu plus précis : « Les cédants et les cessionnaires
devront, dans les huit jours qui suivront la vente, donner
avis au siège de la Société, par écrit, des conditions de
vente ; il leur sera accusé réception de cet avis » (art. 29).
Courrières considère comme avertissements de transmis-

(1-2) Dalloz, *Répertoire*, vᵒ *Société*, nᵒ 584 ; Dalloz, *Recueil périodique*,
1834. 1, 346 ; Sirey, 1834. 1. 270.
(3) Dalloz, *Répertoire*, vᵒ *Société*, nᵒ 458 ; Dalloz, *Recueil périodique*,
1840. 2. 23 ; Sirey, 1839. 2. 495.
(4) Pont, *op. cit.*, nᵒˢ 613-614 ; Del·croix, *op. cit.*, nᵒ 342 ; Guillouard,
op. cit., nᵒ 256.

sions « la déclaration de cession inscrite sur le registre à
ce destiné, pour celles faites dans la forme indiquée par
l'article 36 du Code de commerce, et pour les autres... la
notification visée au dernier alinéa de l'article 8 ». (Voir
plus haut, n° 129, note finale.) Enfin Douchy imposait à
l'acquéreur ou donataire une dénonciation au domicile
réel de chacun de ses gérants.

Quelles que soient les formalités exigées, il faut les accomplir à la lettre. La Cour de Douai a eu à se prononcer
sur la valeur d'une notification que les statuts ordonnaient
de faire à Messieurs les membres du Comité un jour de
séance, et que le cédant avait signifiée par exploit d'huissier au receveur général de la société et même au domicile
de chacun des associés : la Cour décida, le 31 décembre
1831, en adoptant les motifs du jugement du Tribunal
civil de Valenciennes, du 7 mars 1830, que cette signification était sans valeur, tout autre mode que celui prévu
aux statuts étant « vicieux et repoussé d'avance, tant dans
l'intérêt de la société contre laquelle le délai de retrait
pourrait courir et s'écouler à son insu, que dans celui
du vendeur, qui, à défaut de la signification voulue,
ne peut assigner aucun terme duquel il prétende faire
partir le délai, personne que lui n'étant chargé de donner connaissance à la société de la cession qui s'est opérée ».

S'il faut exécuter à la lettre les prescriptions statutaires,
il est inutile d'aller au delà de leurs exigences ; lorsqu'aucune forme de notification n'est spécifiée, il suffit d'une
communication quelconque, sauf les difficultés de la
preuve ; mais si cette communication n'est pas contestée,

elle est valable. La Cour de Douai a rendu sur ce point un arrêt très important, le 10 janvier 1839 : l'un des associés de la Compagnie d'Aniche ayant cédé sa part, le cédant et le cessionnaire avertirent l'un et l'autre par une simple lettre l'agent général de la compagnie, et il était produit au procès une réponse de ce dernier adressée au cédant dans laquelle il était dit que cette lettre avait été communiquée à MM. L... et D..., directeurs. Le retrait n'ayant pas été exercé, les directeurs voulurent le faire plus tard, prétendant qu'une simple lettre missive ne constituait pas une notification valable. La Cour de Douai leur donna tort, considérant « que, dans la lettre en question, l'agent général dit avoir donné connaissance de la cession aux sieurs L... et D..., directeurs ; que, pour mettre la compagnie en demeure d'exercer le retrait, le statut n'exige pas que la cession soit notifiée aux directeurs par exploit d'huissier ; que, pour satisfaire à l'esprit de l'article 13 (des statuts) il suffit qu'elle soit constatée autrement ».

170. Le droit de retrait ne peut être exercé que pendant un certain temps : la position de l'acquéreur ne peut en effet rester indéfiniment en suspens. Les statuts de Courrières fixent ce délai à deux mois à partir de la déclaration de cession ou de la notification dont nous avons parlé ; ceux de Douchy stipulaient quarante jours. Pour Aniche, l'Escarpelle, Thivencelles et Vicoigne, le délai n'est que d'un mois. Marles, d'après l'article 30 que nous avons reproduit, ne se réserve que trois semaines, l'administrateur délégué devant convoquer à quinze jours de date une

Assemblée générale, dans les huit jours qui suivent l'avis de la vente.

Ces délais, d'après ce que nous avons déjà dit, sont de rigueur : la Cour de Douai, dans l'arrêt du 10 janvier 1839 que nous venons de rapporter, reconnaissait que dans la Compagnie d'Aniche, « le retrait, pour être valable, devait être opéré dans le mois ».

Une difficulté se présente pour Anzin dont les statuts sont muets en ce qui concerne le délai. Il nous semble qu'il appartiendrait aux tribunaux d'apprécier quel temps serait nécessaire aux Régisseurs pour juger en connaissance de cause de l'opportunité du retrait (1). Peut-être cependant faudrait-il décider qu'en stipulant le droit de retrait les rédacteurs de l'acte de société d'Anzin entendaient se référer à la Coutume du Hainaut dont ils dépendaient (2) et notamment à l'article 25 du chapitre 95 relatif au retrait d'indivision (3) : « Tous biens immeubles resortissans à la Cour possedez par indivis estans alienez se pourront reprendre par les cohéritiers et comparchonniers, ou l'un d'iceux si les autres ne voulaient s'ayder de ce bénéfice en dedans le terme de quarante jours ». Il y a lieu toutefois de douter que cette règle du retrait d'indivision doive s'appliquer au retrait de société.

171. La société qui veut user de son droit de préférence doit rembourser les frais et loyaux coûts du contrat. Normalement c'est le prix convenu entre les parties qu'elle

---

(1) *Sic* : Tribunal civil de Lyon, 13 mai 1893 (*Revue de la législation des mines*, 1895, p. 96), confirmé par Lyon, 2 mai 1896 (*Ibidem*, p. 171).

(2) Delecroix, *op. cit.*, n° 358.

(3) *Nouveau coutumier général*, t. 2, p. 122.

doit payer : elle prend pour elle le marché, comme le dit
Pothier ; elle doit donc le prendre tout entier. C'est ce
qu'il faut admettre lorsque les statuts, comme ceux d'Aniche, ne contiennent aucune disposition sur ce point. C'est
aussi la règle que stipulent ceux d'Anzin, l'Escarpelle,
Marles, Thivencelles et Vicoigne.

Mais il est à craindre que le vendeur et l'acheteur ne
s'entendent pour porter au contrat un prix supérieur au
prix réel, afin de rendre le retrait plus onéreux, et dans
l'espoir que la société renoncera à l'exercer. Celle-ci aurait le droit de prouver la fraude par tous moyens, car ce
n'est que le prix réel qu'elle est obligée de payer. C'est en
vue de parer à cette simulation que l'Escarpelle autorise
son Conseil d'administration à exiger le serment verbal ou
par écrit du cessionnaire sur la sincérité du prix déclaré ;
Marles et Vicoigne permettent de déférer le même serment tant au vendeur qu'à l'acheteur.

« Dans le cas où la cession aurait lieu moyennant autre
chose qu'une somme liquide et immédiatement exigible,
le vendeur et l'acquéreur seront tenus d'évaluer le prix
en une somme liquide et exigible ». Cette clause de l'article 29 des statuts de Marles est une règle de bon sens
qu'il y a lieu de généraliser et d'appliquer dans tous les
cas similaires.

Si la cession se fait par donation, l'Escarpelle et Vicoigne décident que le retrait aura lieu au taux moyen du
prix des quatre ventes d'actions les plus récentes. Pour
les autres compagnies, puisque la valeur des actions est
toujours constatée par la cote à la Bourse, il semble raisonnable d'adopter pour le prix de ce retrait le cours du
jour de la donation.

Les statuts de Courrières, comme autrefois ceux de Douchy, évitent toute difficulté en investissant la compagnie du droit de fixer elle-même la somme qu'il sera juste de payer : « Le prix de retrait est fixé chaque année par l'Assemblée générale, dans sa séance annuelle ; il est mis en rapport, autant que possible, avec le cours moyen des actions pendant l'année expirée, sans toutefois que la Société puisse, en aucun cas, être tenue de payer un prix supérieur à celui de la vente » (art. 15).

Notons encore que Douchy se réservait de retenir sur le prix ainsi fixé « les mises de fonds que le vendeur ou donateur serait en retard de payer, et qui auraient été votées avant la vente ou donation, et sa portion dans les dettes de ladite Société » (art. 27).

Enfin, cette même Compagnie de Douchy s'accordait une facilité pour le paiement que nous trouvons ainsi formulée à l'article 15 de Courrières : « La Société se réserve le droit de ne payer la somme par elle due pour le retrait exercé que dans les trois mois de la notification qu'elle fera de son intention de retraire. Dans ce cas, les intérêts légaux du prix de retrait seront dus à partir du jour de la notification, et les dividendes ou répartitions votés postérieurement à cette notification appartiendront à la Société, qui indiquera, dans sa notification, le jour où le montant du retrait et ses intérêts seront payables au domicile de son caissier, où l'ayant droit sera tenu de toucher la somme due. Les intérêts cesseront de courir à partir de ce jour. »

4° *Des actions au porteur ou à ordre.*

172. Il est bien évident, après tout ce que nous venons

de dire, que le retrait ne peut être exercé que par les
compagnies dont les actions sont nominatives. Lorsque
les actions sont au porteur ou à ordre, la société ne sait
pas quels en sont les propriétaires et il lui serait impossible de prétendre à un droit de préférence pour des aliénations dont elle n'est pas avertie.

Sans insister davantage sur cette idée qui ne peut
être discutée, nous croyons intéressant de relater ici un
avis que la Compagnie de Marles, 30 0/0, a fait imprimer
à la suite de ses statuts, relativement au droit de retrait :

« Ce droit ne peut exister pour les coupons au porteur
de la Société des propriétaires de 30 0/0 dans les bénéfices, par suite de la nature du titre; cependant, il a été
convenu entre MM. Lacretelle et Bouchet et M. Emile
Rainbeaux, qu'afin d'éviter la division des titres en un
trop grand nombre de personnes, tous les porteurs de coupons seraient invités à donner la préférence, pour la cession de leurs titres, à une personne déjà propriétaire de
coupons (de la Société des 30 0/0) ou de parts de la Société
des mines de houille de Marles (70 0/0).

« En conséquence, l'Assemblée générale des porteurs
de coupons a décidé que ceux des propriétaires de coupons
qui voudront céder leurs titres, sont invités à en donner
avis :

« 1° Au commissaire délégué de la Société des propriétaires de 30 0/0 des bénéfices ;

« 2° A l'administrateur de la Compagnie des mines de
houille de Marles.

« Par mesure d'ordre et de sécurité pour les propriétaires de coupons, tout acquéreur d'un titre est invité à

donner avis aux mêmes personnes de la cession qui lui est faite, en indiquant le numéro du coupon cédé et le nom du cédant. »

III. — Comment connaître les actionnaires ?

173. Puisque les actionnaires de nos compagnies ont des droits importants et aussi des charges qui peuvent être fort lourdes, il est utile de les connaître afin de pouvoir les retrouver. C'est surtout lorsqu'il s'agit de leurs obligations que l'intérêt s'en fait sentir : nous avons déjà vu que si un associé ne répond pas aux appels de fonds, son action peut être exécutée ; mais le prix de vente n'atteint pas toujours la valeur demandée. De plus, quand le capital social est insuffisant à éteindre le passif, c'est aux actionnaires à couvrir le déficit, au moins dans une certaine mesure que nous préciserons au chapitre suivant. Dans ces hypothèses surtout, on a besoin de savoir qui est actionnaire.

Il peut se faire qu'un actionnaire ayant cédé son action par le ministère d'un agent de change, on ignore qui s'en est porté acquéreur. Dans ce cas, l'agent de change peut être obligé de révéler le nom de cet acheteur.

Ces considérations nous font donc diviser notre matière en deux parties : nous dirons d'abord qui peut être considéré comme actionnaire de nos compagnies ; nous étudierons ensuite brièvement le secret des agents de change.

§ I. — Qui peut être considéré comme actionnaire ?

174. Il nous faut rappeler ici la distinction à faire

entre les diverses actions, suivant qu'elles ne donnent pas
lieu à la délivrance d'un titre, ou que ce titre est nominatif ou au porteur.

175. Dans les Compagnies d'Aniche, d'Anzin et de Marles, il n'y a pas de titres d'actions : les actionnaires reçoivent simplement de la société une lettre d'admission,
constatant leurs droits. Cette lettre leur sert au besoin à
prouver leur qualité d'associé. D'autre part, nous avons
vu à propos de l'exercice du droit de retrait que toute cession d'action doit être notifiée à la société : celle-ci connaît
donc facilement à tout moment les noms de ses actionnaires, au moyen de la liste de ses souscripteurs originaires
et du tableau des mutations. C'est dans ce but que l'article 31 des statuts de Marles ordonne qu' « il sera tenu un
registre spécial sur lequel toutes les mutations seront ins-
crites ».

176. Il en est de même pour les compagnies dont les
actions sont toutes nominatives : les souscripteurs sont
connus puisque leurs actions ont été établies à leur nom,
et les actionnaires nouveaux le sont aussi par les formalités du transfert qui a été opéré au siège de la société. Il est
donc bien facile d'en dresser la liste : c'est une mesure de
bonne administration et elle est spécialement prescrite par
l'article 19 des statuts de Courrières et l'article 11 de ceux
de Liévin ; ces deux articles sont absolument similaires.
Voici celui de Liévin : « Une liste contenant les noms,
qualités et domiciles réels de tous les actionnaires et la
quantité d'actions possédée par chacun d'eux, sera dressée
au siège de la Compagnie et sera constamment tenue à la
disposition desdits actionnaires. — Cette liste sera mise

au courant des mutations survenues au fur et à mesure que ces mutations seront constatées sur le registre, ainsi qu'il est dit ci-dessus (art. 8). — Les changements de domicile réel y seront mentionnés, aussitôt que les actionnaires les auront fait connaître par écrit à l'Administration. »

L'inscription sur les registres de la société fournit donc, dans les deux hypothèses que nous venons d'examiner, la preuve de la qualité d'actionnaire. Cette preuve toutefois n'est pas irréfragable et il appartiendra aux intéressés de fournir la preuve contraire. La Cour de Douai et la Cour de Cassation l'ont proclamé à l'occasion d'actions de la Compagnie de Douchy (1) : un sieur D..., après la mort de sa femme commune en biens, avait donné en gage à l'un de ses créanciers douze actions nominatives de Douchy, faisant partie de la communauté. Il vint lui-même à mourir, et ses enfants, renonçant à sa succession, revendiquèrent six de ces actions comme héritiers de leur mère. Le 2 août 1872, le Tribunal civil de Lille les débouta de leur demande. Mais sur appel, la Cour de Douai, le 5 janvier 1873, considéra que ces actions appartenant à la communauté étaient pour moitié au mari et pour moitié à la femme ; ces dernières avaient donc formé un nantissement de la chose d'autrui, nul comme la vente de la chose d'autrui par assimilation de l'article 1599 du Code civil. Remarquons que toutes ces actions avaient été transférées au nom seul du mari ; la Cour reconnut cependant qu'elles n'étaient pas toutes sa propriété. La Cour de Cassation, le 17 décembre 1873, en rejetant le pourvoi formé

(1) Dalloz, 1874. 1. 145.

contre cet arrêt, fit ressortir ce point en observant que
« si l'inscription sur les registres d'une société anonyme (1) du transfert d'une action nominative constitue la
preuve écrite et complète de la propriété du titulaire, cette
preuve peut être combattue par la preuve contraire ».
Dans notre espèce, cette preuve résultait du contrat de
mariage, d'après lequel ces actions étaient tombées dans
la communauté.

177. Si les actions sont toutes au porteur, ou si les unes
sont nominatives et les autres au porteur, il devient fort
difficile de connaître les propriétaires de ces dernières. Il
faut en dire autant des actions à ordre, transmissibles par
simple voie d'endossement. Sans doute, lorsqu'il s'agit de
toucher les dividendes, les porteurs d'actions ne manquent
pas de se présenter ; il s'en trouve également pour constituer les Assemblées générales. Mais quand il faut contribuer aux charges, éteindre un passif parfois écrasant, l'em-
pressement n'est plus le même. Comment dès lors retrouver les possesseurs de titres qui ne se présentent pas ? On
se fondera, lorsque ce sera possible, sur cette présomption
que celui qui a exercé les droits d'actionnaire avait réellement cette qualité, le bénéfice et la charge étant insépara-
blement liés : *ubi emolumentum, ibi onus esse debet.*

C'est ainsi que la Cour de Douai, le 30 novembre 1878 (2),
confirmant un jugement du Tribunal civil de Béthune, a
jugé, à l'occasion de la liquidation de Cauchy-à-la-Tour,
que le fait de prendre part et de voter à des réunions d'ac-

---

(1) Il y a là une erreur matérielle : la Compagnie de Douchy est restée
purement civile jusqu'au 24 juillet 1894, époque où elle s'est transformée en
société anonyme.

(2) Jurisprudence de la Cour de Douai, 1879, p. 22.

tionnaires d'une société civile, en représentant des actions au porteur de ladite société, et en signant des feuilles de présence, est suffisant pour faire considérer les signataires comme actionnaires réels de ladite société. Aussi, en cas de liquidation, doivent-ils contribuer au paiement des dettes sociales proportionnellement au nombre d'actions pour lesquelles ils ont voté dans les assemblées.

Evidemment, l'on serait admis à prouver que l'on n'était pas en réalité propriétaire des actions que l'on a présentées, mais il faudra fournir de cette allégation une preuve concluante. Voici à ce sujet un arrêt de la Cour de Douai du 7 janvier 1884 (1), confirmant encore un jugement du Tribunal civil de Béthune : « Attendu que la demoiselle T... prétend n'être propriétaire que de quatre actions au porteur (2) de la Société de Ferfay et Ames, sur les sept actions pour lesquelles le liquidateur lui réclame une part contributive du passif s'élevant à 1.500 francs par chaque action ; qu'elle n'a détenu trois actions que comme gage à elle remis par un de ses débiteurs, J.-B. V..., décédé en état d'insolvabilité ; que, par un jugement du Tribunal de Béthune en date du 3 mars 1870, intervenu entre elle et ledit V..., il a été donné acte à ladite demoiselle T..., de ce que, sur règlement des sommes à elles dues, sur remise et régularisation de titres, elle offrait de restituer les actions de Ferfay déposées entre ses mains à titre de garantie ; — Attendu que, si ce jugement constate un nantissement au profit de la demoiselle T..., rien ne

_____

(1) Jurisprudence de la Cour de Douai, 1884, p. 200 ; *Revue de la législation des mines*, 1887, p. 42.

(2) En réalité ces actions étaient à ordre, nous l'avons déjà dit.

spécialise, ni dans la sentence, ni dans les qualités, les numéros des actions de Ferfay ainsi remises en gage ; qu'au surplus, la Société de Ferfay n'était pas partie audit jugement, lequel ne lui a même jamais été signifié ; qu'un pareil gage, fût-il déterminé, serait juridiquement inopérant à l'égard de ladite Société ; — Attendu qu'il résulte des documents versés au procès que, du 10 août 1867 jusqu'au 28 février 1877, la demoiselle T... a touché elle-même, et pour son compte des dividendes afférents aux actions portant les numéros 126, 243, 988, 1908, 1981, 2660 et 2935 ; qu'elle a reçu ces dividendes se disant propriétaire et possesseur desdites actions et qu'elle n'a jamais indiqué qu'elle fit ces recettes pour le compte de V... ou de tous autres ; qu'elle doit donc être considérée comme propriétaire, non seulement des quatre actions par elle reconnues, mais des sept actions telles qu'elles sont ci-dessus numérotées et indiquées dans l'exploit introductif d'instance ;... — met l'appel à néant, confirme le jugement... »

178. Ajoutons que si d'anciens actionnaires ou réputés tels prétendaient avoir cédé leurs actions, le fardeau de la preuve leur incomberait encore, car la cession ne se présume pas. La Cour de Paris l'a jugé le 14 avril 1883 (1); un ancien actionnaire refusait de contribuer à l'extinction du passif nécessitée par la liquidation d'une compagnie houillère : « Sur la fin de non-recevoir opposée par X..., et tirée de ce qu'ayant cédé ses actions à de M..., il n'était plus actionnaire... ; — Considérant que X... ne con-

(1) Dalloz, 1884.1.145 ; Sirey, 1886.1.465 ; *Revue de la législation des mines*, 1885, p. 27.

teste pas qu'il ait été jusqu'au jour de la liquidation titulaire d'un grand nombre d'actions de la Société des charbonnages du Nord (1) ; que, s'il les a transmises à des
cessionnaires, il lui incombe de l'établir ; qu'il ne le fait
pas... » (2)

§ II. — Secret professionnel des agents de change.

179. La preuve de la cession doit donc être fournie par
quiconque invoque cette aliénation pour échapper aux
obligations des associés. Mais, soit que le cédant veuille
faire connaître son cessionnaire pour se soustraire à ces
obligations, soit qu'ayant payé lui-même il cherche à se
retourner contre son acquéreur pour l'appeler en garantie
il se trouvera le plus souvent fort embarrassé : la négociation des actions de nos compagnies se fait ordinairement par l'intermédiaire des agents de change, et ceux-ci
taisent les noms de leurs clients, de sorte que l'on ignore
à qui l'on vend et de qui l'on achète. Les agents de change
peuvent seuls dissiper cette incertitude. Mais doivent-ils,
lorsqu'ils en sont requis, révéler le nom de l'acheteur ? La
question s'est posée lors de la liquidation de Ferfay, si
féconde en problèmes juridiques ; c'est pourquoi nous
allons la traiter rapidement en relatant les solutions qui
ont été données par les tribunaux devant lesquels elle a
été portée (3).

(1) C'était une compagnie allemande.
(2) Voir dans le même sens : Cassation, 3 avril 1883 (Sirey, 1885. 1. 199) ;
Paris, 18 juin 1887 (Sirey, 1889. 2. 63).
(3) Voir l'étude consacrée à ce sujet par M. Delecroix dans la *Revue de la
législation des mines*, 1888, p. 3 : *Du secret professionnel des agents de
change en matière de négociation d'actions de sociétés minières.*

180. La difficulté vient de l'article 19 de l'arrêté du 27 prairial an X, concernant les bourses de commerce (1) ; il est ainsi conçu : « Les agents de change devront garder le secret le plus inviolable aux personnes qui les auront chargés de négociations, à moins que les parties ne consentent à être nommées, ou *que la nature des opérations ne l'exige*. »

En ce qui nous concerne, la nature des opérations exige-t-elle que l'intermédiaire livre le nom de l'acheteur ? Sans entrer dans de plus amples considérations théoriques, disons seulement que le Tribunal civil de Béthune, le 10 août 1883 (2), et la Cour de Douai, le 28 janvier 1884 (3), ont répondu affirmativement, contrairement aux prétentions des agents de change : « Attendu, dit le Tribunal de Béthune, que le secret professionnel ne peut être invoqué dans le cas présent, puisqu'il aurait pour effet de soustraire une partie des actionnaires aux charges et obligations qui leur incombent » ; il décide en conséquence que l'agent de change acheteur qui a refusé de faire connaître son client « doit être considéré comme substitut du vendeur dans toutes les obligations afférentes à la propriété de l'action qui lui a été livrée ».

La Cour de Douai a confirmé ce jugement : « Attendu que P... (l'agent de change), en tant qu'il agit comme simple mandataire des tiers pour le compte desquels il traite des opérations de Bourse, ne peut être recherché, mais qu'il doit alors faire connaître sa qualité de manda-

(1) *Bulletin des lois*, 3e série, no 1740.
(2) *Revue de la législation des mines*, 1888, p. 45.
(3) Jurisprudence de la Cour de Douai, 1884, p. 196 ; *Revue de la législation des mines*, 1888, p. 46.

taire et révéler le nom du mandant par l'ordre duquel il a traité l'opération ; — Attendu qu'en refusant de faire connaître son mandant, P... perd la qualité de mandataire et devient un véritable commissionnaire qui a traité l'affaire pour son propre compte et à ses risques et périls ; — Attendu que P.., après avoir acheté à son collègue L... l'action de Ferfay numéro 321 et l'avoir revendue en Bourse, a refusé de divulguer le nom de son mandant ; qu'il doit, en conséquence, être considéré comme ayant agi en son nom et pour son propre compte ; que la propriété de l'action de Ferfay numéro 321 a reposé sur sa tête après avoir cessé d'appartenir aux époux H. P... ; que c'est donc à bon droit que le jugement l'a condamné récursoirement à garantir lesdits époux H. P... de la condamnation prononcée contre eux au profit du liquidateur de la société de Ferfay. »

181. On comprend facilement ce qu'il y a de délicat pour les agents de change à apprécier si la nature de chacune de leurs opérations exige ou non le secret. Aussi ont-ils demandé à être relevés du secret professionnel, dans chaque cas particulier, par autorité de justice. Le Tribunal de commerce de Lille a fait droit à cette prétention, le 4 octobre 1881 (1) et le 4 mai 1885 (2) : dans ces deux espèces, un actionnaire de Ferfay ayant vendu ses actions réclamait de l'agent de change acheteur le nom de son cessionnaire et l'agent de change se retranchant derrière l'article 19 de l'arrêt du 27 prairial an X, déclarait s'en rapporter à justice. Dans ses deux jugements, le Tribunal

---

(1) *Revue de la législation des mines*, 1888, p. 47.
(2) *Ibidem*, p. 53.

expose ainsi la situation et conclut : « Attendu, sur les
frais, que F..., lié par le secret professionnel qui lui est
imposé, n'était pas apte à apprécier la question de savoir
si la nature des opérations faites pour le compte de X...,
exigeait qu'il livrât les noms des acheteurs, que c'est donc
à bon droit qu'il a résisté à la demande de X..., sauf décision de justice... » et : « Attendu, sur les frais, que L...,
tenu au secret professionnel, n'avait pas qualité pour apprécier si la nature des opérations faites par son entremise
exigeait qu'il livrât le nom de l'acheteur, qu'il s'ensuit
qu'il ne saurait être tenu au paiement des frais... »

182. M. Delecroix combat avec raison ces décisions :
« Les tribunaux, dit-il, ne sont pas institués pour donner
des conseils ou délivrer de véritables consultations juridiques... Peut-on admettre qu'un notaire, un avoué, un
conservateur des hypothèques, un huissier, chaque fois
qu'il aura le moindre doute sur un point délicat de l'exercice de ses fonctions, s'adresse aux tribunaux, afin de mettre sa responsabilité à couvert ? » Non, évidemment. Ainsi
en est-il pour les agents de change : à eux d'apprécier si la
nature des opérations les décharge du secret professionnel.
S'ils se trompent, ils en supporteront les conséquences :
c'est le risque de leur profession qui comporte par ailleurs des émoluments et des avantages précieux.

C'est dans ce sens que s'est prononcé le Tribunal civil
de Lille, le 5 août 1886 (1) : « Attendu que, si aux termes
de l'article 19 de la loi du 27 prairial an X, les agents de
change doivent garder le secret le plus inviolable aux

(1) *Ibidem*, p. 49.

personnes qui les ont chargés de négociations, ce principe reçoit exception lorsque la nature de l'opération l'exige ; — Qu'il s'agit en la cause de négociation d'une action
à laquelle est attachée une responsabilité résultant de la
loi ; qu'il importe de savoir à qui incombe cette responsabilité ; que, par suite, P... (l'agent de change acheteur)
est délié de l'obligation prescrite par ledit article ; qu'il
est d'autant moins fondé dans son refus de désigner l'a-
cheteur de l'action dont il s'agit, qu'il savait que dans des
affaires analogues concernant la même société, pareille
désignation avait déjà été ordonnée par justice ; — Attendu
que son refus constitue une faute dont il est responsable
à l'égard de C... (le cédant) ;

« Par ces motifs, le Tribunal..... statuant à l'égard de
P..., — Dit celui-ci tenu de faire connaître à C... dans les
trois jours de la signification du présent jugement, le nom
de l'acheteur du titre numéro 1354 de la Société Ferfay
et Ames, pour qui (l'agent de change vendeur) lui a remis
ce titre en 1875 ; — Et faute par lui de ce faire dans ledit
délai, le condamne d'ores et déjà à garantir et indemniser
C... des condamnations ci-dessus prononcées contre lui
en principal, intérêts et frais ; — Condamne en tout cas
P... aux dépens exposés contre lui par C... »

Le 31 décembre 1886 (1), la Cour de Douai confirma ce
jugement en adoptant les motifs des premiers juges.

183. L'agent de change est donc tenu de dévoiler le
nom de l'acheteur aussitôt qu'il en est requis. A qui doit-il
cette communication ? Au vendeur d'abord, cela ne fait

(1) *Ibidem*, p. 51.

pas de doute ; et aussi à tout ancien propriétaire de l'action, alors même qu'un cessionnaire intermédiaire aurait détenu cette action (1). Le Tribunal de commerce de Lille, dans son jugement précité du 4 mai 1885, l'a justement reconnu : « Attendu, dans l'espèce, qu'il n'est pas douteux que la veuve P..., tenue en remboursement de l'action numéro 2113 envers le liquidateur de la Société de Ferfay et Ames, soit fondée à demander communication du nom de l'acheteur auquel L... (l'agent de change) a livré ladite action ; — Que peu importe que la veuve P... ne soit pas par elle-même le vendeur duquel le sieur L... ait acheté l'action dont il s'agit ; — Attendu, en effet, qu'en remboursant au liquidateur l'importance de cette action, ladite dame s'est trouvée subrogée dans tous les droits et actions que celui-ci aurait pu faire valoir contre tous ses co-obligés... »

M. Delecroix estime que le liquidateur, trouvant un actionnaire insolvable et sachant que ce dernier avait aliéné sa part, pourrait de même demander à l'agent de change acheteur le nom du cessionnaire, exerçant ainsi l'action du cédant, son débiteur, comme le lui permet l'article 1166 du Code civil.

184. Reste à dire quel est le tribunal compétent lorsque l'agent de change refuse de livrer le nom de son client. Il a été décidé que c'est le tribunal civil : le liquidateur de Ferfay avait, conformément à ce que nous venons de dire, poursuivi en justice un agent de change, et l'avait actionné devant le Tribunal de commerce de Lille. Celui-ci, le

_____

(1) Cf. Lyon, 3 juillet 1883 (Sirey, 1883, 2, 193).

6 novembre 1885 (1), admit l'exception d'incompétence
opposée par l'agent de change : « Attendu que la vente
d'une action d'une société civile ne constitue pas une
opération commerciale ; — Qu'il n'appartient donc pas
aux Tribunaux de commerce de rechercher si cette opération comporte ou non le maintien du secret professionnel ; — Le Tribunal, jugeant en premier ressort, se déclare
incompétent pour connaître de la demande. »

Sur appel, la Cour de Douai statua dans le même sens,
par arrêt du 1er mars 1886 (2) : « Attendu que la Société
de Ferfay et Ames, dont l'action a été vendue par P..., est
une société civile : que, pour apprécier si la nature de l'o-
pération faite par l'intermédiaire de l'agent de change
autorise la divulgation du nom de l'acheteur, la juridiction
saisie doit nécessairement connaître de cette société,
déterminer les droits des sociétaires et les conséquences
de la cession des actions ; que le Tribunal de commerce
n'a pas compétence pour se livrer à ces appréciations au
regard d'une société purement civile ; etc. »

(1) *Ibidem*, p. 52.
(2) Jurisprudence de la Cour de Douai, 1886, p. 124 ; *Revue de la législation des mines*, 1888, p. 52.

CHAPITRE IV

ENGAGEMENTS DES ASSOCIÉS A L'ÉGARD DES TIERS.

———

185. Il ne s'agit plus ici de la *contribution* aux dettes, c'est-à-dire de la proportion dans laquelle les associés supportent les dettes en fin de compte ; ces rapports des actionnaires entre eux sont arrêtés librement par les conventions sociales, par les statuts. A leur défaut, l'article 1853 du Code civil porte que « la part de chacun est en proportion de sa mise dans le fonds de la société ». C'est la règle qui s'impose en notre matière : toutes nos compagnies ayant divisé leur capital en actions ont bien indiqué par là que le nombre de ces actions dont chaque sociétaire serait propriétaire marquerait la mesure, et de son droit aux bénéfices, et de sa participation aux pertes.

Tout autre est la question de l'*obligation* aux dettes, c'est-à-dire des rapports avec les tiers : il arrive souvent en matière de société qu'un créancier a le droit de poursuivre un associé pour une somme plus forte que ne lui imposent les principes de la contribution ; celui-ci a alors un recours pour l'excédent contre ses coassociés. Mais, outre qu'il a pu être forcé d'en faire l'avance, il court les risques de leur insolvabilité.

La question qui va nous occuper est donc d'une grande importance. Nous rechercherons successivement dans quelle mesure les associés sont obligés aux dettes sociales, puis à quelles conditions ils en sont tenus.

186. Disons de suite que, par leur caractère civil, nos compagnies sont soumises à l'article 1862 d'après lequel : « Dans les sociétés autres que celles de commerce, les associés ne sont pas tenus solidairement des dettes sociales. » Pour celles qui sont commerciales, comme ayant adopté la forme anonyme depuis la loi du 1er août 1893, la solution reste la même, l'anonymat excluant la solidarité. Quant à celles qui ont revêtu l'anonymat avant 1893, nous verrons que l'on discute sur les lois qui leur sont applicables ; mais, qu'on fasse prédominer la forme, en les traitant comme les sociétés commerciales anonymes, ou le fond en les assujettissant au Code civil, le résultat ne change pas pour notre question. C'est donc une disposition inutile que renferment presque tous nos statuts lorsqu'ils portent cette exclusion de la solidarité entre les actionnaires, puisqu'elle est de droit en dehors de toute stipulation particulière.

187. La question de l'obligation des associés envers les tiers est régie dans le droit commun par l'article 1863 du Code civil : « Les associés sont tenus envers le créancier avec lequel ils ont contracté, chacun pour une somme et part égales, encore que la part de l'un d'eux dans la société fût moindre, si l'acte n'a pas spécialement restreint l'obligation de celui-ci sur le pied de cette dernière part.»

On s'accorde généralement à reconnaître que trois principes ressortent de cet article : 1o les associés sont tenus chacun pour une part virile ; 2o ils en sont tenus personnellement, donc sur tous leurs biens ; 3o pour la même raison, la cession qu'ils font de leurs actions n'est pas opposable aux créanciers antérieurs à cette cession.

Sont-ils applicables à nos compagnies? De nombreuses difficultés se sont élevées sur ce point; nous allons les aborder et essayer de prouver que toutes ces règles doivent être écartées, au moins en partie, dans notre matière.

I. — Obligation des associés au prorata du nombre de leurs actions.

188. L'article 1863 est inapplicable, il l'indique lui-même, lorsque l'acte créateur de la créance restreint l'obligation des associés sur le pied de la part sociale de chacun d'eux. Dans ce cas, le créancier a consenti à proportionner ses poursuites à l'intérêt de chaque sociétaire, il est lié par cette convention.

Mais lorsque le contrat social ne lui a pas été communiqué, il ignore quel règlement a été adopté et, pour éviter toute difficulté, la loi veut qu'il exerce son action contre chacun pour une part virile.

189. On admet généralement qu'il en est autrement pour nos compagnies charbonnières. Les uns (1) invoquent les anciens usages, la nature des opérations exigées par l'exploitation, qui ont fait de la société minière la société *sui generis* dont nous avons parlé (n° 13). Les autres (2) considèrent que la raison d'être de l'obligation par portion virile est l'ignorance où se trouve le créancier des stipulations sociales: chacun des associés lui apparaît donc avec une importance égale et « lorsqu'ils n'auront rien exprimé de

---

(1) Delebecque, *Législation des mines*, n°s 1242 et 1250.
(2) Delecroix, *Législation des sociétés de mines*, n° 446.

contraire dans l'acte même d'emprunt, il est rationnel de penser que leurs droits dans la société sont égaux. Une pareille présomption n'a plus de raison dans nos sociétés » ; toutes en effet ont divisé leur capital en actions ; or il est impossible de l'ignorer : les charbonnages du Nord et du Pas-de-Calais forment une réunion considérable de grandes sociétés, les actionnaires en sont répandus partout, les journaux donnent le cours de leurs actions ; ceux qui traitent avec elles connaissent donc cette organisation et savent par cela même que les associés ont des droits inégaux, partant des obligations inégales. *Cessante ratione legis, cessat lex.* D'autres enfin (1) font observer que l'article 1863 suppose que ce sont les associés qui contractent avec le créancier ; « or, dans les sociétés charbonnières, les associés ne parlent pas au contrat, c'est le directeur du charbonnage qui traite au nom de la société ; c'est donc la société qui est obligée, et la société ce sont les mises sociales, c'est-à-dire les actions des associés : c'est une association de capitaux autant que de personnes et quand il s'agit des dettes, c'est le premier caractère qui domine. »

La conclusion commune de ces auteurs c'est que, même en l'absence de la clause restrictive dont parle l'article 1863, les associés ne sont pas obligés par parts viriles envers les tiers, mais seulement en proportion du nombre de leurs actions.

Tout le monde cependant n'admet pas cette doctrine, et certains (2) préfèrent s'en tenir au texte du Code : à dé-

---

(1) Laurent, *Principes de droit civil français*, t. 26, n° 429.

(2) Férand-Giraud, *Codes des mines et mineurs*, n° 216 ; Guillouard, *Contrat de société*, n° 370. Voir aussi Duvergier, *Contrat de société*, n° 391 ; Pont, *Des sociétés*, t. 1, n°ˢ 660 et suiv.

faut, disent-ils, d'une disposition législative, désirable peut-être, dérogeant en faveur de nos sociétés à l'article 1863, il faut bien l'appliquer : il s'étend à toutes les sociétés civiles et, dans tous les cas où une stipulation spéciale n'est pas intervenue, rien ne s'oppose à ce que les associés soient tenus des dettes par portions égales. Ne se pourrait-il pas que les tiers ignorent la constitution de ces sociétés ? Enfin, à l'objection que le gérant parle au contrat, et non pas les associés, on peut répondre qu'il parle au nom des associés dont il est le mandataire (Voir n° 230).

190. La jurisprudence paraît être dans le premier sens, bien qu'un peu indécise (1) ; très souvent elle a eu à statuer sur des demandes de créanciers poursuivant les associés au prorata de leur intérêt : les décisions rendues dans ces espèces en faveur de ces créanciers proclament donc l'inapplicabilité du droit commun, mais leur autorité n'est peut-être pas décisive lorsque cette question n'était pas contestée par les parties en cause. On trouve également quelques arrêts qui ont incidemment supposé que les actionnaires étaient tenus d'acquitter les dettes sociales par parts viriles (2).

(1) Rouen, 19 août 1857 (Dalloz, 1857. 2. 183) ; Lyon, 8 août 1873 (Dalloz, 1874. 2. 203 ; Sirey, 1874.2.105) ; Douai, 30 novembre 1878, Liquidation de Cauchy-à-la-Tour (Jurisprudence de la Cour de Douai, 1879, p. 22) ; 23 août 1882 (Dalloz, 1885. 2. 105 ; Jurisprudence de la Cour de Douai, 1882, p. 251) ; 24 décembre 1883 (Dalloz, 1885. 2. 108 ; Jurisprudence de la Cour de Douai, 1883, p. 144).— Bruxelles, 23 mai 1815 (*Pasicrisie*, 1815, p. 381) ; 16 juillet 1892 (*Revue de la législation des mines*, 1894, p. 88).

(2) Douai, 23 mars 1878 (Dalloz, 1879. 2. 109 ; Sirey, 1878. 2. 305 ; Jurisprudence de la Cour de Douai, 1878, p. 119) ; 19 décembre 1889 (Jurisprudence de la Cour de Douai, 1889, p. 216). Ces décisions rendues lors des liquidations des sociétés houillères de Cauchy-à-la-Tour (Pas-de-Calais) et

191. Le sentiment général est donc que l'article 1863 est inapplicable. Aux raisons qui ont été exposées plus haut peuvent s'en ajouter d'autres, au moins dans une certaine opinion que nous allons bientôt développer : des auteurs éminents pensent en effet que les associés peuvent, par une simple clause insérée dans l'acte de société, restreindre leur responsabilité à leur mise sociale ; or, cette clause est fréquente dans les statuts de nos compagnies : déclarée inopérante par la jurisprudence pour celles qui n'ont pas revêtu la forme anonyme, elle est généralement reconnue valable pour celles qui ont adopté cette forme ; il n'est évidemment plus question, dans ces cas, de demander à un actionnaire sa part virile, puisqu'il n'est plus tenu que jusqu'à concurrence du montant de ses actions. Enfin les dix compagnies qui se sont constituées comme anonymes depuis 1893 sont commerciales, et en cette qualité échappent indubitablement à la règle que nous cherchons à repousser.

192. Remarquons en terminant que s'il fallait théoriquement appliquer l'article 1863 à celles de nos sociétés qui sont civiles, en pratique il n'aurait encore qu'une portée restreinte. La question n'est intéressante en effet qu'en cas de liquidation d'une société qui a fait de mauvaises affaires : elle aura contracté des emprunts qu'elle n'aura pu rembourser ; presque tous ses créanciers, les plus importants certainement, seront des obligataires. Or leur titre d'obligation portera, avec la désignation de la société dé-

de Sainte-Aldegonde (Belgique) n'avaient nullement pour but de trancher la question que nous étudions. — Voir aussi Bruxelles, 2 février 1882 (Dalloz, 1883. 2. 1).

bitrice, l'énonciation que son capital est divisé en actions :
n'est-ce pas là un équipollent à la disposition de l'article 1863 ? Comment un créancier pourrait-il poursuivre
les associés pour leurs portions viriles, alors qu'il devrait
reconnaître qu'il les savait obligés inégalement, de par la
division du capital en actions ?

193. En fait, presque toutes nos compagnies ont cherché
à écarter le droit commun : Dourges (art. 11) dit que ses
actionnaires « seront tenus chacun en proportion du
nombre d'actions à lui appartenant » Flines-lez-Raches
(art. 14) spécifie que « par dérogation à l'article 1863 du
Code civil, les actionnaires..... ne sont engagés entre eux
et vis-à-vis des tiers que dans la proportion de la part de
chacun, c'est-à-dire du nombre d'actions qu'ils possèdent ».
D'après l'article 14 des statuts de Liévin, les actionnaires
« ne peuvent, à quelque titre que ce soit, être tenus au delà
du nombre d'actions dont ils seront propriétaires ». Dans
la compagnie de Marles (70 0/0), « les actionnaires ne sont
tenus, vis-à-vis même des tiers, que dans la proportion de
leur quote-part d'intérêt dans la société » (art. 14). La
plupart prétendent restreindre la responsabilité de chacun
au montant de ses actions, ce qui exclut *à fortiori*, la règle
de l'article 1863. Un petit nombre de statuts gardent le
silence sur ce point. Enfin, la seule Compagnie de Courrières se soumet formellement au droit commun : « Les
associés, dit l'article 6 de ses statuts, ne sont obligés entre
eux que dans la proportion de leur part sociale, et, à l'é-
gard des tiers, que dans la proportion de leur part individuelle, avec recours contre la Société et leurs coassociés
pour ce qui excéderait leur part sociale. »

II. — Limitation de la responsabilité aux apports.

194. Les actionnaires de nos compagnies ne sont donc obligés qu'en proportion du nombre d'actions qu'ils possèdent ; mais, même dans cette mesure, d'après le droit commun, ils sont obligés personnellement ; c'est-à-dire sur tous leurs biens. Une semblable responsabilité est encore fort grave dans le cas où la société est obligée de liquider avec un passif considérable. L'expérience du passé nous en fournit malheureusement plus d'une preuve, et, dans notre bassin, plusieurs liquidations ont imposé aux associés de lourdes charges ; citons-en seulement quelques exemples tirés de nos anciennes compagnies civiles : le liquidateur de la Lys-Supérieure a réclamé 134 francs, et celui de Cauchy-à-la-Tour 350 francs de chaque action ; les actionnaires de Ferfay et Ames ont dû rapporter 1.500 francs, et ceux de Fiennes et Hardinghem plus de 2.400 francs par action.

195. Naturellement, on a cherché à échapper à une aussi dangereuse situation. Un moyen tout à fait sûr consiste à introduire dans l'acte d'emprunt (1) une stipulation spé-

---

(1) Nous supposons dans toute cette étude que l'obligation est née d'un contrat ; s'il en était autrement, nos conclusions seraient différentes.

S'agit-il d'un quasi-délit ? l'article 1382 est applicable : « tout fait quelconque de l'homme qui cause à autrui un dommage oblige celui par la faute duquel il est arrivé, à le réparer. » Si donc l'exploitation a causé un préjudice aux tiers, la faute incombe à la société, je veux dire à tous les associés, elle est commune, et tous sont tenus de la réparation, en proportion de leur intérêt, mais sur tous leurs biens sans restriction possible. Voir en ce sens l'arrêt précité de la Cour de Rouen du 19 août 1857 (Dalloz, 1857. 2. 183) rendu à propos d'une inondation provoquée par un sondage.

Si c'est une peine qui a été prononcée pour contravention aux lois, le

ciale restreignant l'obligation des associés au montant de leur action : le créancier peut en effet renoncer valablement à une partie de ses droits. Du côté des associés, cette convention n'est pas moins valable ; l'article 1855 du Code civil le prouve par un argument *a contrario* : en interdisant d'affranchir de toute contribution aux pertes, les sommes ou effets mis dans le fonds de la société, cet article permet de limiter la contribution à ces sommes ou à ces effets.

Ainsi l'a jugé la Cour de Cassation (1) en rejetant un pourvoi formé contre un arrêt de la Cour de Paris ; elle proclame « qu'il est en général loisible à chacun de se départir des avantages ou des droits établis en sa faveur et qu'il n'est pas interdit à ceux qui contractent avec les membres d'une société civile de renoncer au bénéfice de l'article 1863 et de faire remise aux associés de leur responsabilité personnelle ; que cette renonciation stipulée et consentie dans un contrat particulier, restreinte à ce contrat et applica-

---

principe de la personnalité des fautes s'impose : à chacun de répondre des siennes (Cassation, 20 avril 1830 ; Sirey, 1830.1.379). Mais il peut se faire qu'ici encore la faute soit commune, comme par exemple, l'établissement d'une usine sans autorisation ; tous seront tenus, et non seulement personnellement, mais encore solidairement, des amendes, restitutions, dommages-intérêts et frais, d'après l'article 55 du Code pénal, au moins s'il s'agit d'un délit ; les contraventions de l'article 93 de la loi du 21 avril 1810 ont ce caractère, en raison des peines correctionnelles dont elles sont frappées par l'article 96 (Cassation, 15 février 1843 ; Sirey, 1843.1.365).

Enfin la loi crée aussi des obligations : telle est la redevance due au propriétaire de la surface. La Cour de cassation, le 10 décembre 1845 (Sirey, 1846. 1.23) a décidé que les associés y étaient obligés solidairement ; M. Delecroix (*op. cit.*, nos 464 et suivants), réfute les motifs sur lesquels s'est appuyé l'arrêt ; selon lui, les associés ne sont tenus qu'au prorata de leurs droits, et seulement après la dissolution ; jusque-là, c'est la société, personne civile, qui est seule obligée.

(1) Cassation, 21 février 1883 (Dalloz, 1883.1.217 ; Sirey, 1884.1.361).

ble seulement entre les parties contractantes, ne constitue que l'exercice légitime de la liberté des conventions, qu'elle n'est donc pas contraire à l'ordre public, ni par conséquent illicite ».

196. L'application de ces principes a été faite par le Tribunal de la Seine (1) à l'une de nos anciennes sociétés, la Compagnie anonyme d'Auchy-au-Bois : « En ce qui touche l'existence d'une renonciation conventionnelle au bénéfice de l'article 1863 du Code civil : — Attendu que cet article, après avoir réglé la part pour laquelle les membres d'une société civile sont personnellement obligés envers les tiers avec qui ils ont contracté, autorise formellement les parties à fixer comme elles l'entendront l'étendue de cette obligation ; — Que du principe de la liberté des conventions dont s'est inspiré le législateur en déclarant licite la stipulation prévue par cet article, on doit conclure que le créancier peut aller jusqu'à faire complètement remise à l'associé de sa responsabilité personnelle et à n'exercer son droit que sur l'actif social ; que la question soumise au tribunal se réduit donc à savoir si une semblable restriction se rencontre dans les contrats particuliers qui servent de base aux conclusions des demandeurs ; — Attendu que les titres où les demandeurs puisent leur qualité de créanciers consistent en titres d'obligations portant ce qui suit : « Compagnie Nouvelle d'Auchy-au-Bois, pour l'exploita-« tion d'une concession houillère dans le département du « Pas-de-Calais, Société anonyme : capital social quatre « millions de francs, émission autorisée par l'Assemblée gé-

(1) Tribunal de la Seine, 9 avril 1886 (*Revue de la législation des mines*, 1889, p. 84).

« gérale des actionnaires du 29 avril 1876 de douze cent cin-
« quante obligations de 500 francs. Obligation de 500 francs
« au porteur » ; — Attendu qu'en acceptant des titres ainsi
libellés les porteurs d'obligations ont expressément consenti à prendre la situation de simples obligataires d'une
Société dont le caractère de Société anonyme avec les
conséquences légales qui y sont attachées, quant à la nature et à l'étendue des obligations des associés, se trouvait
constaté, non pas seulement dans les statuts, mais dans le
contrat même qui constitue la créance. » En conséquence,
le tribunal déboute les demandeurs et les condamne aux
dépens.

C'est pour remplir ces conditions et faire connaître aux
tiers la limitation apportée par les statuts à l'obligation
des associés, que l'article 14 de Fléchinelle, après avoir
formulé cette restriction, disait en terminant : « Le présent
article sera autant que possible relaté sur tous les titres et
documents de la société. » Dans le même but, la société
de Flines-lez-Raches s'intitule Société civile à responsabilité limitée, et toutes les lettres envoyées par elle portent en évidence la reproduction intégrale de l'article 14
de ses statuts qui limite au montant de leurs actions l'o-
bligation des actionnaires. Ainsi en est-il encore des sociétés anonymes qui mentionnent cette qualité sur les actes
qu'elles passent et sur les papiers qu'elles mettent en circulation.

197. M. Labbé (1) a formulé contre ce système l'objection que dans toute obligation « il faut deux personnes au

(1) Note sous Cassation, 21 février 1883 (Sirey, 1884.1.331).

moins, un créancier et un débiteur ; si tous les associés
mettent leur personne en dehors de l'obligation contractée
au nom de la société, quelle est la personne du débiteur ? »
— Il y répond que c'est la société elle-même, si elle est personne civile. Or nos compagnies sont unanimement reconnues comme telles, et la Cour de Cassation donne aujour-
d'hui la même solution pour toutes les sociétés. En tout
cas, aucune règle n'interdit à un créancier et à un débiteur
d'affranchir certains biens du droit de saisie, et le créancier est lié lorsqu'il a accepté les restrictions statutaires.

198. Mais, souvent, on ne prend pas cette sage précau-
tion : soit que l'introduction d'une clause restrictive du droit
commun dans tous les contrats passés par la société offre
des inconvénients ou des difficultés dans la pratique, soit
qu'il y ait sur ce point négligence ou oubli, les créanciers
ne se trouvent pas liés par l'acceptation d'une convention
limitant leurs droits.

199. En revanche, nombre de statuts renferment des dispositions d'après lesquelles les créanciers n'auraient d'autre gage que le capital social : une fois son action libérée,
l'actionnaire n'aurait plus à craindre aucune poursuite ;
dans le cas contraire, il lui suffirait de compléter le versement du capital par lui souscrit ; en tout cas, sa fortune
extra-sociale doit échapper aux créanciers de la société (1).

Une telle stipulation est-elle opposable aux tiers, même

---

(1) Il faut rapprocher de ces clauses celles qui se trouvent dans les statuts de Béthune, Bruay et l'Escarpelle, et qui permettent aux associés de
quitter la société à un moment quelconque en abandonnant seulement leurs
mises ou au moins une somme fixe de 500 ou de 200 francs. Nous les avons
déjà signalées ; c'est ici le lieu de rechercher si elles sont valables et opposables aux tiers.

s'ils ne l'ont pas spécialement acceptée, même s'ils l'ont
ignorée ? Cette question est très controversée, et elle est
fort délicate. Certains esprits distingués ont donné une
réponse affirmative dans tous les cas ; mais, à cause de
l'opposition que cette opinion rencontre, tant en doctrine
qu'en jurisprudence, il est préférable de distinguer les différentes hypothèses qui naissent en pratique de la nature
diverse des sociétés qui exploitent notre bassin. Nous chercherons donc à introduire un ordre rationnel dans cette
étude en discutant les effets de la clause restrictive de la
responsabilité d'abord dans les sociétés anonymes, commerciales d'après la loi du 1ᵉʳ août 1893, puis dans les
sociétés civiles à forme anonyme, enfin dans les sociétés
civiles simplement par actions.

200. Une remarque préliminaire doit être faite : en ce
qui concerne les sociétés anonymes, il est bien évident qu'a-
dopter cette forme, c'est proclamer l'irresponsabilité des
associés ; mais pour les autres sociétés cette clause devra
être nettement formulée et viser clairement les rapports des
associés avec les tiers : dans le doute, la jurisprudence
l'interpréterait comme réglant les obligations des associés entre eux. C'est ainsi que les statuts de la Société civile de Ferfay et Ames disaient (article 3) que les actions
étaient « exemptes d'aucun appel de fonds ». Cette disposition ne devait s'appliquer, s'il faut en croire le Tribunal
civil de Béthune, la Cour de Douai et la Cour de Cassation (1), qu'à la limitation de l'apport social, et signifiait

(1) Tribunal civil de Béthune, 6 avril 1883 ; Douai, 18 juin 1883 ; Cassation, 2 juillet 1884 (Jurisprudence de la Cour de Douai, 1883, p. 137 et 142,

uniquement que le capital était fixé ; mais il ne s'ensuivait pas que les actionnaires eussent été affranchis de la responsabilité des emprunts contractés.—Il semble cependant que les rédacteurs de ces statuts avaient voulu leur donner ce dernier sens ; cela est certain pour quelques compagnies où le contexte ne laisse aucun doute (1) : cette formule, par exemple « les actionnaires ne pourront, *à quelque titre que ce soit*, être tenus d'aucun appel de fonds » nous paraît devoir être largement interprétée. En tout cas, c'est une question d'appréciation que d'autres juges pourraient résoudre différemment ; aussi ne faut-il pas exagérer l'autorité de l'arrêt précité de la Cour de Cassation, relativement à la portée de cette clause : il ne fait en réalité qu'enregistrer le sentiment de la Cour de Douai, car cette appréciation rentrait « dans les limites du pouvoir souverain d'interprétation appartenant aux juges du fait ».

§ I. — Sociétés anonymes commerciales.

201. Ce sont celles qui se sont constituées ou transformées depuis la loi du 1ᵉʳ août 1893 : il y en a dix dans notre bassin, et nous les avons précédemment énumérées. Nous

---

et 1885, p. 195 ; *Revue de la législation des mines*, 1884, p. 168, 172 et 174). — Voir aussi Douai, 23 août 1882 (Dalloz, 1885. 2. 105 ; Jurisprudence de la Cour de Douai, 1882, p. 251) ; Douai, 24 décembre 1883 (Dalloz, 1885. 2. 108 ; Jurisprudence de la Cour de Douai, 1883, p. 144) ; Douai, 4 février 1884 (*Revue de la législation des mines*, 1884, p. 177).

(1) Il en est ainsi, croyons-nous, pour Carvin (art. 9), Drocourt (art. 16), Ferfay (art. 9), Marly (art. 16,) Meurchin (art. 6) et les anciennes Compagnies anonymes d'Auchy-au-Bois (art.15), et de la Lys-Supérieure (art.14).— Au contraire, l'article 12 de la nouvelle Société de Douchy a bien seulement le sens que le capital est fixé, et marque ainsi la différence avec l'ancienne société dont les actions de quotité pouvaient toujours être soumises à de nouveaux appels de fonds ; ceci offre d'ailleurs peu d'intérêt, la nouvelle compagnie étant anonyme commerciale.

savons qu'elles sont soumises à toutes les lois commerciales, en particulier au Code de commerce et à la loi du
24 juillet 1867. Donc, d'après l'article 33 de ce Code, « les
associés ne sont passibles que de la perte du montant de
leur intérêt dans la société ». Ce sont donc entièrement
des sociétés de capitaux, et pas du tout des associations
de personnes. C'est le capital qui est débiteur, et une fois
ce capital versé, les actionnaires sont à jamais libérés de
toute poursuite.

Par conséquent les statuts de ces compagnies qui ont
spécifié que les actionnaires ne sont tenus que jusqu'à
concurrence du capital de chaque action (1), ne font que
reproduire le Code de commerce qui les gouverne obli-
gatoirement : une pareille mention était complètement
inutile.

Ces sociétés doivent se conformer aux prescriptions
de la loi de 1867, relatives soit à toutes les sociétés commerciales, soit aux sociétés par actions en particulier.
Nous croyons utile de les rappeler, car nous aurons plusieurs fois l'occasion d'y faire allusion lorsque nous
passerons aux compagnies civiles qui ont pris la forme
anonyme avant 1893.

Ces prescriptions sont de deux sortes : les unes se
rapportent à la publicité qui doit entourer tous les actes
importants des sociétés de commerce, constitution, modifications, dissolution ; les autres formulent une réglementation spéciale aux sociétés par actions.

202. Les sociétés à formes commerciales jouissent d'un

---

(1) Voir notamment les statuts de la Clarence (article 10), de Crespin-
Nord (article 6, § 3), et de Marly (article 16).

régime exclusif du droit commun ; l'anonymat notamment restreint la responsabilité de tous les associés ; il est donc utile que les tiers soient prévenus qu'en traitant avec une telle société ils ne peuvent compter sur les garanties ordinaires. C'est pourquoi la loi a voulu sauvegarder leurs intérêts par une large publicité qui les avertit de cette situation particulière. Cette publicité comprend trois dispositions : les deux premières s'appliquent à la création de la société et aux changements apportés aux statuts (art. 61). Il faut déposer aux greffes de la justice de paix et du tribunal de commerce un double des actes de constitution ou de modification et plusieurs pièces énumérées dans l'article 55 de la loi de 1867 ; en second lieu, un extrait doit en être publié dans un journal désigné pour recevoir les annonces légales (art. 56). Enfin, « dans tous les actes, factures, annonces, publications et autres documents imprimés ou autographiés, émanés des sociétés anonymes..., la dénomination sociale doit toujours être précédée ou suivie immédiatement de ces mots écrits lisiblement en toutes lettres : Société anonyme..., et de l'énonciation du montant du capital social » (art. 64).

La sanction des deux premiers chefs est civile : « Les formalités prescrites... seront observées à peine de nullité à l'égard des intéressés ; mais le défaut d'aucune d'elles ne pourra être opposé aux tiers par les associés » (art. 56). Quant à l'article 64, toute contravention à ses dispositions est punie d'une amende de 50 francs à 1.000 francs.

203. La loi n'a pas seulement voulu sauvegarder les intérêts des tiers ; elle a cherché aussi à protéger l'associé lui-même contre des fondateurs peu scrupuleux qui pourraient le tromper sur le sérieux de l'entreprise en lui présentant comme réelles des opérations fictives. C'est pourquoi le Code de commerce, article 37, soumettait les sociétés anonymes à l'autorisation gouvernementale. La loi de 1867 a remplacé cette autorisation par une réglementation spéciale dont les points principaux visent le taux et la négociabilité des actions et subordonnent la constitution de la société à la souscription totale du capital social, au versement du quart et parfois de la totalité du montant des actions souscrites, à la déclaration notariée de cette souscription et de ce versement, à l'approbation par l'assemblée générale de l'évaluation des apports en nature, à la nomination par cette même assemblée de commissaires de surveillance ; ajoutons que les administrateurs doivent être pris parmi les associés (art. 1, 2, 3, 4, 22, 23, 24, 25).

Trois espèces de sanction sont ici applicables : nullité de la société, responsabilité solidaire, peines d'amende et même d'emprisonnement. L'article 41 dit : « Est nulle et de nul effet à l'égard des intéressés toute société anonyme pour laquelle n'ont pas été observées les dispositions des articles 22, 23, 24 et 25 ci-dessus. » En cas de nullité, l'article 42 déclare solidairement responsables, envers les tiers et les actionnaires, les fondateurs et les administrateurs en fonctions, ainsi que les associés dont les apports ou avantages n'auraient pas été vérifiés et approuvés. Enfin l'article 45 punit d'amende de 500 à 10.000 francs, d'un emprisonnement de quinze jours à six mois, et des peines de l'escroquerie (amende de 50 à 3.000 francs et emprisonnement d'un an à cinq ans, article 405 du Code pénal), les contraventions aux principales règles que nous avons énoncées.

204. Toutes ces règles, avec leurs sanctions, régissent les compagnies dont nous parlons, comme toutes les autres sociétés commerciales : la loi de 1893 a eu pour but de les y assimiler complètement, tant pour la restriction des engagements des associés, que pour les garanties spéciales auxquelles est subordonnée cette situation avantageuse. Ajoutons que leurs statuts spécifient le plus souvent que ces prescriptions ont été ou seront remplies.

§ II. — Sociétés civiles à forme anonyme.

205. Il n'y a plus aujourd'hui dans notre bassin qu'une seule compagnie, celle de Drocourt, qui rentre dans cette classe. Des anciennes sociétés anonymes, quatre se sont soumises à la loi du 1er août 1893 et sont par conséquent devenues commerciales ; ce sont Azincourt, Carvin, Ferfay et Meurchin ; les autres, Auchy-au-Bois, Fléchinelle, Lières, la Lys-Supérieure, Vendin-lez-Béthune, sont dissoutes, et leurs exploitations ont été reprises par de nouvelles sociétés gouvernées également par la loi de 1893. La question que nous avons à résoudre n'en reste pas moins intéressante : l'adoption de la forme anonyme suffit-elle pour limiter de plein droit au montant de leurs apports la responsabilité des actionnaires d'une société civile ? Nous nous plaçons bien entendu avant 1893, puisque les compagnies dont nous avons à nous occuper sont de création antérieure à cette date, et soustraites à l'empire de la nouvelle législation.

206. Rappelons d'abord la formule que nous avons déjà posée en étudiant le caractère de ces sociétés : civiles *au*

15

fond, elles ne sont pas soumises aux règles qui tiennent à la qualité de commerçants qu'ont les sociétés de commerce ; anonymes par la *forme*, il faut leur appliquer les principes qui gouvernent les sociétés commerciales anonymes à cause de cette forme.

Or, les principales conséquences de la forme anonyme (1), au moins dans l'intention des fondateurs de nos compagnies et des souscripteurs de leurs actions, c'est d'empêcher l'application de l'article 2092 du Code civil : au lieu d'être tenu sur tous ses biens, l'associé n'est engagé que jusqu'à concurrence du montant de ses actions, conformément à l'article 33 du Code de commerce ; une fois les titres entièrement libérés, aucun appel de fonds n'est possible au profit de la société, et surtout, aucune poursuite individuelle ne peut être exercée par des tiers créanciers. Pour bien marquer leur volonté à cet égard, les statuts de Drocourt (article 16) contiennent des clauses dont l'objet est de proclamer l'irresponsabilité des associés, but principal qu'a recherché cette compagnie en revêtant l'anonymat ; ayant peut-être quelque doute sur l'efficacité de cette forme, elle a cru utile d'y introduire une stipulation formelle. « Les actionnaires ne sont engagés, même à l'égard des tiers, que jusqu'à concurrence du capital de leurs actions. Tout appel de fonds, au profit de la société ou des tiers, est interdit (2). »

---

(1) Il en serait de même dans une commandite pour les commanditaires.

(2) *Sic* : Anciennes Sociétés anonymes d'Auchy-au-Bois (art. 15), Carvin (art. 9), Fléchinelle (art. 14), Lys-Supérieure (art. 14), Meurchin (art. 6), Vendinlez-Béthune (art. 11), etc. Voici l'article 14 des statuts de Fléchinelle : « Les actionnaires ne sont obligés ou responsables que dans la limite ou jusqu'à concurrence du montant des actions qu'ils possèdent. — Tout appel de

Voilà certainement un résultat exorbitant ; à tel point, nous l'avons vu, qu'on a voulu en déduire l'incompatibilité de la forme anonyme et de la société civile. Qu'une telle société, constituée en nom collectif, soit régie par le Code de commerce, cela va sans difficulté : les associés augmentent leur responsabilité, ils en ont le droit, et les tiers n'en souffrent pas, au contraire. Mais la situation est ici toute différente : la limitation à leur apport de l'obligation des associés préjudicie aux tiers.

207. Contrairement à l'opinion de certains auteurs confirmée par quelques jugements assez récents, nous ne reculons pas devant une telle conclusion, d'accord en cela avec la grande majorité de la doctrine et de nombreuses décisions de la jurisprudence. Si la loi permet en effet aux sociétés civiles de prendre la forme anonyme, il faut bien qu'il en résulte quelque effet, celui-ci tout spécialement, puisqu'il est compris dans la définition même de la société anonyme, *sans nom,* c'est-à-dire que la personne des associés y est pour ainsi dire inconnue, qu'elle n'y joue aucun rôle, et y est remplacée par l'élément réel des apports. L'article 2092 n'est pas impératif, nous l'avons dit (1) : il peut y être dé-

fonds aux actionnaires, au delà du capital de chaque action, est absolument interdit au Conseil d'administration et même aux assemblées générales. — Les tiers et créanciers de la société ont pour gage la totalité de l'avoir social ; *mais sans pouvoir jamais prétendre à aucun recours contre les actionnaires personnellement.* Ils sont réputés, par le fait seul qu'ils traitent avec la société : — Connaître les présents statuts, dûment publiés et ainsi rendus opposables ; — Admettre, sans réserves, le caractère *commercial* de la société, quoique minière en partie ; — Et, au besoin, renoncer implicitement à invoquer les articles 1862 à 1864 du Code civil, pour s'en tenir aux droits et actions de tiers et créanciers à l'égard d'une société commerciale ordinaire sous la forme anonyme. — Le présent article sera, autant que possible, relaté sur tous les titres et documents de la société. »

(1) Cassation, 21 février 1883 (Dalloz, 1883. 1. 217 ; Sirey, 1884. 1. 361).

rogé par une convention particulière entre la société et un
créancier; pourquoi ne pas admettre la possibilité d'une
dérogation générale?

Parce que, répond M. Bédarride (1), les tiers n'ont pas
été parties à l'acte social; traitant avec une société civile,
ils ont compté sur les garanties de la loi civile. Aussi Duvergier (2) professe-t-il que les tiers doivent avoir eu connaissance de la stipulation qui restreint l'engagement des
associés, et ceux-ci auront à en faire la preuve.

208. Mais ces objections ne sont pas sans réplique : nous
avons déjà dit qu'aucune disposition législative n'interdit
l'anonymat aux sociétés civiles; bien au contraire, les travaux préparatoires de la loi du 21 avril 1810 autorisent
formellement les sociétés de mines à revêtir cette forme;
en 1838, le comte d'Argout devant la Chambre des pairs,
et en 1867, M. Mathieu devant le Corps législatif, reconnu-
rent que les mines pouvaient être exploitées par des sociétés anonymes, toujours civiles bien entendu : enfin,
jusqu'en 1867, le gouvernement accordait à des sociétés
civiles l'autorisation de prendre la forme anonyme. *La loi
du 24 juillet 1867 a-t-elle changé cette situation? Là est
tout le nœud du débat.*

Or, il semble bien que si l'on eût voulu introduire un tel
changement dans la législation, on l'aurait clairement exprimé, comme l'avait fait la loi du 24 juillet 1863 sur les
sociétés à responsabilité limitée. Aucun article de la loi de

---

(1) *Des sociétés*, t. 1, n° 123. — Il ne parle que des sociétés dont l'objet
répugne au caractère commercial, les seules d'après lui auxquelles la forme
anonyme laisse la nature civile.

(2) *Contrat de société*, n° 483.

1867 ne contenant d'exclusion pour les sociétés civiles, il faut donc en conclure que le régime nouveau peut leur être appliqué.

209. Cette exclusion, on l'a fait pourtant sortir de deux observations qu'il nous faut examiner de près. Et d'abord, cette loi, dit-on, a eu uniquement pour but de réglementer les sociétés commerciales qui veulent adopter les formes de la commandite ou de l'anonymat ; elle est inexistante pour les sociétés civiles. La réponse nous paraît facile : évidemment oui, le législateur a eu principalement en vue les sociétés de commerce, car ce sont elles généralement qui revêtent ces formes ; est-ce à dire que les sociétés civiles ne pourront en faire autant ? Ce qui nous semble prouver péremptoirement le contraire, c'est que le Code de commerce, lui aussi, n'avait parlé que des sociétés de commerce, et que cependant sous l'empire de ce Code, personne ne faisait difficulté d'admettre les sociétés civiles au bénéfice de l'anonymat. Si le législateur de 1867 avait voulu réserver aux sociétés commerciales la forme anonyme, il n'aurait pas manqué de le dire, car son attention avait été attirée sur nos compagnies charbonnières, « civiles par leur objet », disait le rapporteur, « et qui empruntent leurs formes aux sociétés de commerce ».

210. Le second argument se tire des travaux préparatoires de la loi de 1867 : un amendement, auquel nous avons précédemment fait allusion, était ainsi conçu : « Les dispositions précédentes sont applicables aux sociétés civiles, charbonnières ou autres qui se constitueraient dorénavant, soit sous la forme de sociétés en commandite par actions, soit sous la forme de sociétés anonymes. Les sociétés civiles

actuellement existantes sous l'une ou l'autre de ces formes
sont tenues de se conformer aux dites dispositions dans
le délai de six mois à partir de la promulgation de la présente loi, sous peine de tous dommages-intérêts pour les
administrateurs ou gérants envers les parties intéres-
sées » (1). Or cet amendement a été repoussé. Il a donc
été presque législativement décidé que la loi ne régirait
pas les sociétés civiles.

Gardons-nous de conclure trop rapidement, et exami-
nons pour quelles raisons cette proposition n'a pas été
prise en considération. Nous en découvrons quatre, exposées dans le rapport de M. Mathieu : d'abord elle rétroagis-
sait sur le passé « en s'imposant à des conventions librement formées, dont l'existence est ancienne et dans lesquelles sont engagés les intérêts les plus considérables ».
De ce motif ne résulte évidemment pas l'impossibilité pour
les sociétés civiles de prendre désormais la forme anonyme.
— En second lieu, le projet de loi avait encore cet inconvénient « de ne pas être applicable à toutes les sociétés
civiles existantes qui, malgré la division du capital en actions, n'ont pris la forme ni d'une société en commandite,
ni d'une société anonyme ». Ce n'est donc que pour un
vice de forme que l'amendement fut écarté ; mais l'idée
fondamentale de permettre les formes commerciales aux sociétés civiles ne fut nullement rejetée.— Voici qui est plus
grave : le rapporteur ajoute : « La commission s'est demandé si, saisie d'une loi sur les sociétés commerciales,
elle avait qualité pour trancher une difficulté qui se ratta-

(1) *Moniteur universel*, 10 juillet 1867, p. 914.

che essentiellement aux sociétés civiles. » Les sociétés
commerciales sont donc les seules que le législateur a eu
en vue. Non ; nous tirons de là une toute autre conclusion :
il y avait une difficulté soulevée, la commission n'a pas
voulu la trancher ; donc le *statu quo* a été maintenu ; et
comme les sociétés civiles pouvaient être anonymes auparavant, elles le pourront encore après. — Enfin le Conseil
d'État promettait de rédiger un projet de loi spécial pour
les sociétés civiles à formes commerciales ; donc, encore
une fois, la loi de 1867 ne les concernait pas. Nous ferons
la même réponse que précédemment : ce projet de loi que
l'on promettait, aurait eu peut-être pour effet de changer
la situation de ces sociétés (1) ; mais jusqu'au moment où
il aurait eu force de loi, les anciens errements restaient
applicables, et rien ne s'opposait à ce que de nouvelles sociétés civiles prissent la forme anonyme comme de plus
anciennes l'avaient fait.

211. De tout ceci nous déduisons avec assurance que la
loi du 24 juillet 1867 n'a pas, en ce qui concerne la faculté
pour nos compagnies d'imiter les sociétés commerciales,
et en particulier de revêtir l'anonymat, modifié l'ordre de
choses préexistant. Or, cette faculté, elles l'avaient avant
1867, personne ne peut le contester. Donc elles l'ont con-
servée après cette loi.

---

(1) Il y aurait eu changement si la loi nouvelle avait refusé d'assimiler les
sociétés civiles aux sociétés commerciales, si elle leur avait imposé des conditions spéciales, si elle leur avait imprimé le caractère commercial comme
l'a fait la loi du 1er août 1893, et même si elle leur avait appliqué purement
et simplement la loi de 1867 : elles auraient alors joui des avantages de l'a-
nonymat légalement, c'est-à-dire certainement, au lieu d'en bénéficier par
l'interprétation de la jurisprudence, toujours sujette à modification.

212. Faut-il, poussant l'argument au risque d'arriver au paradoxe, en déduire encore que la loi de 1867 n'ayant rien changé à la condition des sociétés civiles, celles-ci sont encore soumises à l'autorisation gouvernementale pour adopter valablement la forme anonyme? Peut-être le syllogisme pourrait-il conduire jusqu'à cette conclusion extrême. Nous la croirions même plus rigoureuse et plus vraie que celle que nous avons combattue, et d'après laquelle l'anonymat et ses conséquences sont refusés aux sociétés civiles.

Nous ne l'admettons pas cependant, et voici, selon nous, la vérité : le législateur de 1867 a pensé que la situation dans laquelle se trouvaient les sociétés anonymes ne répondait plus aux besoins de cette époque ; il a transformé cette situation, et l'a fait pour toutes les sociétés. Ce qui subsiste, c'est qu'après comme avant la loi nouvelle, les sociétés civiles sont soumises aux mêmes conditions que les sociétés commerciales pour l'adoption de l'anonymat. L'examen de la loi montre que le législateur ne s'est pas préoccupé du caractère civil ou commercial des sociétés ; il a créé un type répondant aux exigences des grandes entreprises, en affranchissant les associés de la lourde responsabilité du droit commun ; en même temps, pour ne pas sacrifier les intérêts des tiers, il a organisé une publicité spéciale destinée à empêcher les surprises que signalait tout à l'heure M. Bédarride. « La conformation sociale et la publicité se lient en quelque sorte entre elles comme l'effet est lié à la cause (1). » L'autorisation du gouverne-

_____

(1) Pont, *Des sociétés*, t. 1, nº 123.

ment, avant la loi de 1867, une réglementation spéciale
depuis cette époque, offrent encore une nouvelle garantie;
dès lors, il y a une présomption légale que ceux qui traitent avec la société anonyme ont connu et accepté le régime
privilégié, auquel elle a voulu se soumettre. Cela est dans
la loi pour les sociétés commerciales ; il doit en être de
même de nos compagnies : « les garanties étant les mêmes,
les conséquences devront être identiques (1). » La loi de
1867 ne s'attache qu'à la forme des sociétés et non à leur
nature civile ou commerciale: ce qui le prouve, c'est
qu'elle régit les sociétés par actions à l'exclusion des sociétés en nom collectif et en commandite par intérêts.

213. La majorité des auteurs adopte cette opinion :
citons notamment : Pont (*Des sociétés*, t. 1, n° 123) ;
Laurent (*Principes de droit civil français*, t. 26, n°s 218
et 224) ; Dalloz (Supplément au Répertoire, v° *Sociétés*,
n° 2118) ; Lyon-Caen et Renault (*Traité de droit commercial*, t. 2, *Des Sociétés*, n°s 1077 *bis*, 1081 et 1085) ; Bury
(*Législation des mines*, t. 2, n° 1369) ; Delecroix (*Législ-
lation des sociétés de mines*, n°s 225 et suivants) ; Féraud-
Giraud (*Code des mines et mineurs*, n°s 164, 166 et 216) ;
Guillouard (*Contrat de Société*, n° 255, p. 325 *in fine*).

214. La jurisprudence a été appelée souvent à statuer sur
les difficultés que présentent les sociétés civiles à forme
anonyme ; elle a donc reconnu cent fois que nos compagnies pouvaient revêtir cette forme. Ne faut-il pas en conclure que les règles de l'anonymat, y compris l'irresponsabilité personnelle des associés, leur sont applicables ?

(1) Delecroix, *Législation des sociétés de mines*, n° 227.

Sinon, le fait pour une société civile d'adopter la forme
anonyme serait un acte totalement dépourvu de conséquences, *telum imbelle sine ictu*, ce qui ne semble pas facilement admissible.

Il y a mieux : nombre d'arrêts déclarent, nous le verrons
bientôt, que vainement les statuts d'une société purement
civile limitent au montant du capital de leurs actions l'o-
bligation des associés envers les tiers. Les motifs allégués
sont presque toujours ceux-ci : d'abord, la société étant
civile est soumise aux articles 1862, 1863, 1864 et autres
du Code civil ; en second lieu, les statuts n'ayant pas été
publiés (aucune loi n'ordonnant cette publication), ne
sont pas opposables aux tiers. Or le premier argument
ne met nul obstacle à ce que les articles précités soient
écartés, lorsque la société est soumise à la loi de 1867 ; le
second, par un raisonnement *a contrario*, nous permet de
croire qu'on eût déclaré les statuts opposables aux tiers
s'ils avaient été régulièrement publiés, au moins quand la
loi ordonne cette publication, comme elle le fait pour les
sociétés anonymes.

Enfin, plusieurs décisions judiciaires ont nettement proclamé les principes que nous défendons : la Cour de Lyon,
appelée à déterminer les effets de la clause restrictive que
les rédacteurs des statuts d'une société purement civile y
avaient introduite, a formulé ainsi son arrêt du 8 août
1873 (1) : « Attendu qu'ils n'auraient pu affranchir de la
responsabilité personnelle les membres de la société *qu'en
se constituant en société anonyme.....* » Un peu plus tard

(1) Dalloz, 1874.2.203 ; Sirey, 1874.2.105.

la question qui nous occupe a été encore plus directement
tranchée : « Attendu, dit le Tribunal civil de Toulouse, le
9 août 1886 (1), qu'aux termes de l'article 1ᵉʳ des statuts,
la Société de l'école Henri IV constituait une société civile
en la forme anonyme..... Attendu qu'il est manifeste qu'en
se constituant sous la forme anonyme, la Société... a eu
précisément pour but de procurer à ses actionnaires les
avantages inhérents aux sociétés anonymes, et de limiter
les responsabilités en cas de perte au montant de leurs
actions... Attendu qu'aucune disposition de la loi ne met
obstacle à ce que, dans une société civile, les associés
conviennent qu'ils ne subiront l'effet des dettes sociales
que sur leurs mises, et que, partant, cette convention étant
licite, il y a lieu de la respecter, lorsque, comme dans
l'espèce, elle résulte à la fois du pacte social et de la forme
anonyme de la société... » Sur appel, la Cour de Toulouse
confirma ce jugement, le 23 mars 1887 (2) : « Attendu que
les membres d'une société civile, lorsque celle-ci emprunte
la forme anonyme, peuvent limiter leurs risques, et que
l'article 22 des statuts a été rédigé en ce sens ; que le contrat ayant été dûment publié, les tiers ont été avertis et
mis en garde.... » Bien plus, la Cour de Paris, le 28 janvier
1868 (3), a déclaré valable à l'égard des tiers l'insertion
d'une clause restrictive de la responsabilité dans les statuts d'une société civile : *a fortiori*, eût-elle donné la
même solution pour une compagnie revêtue de la forme

---

(1) *Gazette du Palais*, 1886.2.478.
(2) Dalloz, 1887.2.233 ; *Gazette du Palais*, 1887.1.791.
(3) Dalloz, 1868.2.244 ; Sirey, 1869.2.105.

anonyme, qui est reconnue par la loi et entourée d'une
publicité et de formalités spéciales.

Aussi voyons-nous un jugement du Tribunal civil d'Arras du 16 juillet 1890, confirmé par la Cour de Douai le
11 avril 1891 (1), ne pas même mettre en doute l'irresponsabilité personnelle des associés ; il est vrai que cette question ne semble pas avoir été soulevée. Il s'agissait d'une
ancienne société civile transformée ; le Tribunal s'est contenté de dire : « Attendu que... la société civile a été transformée en société anonyme, que toutes les formalités
légales ont été alors remplies... », puis il passe aux divers
points qui étaient en discussion. L'arrêt de la Cour reproduit, en ce qui nous concerne, le dispositif du jugement.
Il a donc paru hors de conteste à l'une et l'autre juridiction que l'anonymat entraînait la libération personnelle
des actionnaires : s'il en eût été autrement, elles auraient
dû, sinon résoudre le problème qui ne leur était pas proposé, du moins exprimer leurs réserves à ce sujet.

Cette doctrine a même été soutenue devant la Cour de
Cassation par M. l'avocat général Chévrier (2) : la cause à
juger ne présentait pas la solution de notre difficulté et
l'arrêt est muet sur ce point ; mais l'avocat général fut
amené à déclarer incidemment que dans une société civile

---

(1) Ni le jugement, ni l'arrêt, ne figurent, à notre connaissance, dans
aucun recueil de jurisprudence.

(2) Voir Cassation, 28 janvier 1884 (Dalloz, 1884.1.146). Il faut à la vérité
reconnaître que, de son côté, le conseiller rapporteur, M. Féraud-Giraud, a
soutenu une thèse opposée : « La forme empruntée par la société ne change
ni sa nature, ni son caractère, et, la société arrivée à son terme, les droits
et les obligations des associés seront réglés par la loi applicable à la nature
de leur contrat. »

anonyme, la forme commerciale emporte virtuellement l'application de certaines règles commerciales, même de fond, qui y sont inhérentes. « Par exemple, *l'anonymat implique la division* du capital en actions et celles *des responsabilités correspondantes.* »

215. Citons enfin cette conclusion de l'arrêtiste du Recueil de Dalloz (1) ; parlant des sociétés civiles à formes commerciales il dit : « *Personne ne conteste* que les actionnaires ne sont pas responsables du passif social au delà du montant de leur apport. » Personne ! c'est trop peu dire, et nous allons bientôt voir que notre opinion, bien que généralement admise, a rencontré quelques contradictions.

216. Les sociétés ont-elles quelques conditions à remplir pour bénéficier des lois commerciales en adoptant l'anonymat ? De l'exposition qui précède, il résulte à l'évidence qu'elles doivent en tout se conformer aux règles imposées aux sociétés commerciales anonymes : il faut que les garanties soient les mêmes, avons-nous dit, pour que les conséquences soient identiques (2). La jurisprudence est d'accord en cela avec la doctrine : la Cour de Cassation dit formellement (3) qu'en empruntant au Code de commerce ce mode spécial d'organisation, « les sociétés civiles se soumettent nécessairement aux prescriptions essentielles et d'ordre public qui sont la condition même d'existence de

---

(1) Note sous Douai, 23 août 1882 et 24 décembre 1883 (Dalloz, 1885. 2. 105).

(2) Pont, *op. cit.*, n° 123 ; Laurent, *Principes de droit civil français*, t. 26, n° 218 ; Delebecque, *Législation des mines*, t. 2, n° 1240 ; Lyon-Caen et Renault, *Traité de droit commercial*, t. 2, n° 1077 *bis* et 1083 ; Delecroix, *op. cit.*, n°ˢ 226, 238 et suivants.

(3) Cassation, 13 mai 1857 (Dalloz, 1857. 1. 203).

ces sortes de sociétés ». Les mêmes affirmations se retrouvent dans un jugement du Tribunal civil de la Seine
et dans un arrêt de la Cour de Paris (1), et c'est aussi le
sentiment des jugements et arrêts qui appliquent à nos
sociétés les sanctions de la loi de 1867, et que nous allons
énumérer tout à l'heure. Notons en passant que ces décisions supposent bien entendu que la limitation aux apports
de l'obligation des associés découle de l'adoption de la
forme anonyme : il serait ridicule, traitant une société
comme purement civile, et lui appliquant l'article 1863,
de lui imposer les formalités des lois commerciales, puisqu'elles ne sont que la contre-partie d'un régime privilégié qu'on lui refuserait. Ces jugements ou arrêts, et les
autres analogues, s'ajoutent par conséquent à la jurisprudence que nous avons exposée tout à l'heure.

217. Nos compagnies sont donc soumises, d'une part à
la publicité exigée des sociétés de commerce (2), et d'autre
part à la réglementation créée par la loi du 24 juillet 1867
pour les sociétés par actions (3), que nous avons déjà
décrites.

(1) Tribunal civil de la Seine (1re chambre), 20 juillet 1886 (*Revue de la législation des mines*, 1889, p. 61) ; Paris, 21 mai 1892 (même Revue, 1892,
p. 282).

(2) C'est bien au greffe du Tribunal de commerce, et non à celui du Tribunal civil, que le dépôt prescrit par l'article 55 de la loi de 1867 doit être
effectué, bien que nos compagnies soient civiles et ne relèvent pas de la
juridiction consulaire ; la loi ne distingue pas, et elle a raison : c'est au
monde des affaires, c'est-à-dire aux commerçants, que s'adressent avant tout
les mesures de publicité prises par la loi ; sous ce rapport, les sociétés commerciales et les sociétés civiles anonymes, surtout les compagnies houillères,
se trouvent dans une situation identique. — *Sic*, Lyon-Caen et Renault, *op.
cit.*, n° 1083.

(3) Les modifications introduites par la loi du 1er août 1893 n'obligent pas
nos compagnies puisqu'elles existaient antérieurement.

En ce qui concerne la publicité, l'article 58 de Drocourt dit : « Pour faire publier et enregistrer les présents
statuts et les délibérations consécutives..., tous pouvoirs
sont donnés aux dits M. Fréderic Limelette ou à M. Del-
miche pour agir ensemble ou séparément ».

Quant à la réglementation spéciale aux sociétés par
actions, nous lisons dans les statuts de Drocourt, article 6 : « La constitution définitive de la Société n'aura lieu
qu'après la souscription ou prise des actions émises et le
versement du quart des actions, qu'après l'approbation par
l'Assemblée générale de la valeur des apports, la nomination et l'acceptation des membres devant composer le premier Conseil d'administration et des commissaires. Jusque-
là, la Société n'est que provisoire, et les engagements des
soussignés sont purement conditionnels. » Et l'article 58
donne pouvoirs « pour passer la déclaration des fondateurs
exigée par l'article 24 de la loi de 1867 ».

218. Cette fidélité à remplir les prescriptions légales (1)
rend pour nous théorique l'intéressante question de savoir si
les diverses sanctions que nous avons énumérées doivent
être appliquées aux sociétés civiles à formes commerciales.
Elle est cependant trop importante pour que nous nous
dispensions de l'étudier. Rappelons en quelques mots
quelles sont ces sanctions : l'infraction aux règles de publicité entraîne la nullité de la société à l'égard des intéressés (art. 56), et l'omission de la prise de la qualité de

(1) Voir aussi les statuts des anciennes sociétés anonymes : Auchy-au-
Bois, articles 54 à 57 et 59 ; Carvin, article 26 ; Ferfay, article 32 ; Fléchinelle, article 45 ; Lys-Supérieure, articles 53 à 56 et 58 ; Meurchin, arti-
cle 35 ; Vendin-lez-Béthune, article 37, etc.

société anonyme dans les divers actes est punie d'une amende (art. 64); les contraventions à la réglementation imposée aux sociétés par actions ont pour conséquences la nullité de la société (art. 41) et en ce cas la responsabilité solidaire des fondateurs et administrateurs (art. 42); enfin, des peines d'amende et même d'emprisonnement pourront être prononcées (art. 45, 13, 14, 15 et 16).

Les sociétés civiles anonymes y sont-elles soumises comme les sociétés commerciales ?

Nous n'hésitons pas à nous prononcer pour l'affirmative (1) : toutes les parties de la loi se tiennent et s'expliquent. Donc, puisque les règles de cette loi sont applicables aux sociétés civiles, il ne faut pas reculer devant les dispositions qui sanctionnent ces règles, responsabilité solidaire, amendes, emprisonnement même, tout aussi bien que nullités. Elles ont en effet « pour but principal de prévenir ou de réprimer les abus et les fraudes auxquels donnent trop souvent lieu les sociétés par actions. Ces abus et ces fraudes se rattachent à la forme de ces sociétés, non à leur objet » ; peu importe donc que la société soit civile ou commerciale ; la loi doit être appliquée tout entière (2).

---

(1) Lyon-Caen et Renault, *op. cit.*, n° 1085 et 1085 *bis*.

(2) Aussi bien que la loi du 24 juillet 1867, il faut appliquer celle du 1er août 1893, pour les prescriptions où elle vise les sociétés anonymes antérieures (dispositions transitoires). Notamment, « l'action en nullité résultant des articles 7 et 41 ne sera plus recevable si les causes de nullité ont cessé d'exister au moment de la présente loi. — En tout cas, l'action en responsabilité pour les faits dont la nullité résultait ne cessera d'être recevable que trois ans après la présente loi ».

Il n'est cependant pas inutile d'étudier, même aujourd'hui que la loi de 1893 est promulguée depuis plus de trois ans, comment la loi de 1867 s'appliquait aux sociétés civiles anonymes ; car, après avoir prétendu que ses sanctions ne leur étaient pas destinées, on a conclu, nous le verrons, à l'inef-

219. Conformément à ces principes, nous voyons des décisions judiciaires prononcer la nullité de sociétés civiles anonymes, d'après l'article 41 de la loi de 1867, pour défaut de souscription totale ou de versement du quart du capital, ou pour absence de vérification des apports (Tribunal civil de Béthune, novembre 1884 (1) ; Tribunal civil de Lille, 15 juin 1885, et Cour de Douai, 22 juin 1886 (2) ; Tribunal civil de la Seine, 20 juillet 1886) (3) ; nullité également pour omission de la nomination de commissaires de surveillance (Tribunal civil de Toulouse, 9 août 1886 (4), et Cour de Toulouse, 23 mars 1887) (5). On peut encore citer dans le même sens les arrêts dont nous allons nous occuper et qui ont statué sur la responsabilité des fondateurs et administrateurs, car cette responsabilité solidaire

---

ficacité de l'anonymat pour la restriction de la responsabilité des actionnaires.

(1) Ce jugement offre pour nous cet intérêt particulier qu'il prononce la nullité d'une de nos anciennes compagnies anonymes, Vendin-lez-Béthune : voir à ce sujet l'arrêt de la Cour de Douai, du 12 août 1886 (Jurisprudence de la Cour de Douai, 1886, p. 255, et *Revue de la législation des mines*, 1889, p. 115) ; cet arrêt réforme le jugement sur les autres points, et se borne à constater, relativement à notre question, qu' « aucune des parties en cause ne relève appel de la disposition du jugement qui a prononcé la nullité ».

(2) Jurisprudence de la Cour de Douai, 1886, p. 215 ; *Revue des Sociétés*, 1885, p. 552 ; *Revue de la législation des mines*, 1889, p. 93. — Ces décisions ont prononcé la nullité de la Compagnie anonyme des Houillères franco-belges, transformation de la Société de Sainte-Aldegonde, que ses désastres ont rendue tristement célèbre dans le nord de la France.

(3) *Revue des Sociétés*, 1886, p. 592 ; *Revue de la législation des mines*, 1889, p. 61. — La Cour de Paris a réformé ce jugement le 21 mai 1892 (Dalloz, 1892. 2. 325) ; c'est une question de fait qui a motivé son arrêt, lequel proclame qu'en droit la société civile anonyme est soumise aux prescriptions de la loi de 1867.

(4) *Gazette du Palais*, 1886. 2. 478.

(5) Dalloz, 1887. 2. 233 ; *Gazette du Palais*, 1887. 1. 791.

n'est édictée par l'article 42 que lorsque la nullité de la
société a été prononcée conformément à l'article 41.

Ajoutons que l'arrêt précité de la Cour de Toulouse porte
également que la publicité s'impose à peine de nullité.

Nous savons que la nullité peut entraîner la responsabilité solidaire des fondateurs et des administrateurs, aux
termes de l'article 42 : cette responsabilité a été prononcée
en cas de société civile anonyme par la Cour de Paris,
le 29 juillet 1890 (1) et le 21 mai 1892 (2) ; la Cour de Toulouse, dans son arrêt du 23 mars 1887, avait déjà dit que
l'article 42 devait s'appliquer dans cette hypothèse comme
toutes les autres dispositions de la loi.

220. La jurisprudence est cependant loin d'être unanime
dans le sens que nous venons de développer, et chacune des
sanctions de la loi de 1867 a été écartée par quelque arrêt.
C'est d'abord l'article 45 qui punit les contraventions d'a-
mende et même d'emprisonnement : or, a-t-on dit (3), « au
point de vue criminel, il ne s'agit pas d'une simple analogie pour appliquer une peine, il faut un texte précis, un
cas spécialement prévu et déterminé ». C'est pourquoi la
Cour de Cassation, le 28 novembre 1873 (4), a décidé « que
les articles 15 et 45 de la loi du 24 juillet 1867 ont eu pour
but de punir les fraudes qui y sont spécifiées en matière

---

(1) *Revue de la législation des mines,* 1891, p. 212.
(2) *Gazette du Palais,* 1892. 2. 206.
(3) Delecroix, *op. cit.,* n° 241. — *Sic* : Féraud-Giraud, *op. cit* , n°s 164
et 175 ; Plichon, *La loi du* 21 *avril* 1810 *et le Code civil,* p. 175.
(4) Dalloz, 1874. 1. 441 ; Sirey, 1875. 1. 281. — On cite parfois dans le
même sens Cassation, 9 mai 1879 (Dalloz, 1879. 1. 315) ; c'est une erreur :
il s'agissait d'une société d'assurances, soumise par l'article 66 de la loi de
1867 à l'autorisation du gouvernement ; c'est comme telle, et non pas à
cause de son caractère civil, qu'elle échappait à l'article 42.

de sociétés en commandite et de sociétés anonymes, c'est-à-dire à l'occasion de sociétés commerciales ; — que ces dispositions sont exceptionnelles... ; — que ces dispositions doivent être, à raison de leur nature même, restreintes aux hypothèses qui rentrent directement dans les prévisions d'une loi spéciale ». Nous ne partageons pas cette manière de voir : nous avons expliqué que la loi de 1867 faite, comme le Code de commerce, pour les sociétés commerciales, n'excluait pas de ses dispositions les sociétés civiles, pas plus que ne le faisait ce Code ; il n'y a donc pas à distinguer entre tel article ou tel autre, il faut les accepter tous.

Une fois la première pierre arrachée à l'édifice, il va peu à peu s'écrouler tout entier : un raisonnement analogue au précédent a conduit à écarter la responsabilité solidaire édictée par l'article 42 ; ainsi ont statué le Tribunal de Lille et la Cour de Douai (1), refusant de tirer les conséquences de la nullité qu'ils venaient de prononcer ; de même, un arrêt de la Cour de Bourges, du 22 décembre 1884, qui avait condamné solidairement les fondateurs d'une société annulée, a été cassé par la Cour suprême, le 7 avril 1886 (2), et la Cour d'Orléans, saisie sur renvoi, s'est soumise à cette doctrine le 28 juillet 1887 (3). La Cour de Cassation, le 21 octobre 1895 (4), s'est encore prononcée dans le même sens en rejetant le pourvoi formé contre un arrêt de la Cour de Riom , du 5 janvier 1893 : « Attendu, dit-elle,

---

(1) Décisions précitées des 15 juin 1885 et 22 juin 1886.
(2) Dalloz, 1886. 1. 420.
(3) Dalloz, 1888. 2. 258.
(4) *Revue de la législation des mines*, 1896, p. 216.

qu'avant la loi du 1ᵉʳ août 1893, les sociétés civiles revêtues de la forme anonyme ne perdaient pas leur caractère
de sociétés civiles ; que, par suite, la responsabilité des
fondateurs et associés restait soumise au droit commun et
n'était pas régie par l'article 42 de la loi du 24 juillet 1867,
qui ne s'appliquait qu'aux sociétés commerciales. »

De ce qu'il fallait rejeter les dispositions exceptionnelles
au droit commun, on pouvait conclure que les nullités sanctionnant les prescriptions de la loi de 1867 ne
pouvaient être encourues par les sociétés civiles ; effectivement, la Cour d'Aix, le 11 janvier 1887 (confirmant un
jugement du Tribunal civil de Grasse, du 3 mai 1886) (1),
a refusé d'annuler une société civile anonyme pour défaut
de souscription totale et de versement du quart du capital, alors même que ses statuts prescrivaient ces conditions, mais sans expliquer que c'était à peine de nullité.
Le Tribunal de la Seine a décidé aussi, le 5 juin 1883 (2),
que ces prescriptions relatives « à la constitution même de
la société, et qui concernent notamment la formation du
capital », ne sont pas applicables aux sociétés civiles.

Enfin, dans le même ordre d'idées, citons le jugement
du Tribunal civil de la Seine, du 8 avril 1886 (3), d'après
lequel les actionnaires d'une société civile ne pourraient
pas, même s'ils représentent le vingtième du capital social, se faire représenter en justice contre les administrateurs par un ou plusieurs mandataires, cette faculté accordée aux sociétés commerciales par l'article 17 de la loi de

---

(1) Voir *Revue de la législation des mines*, 1889, p. 35.
(2) *Ibidem*, p. 82.
(3) *Ibidem*, p. 123.

1867 étant une exception à cette règle de droit commun
que « nul en France ne plaide par procureur (1) ».

221. Nous protestons contre ces décisions dont les conséquences ont échappé sans doute aux juges qui avaient à résoudre des cas particuliers et des espèces isolées. En les réunissant pour en tirer un système d'ensemble, on arriverait
à supprimer complètement la loi de 1867 pour les sociétés
civiles. Mais alors celles-ci n'offrent plus les mêmes garanties que les sociétés commerciales, ne peuvent plus prétendre aux mêmes avantages ; c'est uniquement le Code
civil qui les gouverne. Donc les associés sont responsables
personnellement sur tous leurs biens. L'anonymat n'est
plus qu'un vain mot ; en réalité les sociétés civiles ne peuvent l'adopter, et si elles revêtent cette forme, il n'en sortira aucun effet (2).

222. La jurisprudence la plus récente semble vouloir
tirer cette conclusion. Plusieurs décisions judiciaires en effet
assujettissent les actionnaires de sociétés civiles à forme
anonyme à l'obligation personnelle et indéfinie des dettes
de la société : ce sont le jugement du Tribunal civil de la
Seine, du 9 avril 1886 (3), celui du Tribunal de Rouen, du
30 mai 1888 (4), l'arrêt de la Cour de Rouen, du 16 juin

---

(1) Notons pourtant qu'aucun texte de loi ne consacre cette ancienne maxime : Cassation belge, 13 avril 1889 (*Revue de la législation des mines*, 1889,
p. 310).

(2) N'oublions pas qu'il s'agit de sociétés constituées avant la loi du
1er août 1893.

(3) *Revue des Sociétés*, 1886, p. 505 ; *Revue de la législation des mines*,
1889, p. 84.

(4) *Revue des Sociétés*, 1889, p. 506.

1890 (1), confirmant ce dernier jugement, et enfin l'arrêt précité de la Cour de Cassation, du 21 octobre 1895. Voici les considérants du Tribunal de la Seine à propos de notre Compagnie d'Auchy-au-Bois (2) : « Attendu que, d'après l'article 1863 du Code civil, les membres d'une société civile sont tenus avec les tiers, avec qui ils ont contracté, chacun pour une somme et part égales, et qu'ils ne sauraient s'affranchir de cette obligation en stipulant, dans les statuts de la société, notamment par voie d'emprunt aux dispositions édictées par la loi commerciale en matière de société anonyme, que le paiement des dettes sociales ne pourra être poursuivi que sur les biens dépendant de la société ; qu'il n'importe que les statuts où l'anonymat a été adopté aient été publiés conformément à la loi commerciale, cette publication ne les rendant obligatoires que pour les tiers qui contractent avec une société de commerce et non pour ceux qui se trouvent en présence d'une société civile, non assujettie à une publicité dont ils n'ont pas, dès lors, à s'enquérir afin d'y rechercher dans quelle mesure il leur sera permis de s'adresser à chacun des associés ;

« Qu'il suit de là que les défendeurs, membres d'une société civile, ne sauraient échapper à l'obligation personnelle qui dérive de cette qualité, en se retranchant dans les

_____

(1) *Revue des Sociétés*, 1890, p. 261.

(2) M. Hippolyte Bertheau, docteur en droit, administrateur de la Compagnie d'Auchy-au-Bois, avait adressé aux intéressés une circulaire sur la « responsabilité des actionnaires dans les sociétés anonymes de charbonnages », dans laquelle il démontrait, avec l'appui de la jurisprudence et de la presque unanimité des auteurs, que les actionnaires devaient être exonérés de l'obligation personnelle du paiement des dettes sociales.

dispositions des statuts qui, par dérogation à la loi civile, ont placé la société sous le régime de l'anonymat, tel qu'il est réglé par la loi du 28 juillet 1867 ; qu'*il est, en effet, hors de doute que la loi de 1867 est demeurée étrangère aux sociétés civiles* qui ne peuvent être enlevées statutairement, c'est-à-dire à l'égard de tous et en dehors des conventions particulières entre les associés et les tiers, au domaine purement civil... »

223. Cette opinion que la loi de 1867 ne peut s'appliquer aux sociétés civiles est développée par M. Brézillion dans une note insérée au recueil de Dalloz (1). M. Labbé (2) est aussi de cet avis, parce que, dit-il, cette loi ne régit que les sociétés par actions, et que les sociétés civiles ne peuvent ainsi diviser leur capital : mais une exception à cette dernière règle est apportée en faveur des compagnies minières par l'article 8 de la loi de 1810, aussi reconnaît-il que la loi de 1867 leur est applicable.

C'est aussi la thèse que défend avec énergie M. Delecroix dans la *Revue de la législation des mines,* année 1889 (3) ; abandonnant la doctrine qu'il avait admise précédemment (4), il présente sous un jour quelque peu nouveau cette idée que la loi de 1867 ne peut régir les sociétés civiles (5) : « La restriction des engagements au montant des mises sociales est supposée connue et acceptée de tous ceux qui traitent avec une société anonyme

---

(1) Dalloz, 18872.2.33.
(2) Note sous Cassation, 21 février 1883, Sirey, 1884.1.361.
(3) Des sociétés civiles et spécialement des sociétés minières à forme anonyme.
(4) *Législation des sociétés de mines,* nos 222 et suivants.
(5) *Revue de la législation des mines,* 1889, p. 26.

régulièrement constituée au moyen d'une présomption *juris et de jure* créée par la loi... Rien ne sera dans bien des cas plus contraire à la vérité que cette fiction juridique qui couvre toutes les obligations sociales...; dans bien des circonstances la restriction des engagements sociaux, grâce à la forme anonyme, couvrira légalement de véritables iniquités. » Cette présomption est donc de droit étroit, et ne s'applique qu'aux sociétés commerciales pour lesquelles elle a été créée ; pour les sociétés civiles, « le principe de la liberté des conventions ne va pas jusqu'à permettre aux parties de fonder à leur gré et *contrairement à la volonté formelle du législateur* une présomption *juris et de jure* ». Et dans un autre endroit (1), le même auteur dit encore : « Les sociétés civiles qui ont adopté la forme anonyme, exécuté toutes les prescriptions de la loi, rempli toutes les formalités prévues par le législateur de 1867 bénéficieraient-elles des avantages accordés par la loi aux sociétés anonymes commerciales ? — *Non, a dit le législateur de* 1867. »

224. Nous cherchons vainement dans quel article ce législateur a consigné cette volonté « formelle », et nous croyons avoir fait justice de cette affirmation. Rappelons en deux mots notre argumentation qui ne paraît pas avoir été ébranlée.

Le Code de commerce et la loi de 1867 sont ordonnés de la même façon : tous deux traitent spécialement des sociétés commerciales et sont muets sur les sociétés civiles.

_____

(1) *Ibidem*, p. 23.

Or, sous l'empire du Code de commerce, personne ne le conteste, les sociétés civiles bénéficiaient des dispositions de ce Code relatives aux sociétés commerciales : elles pouvaient revêtir les formes commerciales, spécialement l'anonymat ; elles étaient alors entièrement assimilées aux sociétés de commerce, soumises comme elles à l'autorisation gouvernementale, et jouissant comme elles de la limitation aux apports de la responsabilité des associés.

Donc il en est de même sous le régime de la loi de 1867 : les motifs d'assimilation des deux sortes de sociétés sont les mêmes, et le législateur nouveau n'a exprimé nulle part la volonté de changer sur ce point la situation préexistante. Nous l'avons démontré en expliquant pourquoi on avait rejeté un amendement étendant aux sociétés civiles, charbonnières ou autres, les dispositions de la nouvelle loi. Il y a donc lieu de traiter les sociétés civiles anonymes comme les sociétés anonymes commerciales ; mais il ne peut être question que d'une assimilation complète : nos compagnies bénéficient de la restriction des engagements sociaux et sont assujetties aux formalités de la loi de 1867 dont toutes les sanctions leur sont applicables, — nullités, responsabilité solidaire, et pénalités.

225. Nous n'avons pas présenté un autre argument d'ordre tout différent, tiré des règles du mandat ; nous allons le développer en étudiant les sociétés civiles ordinaires. Nous ne ferons donc que l'indiquer ici : les gérants, mandataires des associés, ne peuvent les obliger au delà des termes de leur mandat ; or en adoptant la forme anonyme, les associés ont voulu n'être tenus que de leur mise ; ils n'ont

donc donné aux administrateurs mandat de les obliger,
même envers les tiers, que jusqu'à concurrence du montant de leurs actions. Par conséquent leur responsabilité
est limitée à cette valeur. Mais ce raisonnement n'est pas
applicable aux administrateurs. Disons de suite que, même
pour les simples actionnaires, l'opinion dominante le trouve
insuffisant en matière de sociétés civiles ordinaires ; il
n'aurait sans doute pas à ses yeux plus de valeur pour
celles qui ont revêtu l'anonymat.

§ III. — Sociétés civiles.

226. Quatorze compagnies de notre bassin, soit plus de la
moitié, n'ayant adopté aucune forme commerciale, sont
demeurées étrangères aux règles des lois de 1867 et de 1893
que nous venons d'étudier. Le droit civil leur est donc en
principe applicable, et leurs associés sont tenus envers les
tiers créanciers personnellement *in infinitum* pour leur
part virile, si une stipulation spéciale et formelle n'a été
introduite dans le contrat passé avec eux. Sont placées
sous ce régime du droit commun les compagnies d'Aniche,
Anzin, Courrières, Dourges, Lens, Liévin, Marles et Thivencelles.

Quant aux autres, elles ont introduit dans leurs statuts
une clause destinée à restreindre la responsabilité des associés, comme dans les sociétés anonymes (1) : Béthune

---

(1) Parmi nos anciennes compagnies civiles, Vendin-lez-Béthune disait dans
son article 11, qu' « aucune solidarité n'existe entre les actionnaires, qui
ne pourront, à quelque titre que ce soit, être soumis à aucun appel de fonds
au delà du montant de la valeur nominale des actions ». On trouvait de même

(article 16), Bruay (article 16), l'Escarpelle (article 7), et Ostricourt (article 12) disent uniformément qu' « aucune solidarité n'existe entre les actionnaires, qui ne peuvent, à quelque titre que ce soit, être tenus au delà du montant des actions qu'ils auront souscrites ». L'article 12 des statuts de Vicoigne-Nœux porte dans le même sens que « tout actionnaire est obligé jusqu'à concurrence des mille francs auxquels chaque action peut être portée, sans qu'il puisse jamais être tenu au delà ». Flines-lez-Raches se montre plus prolixe, et rédige ainsi son article 14 : « Par dérogation à l'article 1863 du Code civil, les actionnaires ne sont passibles que du montant de leurs actions dans la Société ; ils ne sont engagés entre eux et vis-à-vis des tiers que dans la proportion de la part de chacun, c'est-à-dire du nombre d'actions qu'ils possèdent sans aucune solidarité entre eux et dans la limite seulement de l'actif social, seule garantie des tiers dans leurs rapports avec la Société ».

Nous avons à rechercher quelles sont les conséquences de ces déclarations : de telles clauses sont-elles opposables aux tiers par cela seul qu'elles sont insérées dans l'acte de société ?

227. La jurisprudence est unanime à répondre par la négative, et s'en tient étroitement au texte de l'article 1863

---

dans les statuts de Cauchy-à-la-Tour (art. 6) que les associés ne seraient soumis « à aucun appel de fonds au delà du montant de la valeur d'émission de leurs actions ». Dans ceux de Ferfay et Ames, les actions étaient aussi déclarées « exemptes d'aucun appel de fonds ». — Nous avons vu que la Cour de Douai, contrairement sans doute à l'intention des rédacteurs des statuts, n'a pas interprété ces clauses dans le sens de la restriction des engagements des associés à l'égard des tiers, mais comme ayant simplement pour but d'indiquer « que le capital était fixé ».

du Code civil : « Les associés sont tenus envers le créancier avec lequel ils ont contracté, chacun pour une somme et part égales, encore que la part de l'un d'eux dans la société fût moindre, si l'acte n'a pas spécialement restreint l'obligation de celui-ci sur le pied de cette dernière part. » D'où cette conclusion : les associés d'une société civile ne conviennent pas valablement dans l'acte social qu'ils ne répondront pas des dettes sociales au delà de leurs apports; leur obligation envers les tiers ne peut être limitée que par une stipulation spéciale introduite dans les contrats passés avec eux. Tel est le sens des arrêts de la Cour de Cassation (21 février 1883)(1), et des Cours de Paris (1er février 1858 (2), 27 juin 1882) (3), Lyon (8 août 1873) (4), Douai (23 mars 1878) (5). Voir aussi les arrêts déjà cités de la Cour de Douai, des 23 août 1882, 18 juin 1883, 24 décembre 1883 et 4 février 1884 ; mais leur autorité n'est pas bien grande dans notre question, car ils ont simplement jugé que la clause dont on voulait tirer l'irresponsabilité des associés n'avait pas la portée qu'on lui attribuait (Voir *suprà*, n° 200, note 1).

La jurisprudence belge est dans ce sens : Cassation

---

(1) Dalloz, 1883, 1, 217 ; Sirey, 1884, 1, 361.

(2) Dalloz, 1858, 2, 228. Cet arrêt dispose que les associés ne peuvent supprimer du contrat civil qu'ils forment les garanties stipulées au profit des tiers et, par une confusion des règles du droit civil et du droit commercial, se soustraire à la fois aux dispositions de l'un et de l'autre.

(3) *Journal des Sociétés*, 1883, p. 133.

(4) Dalloz, 1874, 2, 203 ; Sirey, 1874, 2, 105.

(5) Dalloz, 1879, 2, 109 ; Sirey, 1878, 2, 305 ; Jurisprudence de la Cour de Douai, 1878, p. 119.

belge (24 avril 1884) (1), Bruxelles (10 avril 1862 (2), 2 février 1882 (3) et 16 juillet 1892) (4).

Voici la partie qui nous intéresse de l'arrêt de la Cour de Cassation du 21 février 1883 :

« Attendu que, d'après l'article 1863 du Code civil, les membres d'une société civile sont tenus envers le créancier de la société chacun pour une somme et part égales, qu'ils ne sauraient s'affranchir de cette obligation en stipulant dans l'acte de société qu'ils ne seraient pas tenus sur leurs biens personnels des dettes sociales et que le paiement ne pourrait en être poursuivi que sur les biens dépendant de la société ; qu'une telle clause serait non avenue et ne pourrait être opposée aux tiers qui ont le droit de compter sur la responsabilité personnelle des associés établie par la loi. »

Citons encore l'arrêt de la Cour de Douai, du 23 mars 1878, puisqu'il est relatif à l'une de nos anciennes compagnies : « Attendu, quant à la demande elle-même, que c'est en vain que pour la repousser L... invoque l'article 6 des statuts du 20 avril 1859, qui régissaient la Société de Cauchy-à-la-Tour quand il a acquis ses coupons d'actions, et sous l'empire desquels, en ce qui le concerne, il est encore aujourd'hui ; que la clause dont il se prévaut et d'après laquelle les actionnaires n'auraient été soumis à aucun appel de fonds au delà de la valeur d'émission de leurs actions, bien que le Conseil d'administration pût faire

---

(1) *Revue de la législation des mines*, 1885, p. 54.
(2) *Pasicrisie*, 1863, 2, 107.
(3) Dalloz, 1883, 2, 1.
(4) *Revue de la législation des mines*, 1894, p. 33.

des emprunts avec l'autorisation de l'Assemblée générale,
ne pourrait lui profiter que si, dans les engagements contractés envers les créanciers, son obligation avait été, aux
termes de l'article 1863 du Code civil, spécialement restreinte sur le pied de sa part dans la société ; qu'il importe peu, à ce point de vue, que ces créanciers, ou un
certain nombre d'entre eux, soient des membres de la société, et qu'en cette qualité, ils aient connu ou pu connaître la clause dont il s'agit ; qu'elle constitue une dérogation
au droit commun, et que, pour en reconnaître la validité
à l'égard des créanciers, même des créanciers associés, le
législateur a exigé, sans admettre d'équivalent, l'accomplissement de la condition irritante à laquelle il la subordonne ;.... — Par ces motifs, condamne L... à payer... »

228. Il suit de là que nos compagnies essayeraient vainc-
ment d'échapper à l'article 1863 au moyen d'une publicité
plus ou moins grande (1), celle imposée aux sociétés anonymes, ou toute autre. En effet, quand il s'agit d'une société
civile les tiers savent qu'elle n'est assujettie à aucune publicité; par conséquent, ils ne s'enquerront pas si des mesures
ont été prises dans ce but; ils n'iront pas, par exemple, aux
greffes des tribunaux demander communication des statuts. Bien plus, s'il faut en croire l'arrêt que nous venons
de rapporter, eussent-ils eu connaissance de ces statuts, ils

(1) L'article 4 des statuts de l'ancienne Société civile de Vendin-lez-Béthune
disait : « Un acte, signé des administrateurs ci-après nommés, constatera la
constitution de la Société. Cette constitution sera annoncée par les journaux
d'annonces légales de Paris, Arras, Lille, Cambrai et Béthune, bien que par
la nature même des règles fondamentales qui ont présidé à la rédaction des
présents statuts, aucune annonce de ce genre ne soit légalement obligatoire. »

ne sont pas encore liés par eux ; rien ne peut remplacer la stipulation spéciale que l'article 1863 veut que l'on insère dans le contrat même : cet article donne aux créanciers le droit de poursuivre les associés chacun pour une part virile, et personne n'est présumé avoir renoncé à un droit : il faut donc une convention formelle.

229. La plupart des auteurs soutiennent la même opinion. Au raisonnement tiré du texte étroitement interprété de l'article 1863, ils ajoutent que la solution contraire permettrait de constituer indirectement de véritables sociétés anonymes, sans les garanties exigées par la loi commerciale ; qu'elle aboutirait à favoriser une véritable duperie à l'encontre des tiers étrangers au pacte social, contrairement à la maxime *res inter alios acta aliis non nocere potest* ; enfin, que les associés auraient pu adopter la forme anonyme, s'ils avaient voulu n'engager que leurs mises.

Cette doctrine est celle de Duvergier (*Contrat de société,* n°ˢ 396, 483 et 484), Pont (*Des sociétés,* n°ˢ 661 et 662 ; *Revue critique de législation et de jurisprudence,* 1884, p. 524 et suiv.), Bury (*Législation des mines,* t. 2, n° 1399), Delecroix (*Législation des sociétés de mines,* n°ˢ 453 et suiv.), Féraud-Giraud (*Code des mines et mineurs,* n° 216), Guillouard (*Contrat de société,* n° 268 *in fine*). — Voir aussi Delebecque (*Législation des mines,* t. 2, n°ˢ 1243 et 1244).

230. Malgré de si nombreuses autorités, il nous est impossible d'accepter cette solution. On a trop oublié que l'article 1863 n'est pas seul au Code civil : les articles 1862 et 1864 font allusion aux règles du mandat, et c'est précisément de ces règles que l'on déduit l'efficacité envers les tiers de la clause restrictive de l'obligation des associés, simplement stipulée dans les statuts. Tel est le sentiment de MM. Lyon-Caen et Renault (*Traité de droit commercial*, t. 2, n° 1078), partagé par Dalloz (Supplément au Répertoire, v° *Société*, n° 2123), mais cette théorie a été principalement développée par M. Labbé dans une longue note insérée au Recueil de Sirey, sous l'arrêt de la Cour de Cassation du 21 février 1883) (1).

Des principes généraux du mandat il ressort que « le mandant est tenu d'exécuter les engagements contractés par le mandataire, conformément au pouvoir qui lui a été donné. Il n'est tenu de ce qui a pu être fait au delà qu'autant qu'il l'a ratifié expressément ou tacitement » (article 1998). D'autre part, « le mandataire qui a donné à la partie avec laquelle il contracte en cette qualité une suffisante connaissance de ses pouvoirs, n'est tenu d'aucune garantie pour ce qui a été fait au delà s'il ne s'y est personnellement soumis » (art. 1997).

Si nous voulons en faire l'application à nos compagnies, nous devons remarquer que, contrairement aux sociétés civiles ordinaires dans lesquelles « les associés sont censés s'être donné réciproquement le pouvoir d'administrer l'un pour l'autre », elles confient leur gestion à des admi-

---

(1) Sirey, 1884, 1, 361. M. Labbé se refuse à étendre cette théorie aux sociétés par actions : comme on ne peut pas, dit-il, déduire du droit commun le mécanisme des actions négociables, une société civile ne peut diviser ainsi son capital. Cette restriction est sans importance pour nous, M. Labbé le reconnaît, l'article 8 de la loi de 1810 autorisant les actions dans une société minière (§§ II et III de la note).

nistrateurs, régisseurs (1) ou directeurs (2), qui sont les mandataires des associés. Or, quels sont les pouvoirs de ces mandataires ? Ce sont les statuts sociaux qui répondent à cette question. Si donc ces statuts contiennent l'une des clauses que nous citions précédemment, celle-ci par exemple : « Les actionnaires ne peuvent, à quelque titre que ce soit, être tenus au delà du montant des actions qu'ils auront souscrites », les administrateurs ne pourront obliger les associés, leurs mandants, pour une somme plus grande, alors même que les tiers auront ignoré cette disposition des statuts (art. 1998). Mais, dans ce cas, les administrateurs tomberont sous le coup de l'article 1997, et se trouveront tenus personnellement et sur tous leurs biens envers ceux à qui ils n'auront pas donné « une suffisante connaissance » de leurs pouvoirs (3).

En théorie, ces règles nous paraissent incontestables : on peut toujours en effet limiter le mandat que l'on donne ; pourquoi les associés, réunis, ne pourraient-ils pas faire collectivement ce que chacun d'eux peut faire individuellement pour ses affaires particulières ?

231. En fait, sont-elles contredites par le titre IX du Code civil, relatif au contrat de société ? Non, bien au contraire, la section II du chapitre III qui y traite « des engagements des associés à l'égard des tiers », comprend trois articles qui s'accordent parfaitement avec les principes que nous avons exposés : l'article 1862 dispose que « l'un des asso-

---

(1) Article 10 de l'acte de société de la Compagnie des mines d'Anzin.
(2) Article 6 du contrat de société de l'entreprise des fosses à charbon d'Aniche.
(3) Cf. Pont, *Des sociétés*, nos 645 et 646.

ciés ne peut obliger les autres *si ceux-ci ne lui en ont conféré le pouvoir* » ; il fixe donc, conformément à ce que nous venons de dire, les attributions des administrateurs ; s'ils ont fait une promesse tendant à obliger les associés au delà de leur mise, ils ont fait une promesse nulle, comme dépourvus de pouvoir.

L'article 1863 concerne le cas ordinaire où tous les associés peuvent administrer : « Les associés sont tenus envers le créancier, *avec lequel ils ont contracté.* » Il est donc étranger aux rapports entre les tiers et les associés non gérants.

Enfin l'article 1864 s'applique dans tous les cas : « La stipulation que l'obligation est contractée pour le compte de la société ne lie que l'associé contractant et non les autres, à moins que ceux-ci ne lui aient donné pouvoir. » Or, ce pouvoir a été refusé par la clause dont nous parlons. Donc elle est opposable aux tiers.

232. On a répondu (1) que le pouvoir dont parlent nos articles est simplement celui qu'a le gérant d'administrer : dès lors qu'un administrateur régulièrement nommé contracte *nomine sociali* il oblige les associés sans restriction possible. — Non, répond M. Labbé : la société civile serait un contrat soustrait au principe de liberté qui permet de restreindre le mandat qu'on donne à autrui. Mais cela est contraire à la raison du droit, puisqu'il s'agit de la prospérité d'une entreprise particulière, pour laquelle il faut en conséquence laisser agir les particuliers ; contraire aussi à la tradition et aux textes du droit civil : l'arti-

_____

(1) Pont, *Revue critique*, 1884, p. 525.

cle 1855 permet en effet, par *a contrario*, nous l'avons vu, d'affranchir de la contribution aux pertes les sommes ou effets qui n'ont pas été mis dans le fonds de la société par un ou plusieurs associés, et les articles 1862 et 1864 parlent d'un pouvoir donné, donc d'un pouvoir qui peut ne pas être donné.

233. La conclusion s'impose que l'article 1998 s'applique en notre matière ; donc la clause portant que les associés ne seront pas tenus au delà du montant de leurs actions est opposable aux tiers, comme limitant valablement les pouvoirs confiés par les statuts aux administrateurs.

Mais d'autre part, l'article 1997 s'oppose à ce que les administrateurs jouissent de la même faveur : n'ayant pas fait connaître aux tiers la limitation apportée à leurs pouvoirs, ils sont tenus personnellement. Bien plus, si l'on peut les accuser d'une faute dans les termes des art. 1382 et 1383, pour n'avoir pas prévenu les tiers de cette situation anormale, ils pourront être obligés chacun pour le tout, alors du moins qu'il y aurait impossibilité de déterminer la part de responsabilité qui incombait à chacun, car tel est le système de la jurisprudence en matière de délit civil ou de quasi-délit civil (1).

234. En résumé, nous pensons qu'une société civile peut compter parmi ses membres de véritables commanditaires, tenus seulement jusqu'à concurrence de leur mise : ce

---

(1) Cassation, 14 mars 1882 (Dalloz, 1883, 1, 403 ; Sirey, 1884, 1, 238) ; 28 janvier et 8 juillet 1885 (Sirey, 1885, 1, 480 et 494) ; 25 octobre 1887 (Dalloz, 1888, 1, 72 ; Sirey, 1887, 1. 411); 18 novembre 1885 (Dalloz, 1886, 1, 397 ; Sirey, 1889, 1, 55) ; 11 juillet 1892 (Sirey, 1892, 1, 505 et 508).

sont tous les associés non gérants. Les administrateurs, analogues aux commandités, sont obligés sur tous leurs biens, et leur obligation peut même être solidaire. Pour que ces derniers eux-mêmes soient libérés de cette obligation personnelle, comme dans la société anonyme, il faut une stipulation spéciale dans le contrat ; les conventions statutaires seules sont impuissantes à produire ce résultat.

Disons en terminant que cette efficacité de la clause restrictive a été admise, contrairement à l'opinion générale de la jurisprudence, par un arrêt de la Cour de Paris, du 28 janvier 1868 (1), lequel a déclaré opposable aux tiers une stipulation analogue, par cela seul qu'elle se trouvait inscrite dans l'acte social, ceux qui contractent avec une société même civile étant réputés avoir connu et accepté la loi des statuts. Une telle présomption ne peut être tirée que de la théorie du mandat. — Voir aussi Paris, 15 février et 17 août 1868 (2).

III. — La cession des actions est opposable aux tiers.

235. Nous avons établi que les actionnaires pouvaient céder leurs actions sans demander le consentement de leurs coassociés, contrairement à l'article 1861 du Code civil. Nous avons dit aussi que le cessionnaire remplaçait complètement le cédant dans la société, tant pour l'obligation aux dettes, que pour la participation aux bénéfices.

(1) Dalloz, 1868,2,244 ; Sirey, 1869,2,105.
(2) Sirey, 1868,2,329.

Ces principes, certains dans les rapports des associés entre eux, sont-ils également vrais lorsqu'il s'agit des relations entre les actionnaires et les créanciers sociaux ? Nous nous proposons de démontrer l'affirmative.

Quelle est tout d'abord la portée de cette question ? Il faut supposer qu'un actionnaire a cédé son action : bien évidemment il ne pourra pas être poursuivi par les créanciers qui le seront devenus après cette cession ; puisqu'au moment de l'acte créateur de la créance il était étranger à la société, personne n'a pu compter sur son crédit, il n'a pu devenir débiteur. Mais n'était-il pas et ne reste-t-il pas tenu des dettes existantes à l'époque de la cession ? Les créanciers antérieurs ne conservent-ils pas le droit de le rechercher, ou bien au contraire doivent-ils se contenter d'agir contre le cessionnaire, la cession leur étant opposable ? Voilà le problème.

236. Ce mot de problème ne convient pas au cas de sociétés anonymes depuis 1893 : étant commerciales, elles sont en tout soumises aux lois du commerce, et dans les sociétés commerciales il est de l'essence de l'action d'être cessible au gré de son possesseur, et cette cession met entièrement le cessionnaire au lieu et place du cédant *erga omnes*. Il n'y a donc rien de plus à dire des dix compagnies qui rentrent dans cette catégorie.

Pas de difficulté non plus pour la Compagnie de Drocourt qui était anonyme avant 1893, puisque nous avons montré que la loi commerciale lui était applicable, au moins pour ce qui concerne la forme sociale : la division du capital en actions se rattache à la forme de la société ; elles sont donc cessibles comme dans les sociétés de com-

merce. Toutefois une opinion que nous avons combattue
veut les assimiler en tout aux sociétés civiles ; il faudrait alors leur appliquer ce que nous allons dire de
celles-ci.

C'est en effet pour les sociétés purement civiles, soit
quatorze de nos compagnies actuelles, que la question soulève quelque difficulté.

237. Dans les sociétés civiles ordinaires la part d'un associé n'est pas normalement cessible ; c'est un intérêt et
non une action. Cependant, si les statuts le permettent,
l'associé peut céder sa part sans l'assentiment de ses coassociés. Mais cette clause n'est pas ordinairement reconnue opposable aux tiers qui étaient créanciers avant la
cession. On fait observer d'une part que, d'après l'article 1863, l'associé est tenu envers les créanciers et que dès
lors il ne peut mettre un autre débiteur en sa place ; d'a-
près l'article 1275, en effet, « la délégation par laquelle
un débiteur donne au créancier un autre débiteur qui
s'oblige envers le créancier n'opère point de novation, si
le créancier n'a expressément déclaré qu'il entendait dé-
charger son débiteur qui a fait la délégation. » On ajoute
d'autre part qu'une clause statutaire est impuissante à
modifier ces règles : les statuts d'une société civile ne sont
pas publiés ; les tiers les ignorent et sont en droit de compter sur l'application du droit commun ; on n'y peut déroger que par une stipulation formelle insérée au contrat
(art. 1863) (1).

Cette seconde considération a été repoussée par la Cour

---

(1) Pont, *Des sociétés*, n° 662 ; Aubry et Rau, *Cours de droit civil français*, t. 4, § 381, p. 559 ; Guillouard, *Contrat de société*, n° 255.

de Paris, le 28 janvier 1868 (1), à propos d'une société qui exploitait des mines de plomb, mais cet arrêt est généralement critiqué : « Considérant que B..., en traitant avec la société, a accepté la loi des statuts ; qu'il a consenti à avoir pour obligée, non pas telle ou telle personne faisant partie de la société au moment où elle traitait, mais toute personne qui en deviendrait membre par un transfert régulier des parts ou actions, conformément aux statuts ;... » Déjà, en première instance, le Tribunal civil de la Seine, le 9 août 1866, avait statué dans le même sens : « Attendu que ceux qui contractent avec une société, être moral, contractent envers elle dans les termes des statuts qui constatent son existence ; qu'ils doivent en connaître les dispositions, et que, s'ils ne les ont pas connues, ils doivent se l'imputer à eux-mêmes... »

238. En supposant même, conformément à l'opinion générale, que les tiers soient en droit de croire qu'une société civile est organisée suivant le Code civil, la question change d'aspect quand il s'agit de nos compagnies : « Les tiers sont avertis, dit M. Guillouard (2), par la nature même de la société, que le droit de chaque associé est cessible, et, dès lors, l'effet de la cession, du jour où elle est parfaite, est de rendre le cédant étranger à la société à l'égard de tous, aussi bien à l'égard des tiers qu'à l'égard de ses associés. Quant au cessionnaire, il sera substitué à toutes les obligations que la qualité d'associé imposait au cédant ».

M. Delecroix développe un argument d'ordre diffé-

(1) Dalloz, 1868, 2, 244 ; Sirey, 1869, 2, 105.
(2) *Op. cit.*, n° 368, *in fine*.

rent (1) : l'une des caractéristiques de la société minière
est de constituer une personne morale distincte de la personne des associés ; par conséquent, pendant toute la durée
de la société, elle seule est propriétaire du fonds social,
elle seule aussi est créancière ou débitrice lorsque des
obligations sont nées de ses rapports avec les tiers ; « tant
que dure la fiction de l'être moral, c'est-à-dire jusqu'au
jour de la dissolution, les droits de propriété, les créances
et les dettes, ne reposent pour aucune part sur la tête des
associés (2). » Ceux-ci peuvent donc très valablement
quitter la société en cédant leurs actions, les tiers créanciers ne peuvent s'en plaindre, puisqu'ils n'avaient aucun
droit sur eux : cela est si vrai que jamais un créancier
d'une compagnie minière n'a songé à poursuivre un actionnaire en payement des dettes sociales avant la dissolution de la société. L'article 6 de la Société anonyme de
Meurchin dit dans ce sens que « le titre d'actionnaire n'entraîne pour les associés aucune obligation dans les dettes
sociales, dont la Société est seule tenue ».

Vienne la liquidation, la fiction s'évanouit, l'être moral
disparaît, et les créanciers sociaux deviennent créanciers
personnels des associés, de ceux, bien entendu, qui le sont
au jour de la dissolution, et de ceux-là seulement, car
l'obligation n'a pas d'effet rétroactif. Quant à ceux qui ont

(1) *Législation des sociétes de mines*, n° 312 ; *Revue de la législation des
mines*, 1884, p. 129 et suiv. : Liquidation de la Société de Ferfay et Ames,
Etude sur la responsabilité des actionnaires et intéressés dans les sociétés
de mines et spécialement dans les sociétés houillères.

(2) M. Labbé dit aussi que les sociétés minières jouissent de la personnalité civile, et que dès lors, les associés ne sont pas personnellement tenus
des dettes sociales, c'est-à-dire de la personne sociale (Dissertation dans
Sirey, 1884, 1,361, § III).

cédé leurs actions, aucun lien ne se forme entre eux et les
créanciers de la société (1).

239. La cession est donc opposable aux tiers. C'est bien
là, semble-t-il, la pensée des divers autres auteurs qui
ont étudié les sociétés de mines, bien que généralement ils
n'aient pas traité cette question *ex professo* : Delebecque
(*Législation des mines*, nᵒˢ 1251 et 1257) ; Peyret-Lallier
(*Législation des mines*, n° 207) ; Bury (*Législation des mines*, n° 1390) ; Laurent (*Principes de droit civil français*,
t. 26, n° 422)(2). C'était aussi le système qu'on pouvait tirer
des décisions de la jurisprudence : Cassation, 23 ventôse
an VIII (3) ; Paris, 22 mai 1852 (4). Ces arrêts ont en réalité
déterminé les relations des cessionnaires avec la société ;
mais la généralité de leurs termes permet de les étendre
aux rapports entre les cédants et les tiers. La Cour de
Paris a été plus explicite le 14 avril 1883 (5) : un ancien actionnaire était recherché par des obligataires ; sur la fin
de non-recevoir tirée de ce qu'il avait cédé ses actions,
nous l'avons déjà dit précédemment, la Cour statua en ces
termes : « Considérant que X... ne conteste pas qu'il ait
été jusqu'au jour de la liquidation titulaire d'un grand
nombre d'actions de la Société des charbonnages du Nord ;

---

(1) Logiquement, il faut en dire autant de toutes les sociétés qui jouissent
de la personnalité civile, par conséquent de toutes les sociétés commerciales,
et même des sociétés civiles dans la jurisprudence actuelle de la Cour de
Cassation.

(2) *Contra* : Féraud-Giraud, *Code des mines et mineurs*, n° 216.

(3) Dalloz, Répertoire, 1ʳᵉ édition, vᵒ *Société*, p. 142, note 1 ; Dalloz, Répertoire, nouvelle édition, vᵒ *Mines*, n° 94 ; *ibidem*, vᵒ *Société*, n° 584 ; Sirey, *Collection ancienne*, t. 1, p. 287 ; Sirey, *Collection nouvelle*, t.1,1, 808.

(4) Sirey, 1852, 2, 577.

(5) Dalloz, 1884, 1, 145 ; Sirey, 1886, 1, 465 ; *Revue de la législation des
mines*, 1885, p. 27.

que s'il les a transmises à des cessionnaires, il lui incombe de l'établir, qu'il ne le fait pas... » D'où l'on est en droit de conclure que s'il avait justifié de la cession de ses actions, les créanciers sociaux auraient échoué contre lui. Enfin l'arrêt précité de la même Cour de Paris, du 28 janvier 1868, établit très nettement cette conclusion sur cette idée que le créancier « a accepté la loi des statuts ». — En Belgique, il nous faut citer l'arrêt de la Cour de Bruxelles du 18 avril 1862 (1), et surtout celui du 30 avril 1849 dont M. Delecroix cite cet énergique considérant que les intéressés, « en vendant leurs actions, vendent, en même temps, leur qualité d'associé » (2).

240. Nous avons dit que *c'était* le système de la jurisprudence, car il nous faut maintenant examiner les décisions contraires qui ont été plus récemment rendues. C'est pendant la liquidation de la Société civile de Ferfay et Ames que la question a été soulevée : cette société avait été dissoute le 23 décembre 1880 par l'assemblée générale des actionnaires, et le liquidateur nommé par cette même assemblée se trouva en face d'un passif de 5.545.000 francs. La liquidation imposait à chaque actionnaire l'obligation de rapporter 1.500 francs par action. Comme le cours des actions était tombé du chiffre maximum de 5.850 francs, en 1875, à 5 francs et 2 francs, en 1879, un certain nombre de ces actions était entre les mains de détenteurs insolvables, qui les avaient achetées à vil prix. Le liquidateur se retourna contre leurs vendeurs. En conformité avec ce

(1) *Pasicrisie*, 1863, 2, 107.
(2) *Législation des sociétés de mines*, n° 313 : *Belgique judiciaire*, t. VII, p. 842.

que nous avons dit en commençant cette étude, il ne leur réclama que leur part des dettes existantes au jour de la cession : c'est ainsi qu'il ne demanda par action que 48 fr. 81, 401 fr. 86, 680 fr. 60 et 1058 fr. 31 aux anciens actionnaires sortis de la société avant les emprunts du 8 février 1870, du 9 mars 1875, du 4 janvier 1877 et du 21 mars 1878 (1). Mais, même dans cette mesure, étaient-ils obligés ? La question fut portée devant les tribunaux et résolue affirmativement, contrairement à l'opinion que nous venons d'exposer.

241. Le 23 août 1882, la Cour de Douai (2), confirmant sur ce point un jugement du Tribunal civil de Béthune, condamna un actionnaire à verser aux mains du liquidateur une somme provisionnelle de 1500 francs par chacune des actions dont il était propriétaire : « Attendu que ladite Société est, par sa nature comme par son objet, et aux termes mêmes de l'acte du 4 avril 1853, par lequel elle s'est constituée, une Société purement civile, régie par le titre IX du Code civil, sauf les modifications qui résulteraient de ses statuts ; attendu que, d'après les articles 1862, 1863 et 1864 du titre IX précité, réglant les engagements des associés à l'égard des tiers, les dettes sociales obligent tout associé qui a contracté personnellement ou par mandataire avec le créancier... » La Cour constate ensuite que les emprunts ont été votés par l'assemblée générale qui, d'après les statuts mêmes (article 11), représente l'universalité des actionnaires ; tous les associés en étaient donc

_____

(1) *Statistique des houillères*, 1890, p. 150.
(2) Dalloz, 1885, 2, 105 ; Jurisprudence de la Cour de Douai, 1882, 1, 251 ; *Revue de la législation des mines*, 1884, p. 161.

tenus. Mais l'actionnaire poursuivi tirait argument de la cessibilité des actions par simple voie d'endossement « pour démontrer que la pensée dominante et substantielle des statuts avait été de limiter la responsabilité des actionnaires au montant de leurs actions » ; la Cour y répondit « que cette facilité de cession, stipulée au profit desdits actionnaires pour leur réserver vis-à-vis de leurs coassociés un moyen plus simple et plus rapide de se retirer de la Société en se substituant un cessionnaire, *ne touche en rien à leur responsabilité sociale vis-à-vis des tiers*, laquelle se transmet au contraire du cédant au cessionnaire substitué, dans toute son étendue, avec toutes ses conséquences. »

242. Comme on le voit, la Cour de Douai n'avait statué qu'incidemment sur cette difficulté, mais celle-ci se représenta bientôt comme sujet principal d'un procès nouveau : un sieur B..., recherché à son tour, répondit avoir cédé ses actions à une tierce personne, d'ailleurs demeurée introuvable. Ce moyen fut rejeté par le Tribunal civil de Béthune, le 6 avril 1883 (1) : « Attendu qu'aux termes de ses statuts la Société de Ferfay et Ames est purement civile (article 1er)...; que si l'article 4 autorise le transfert des actions à un cessionnaire, aucune clause des statuts ne stipule que l'associé qui aura opéré ce transfert sera libéré à l'égard des tiers ou à l'égard des autres associés de sa part dans les dettes et engagements sociaux antérieurs à ce transfert... ;

« Attendu que la Société de Ferfay et Ames étant civile,

_____

(1) Jurisprudence de la Cour de Douai, 1883, p. 137 ; *Revue de la législation des mines*, 1884, p. 168.

chacun de tous ses actionnaires est tenu des dettes sociales, conformément aux articles 1853, 1855, 1859, 1862, 1863, 1864 et 1868 du Code civil ; ... Attendu qu'il est aussi de principe que la cession faite par un associé de sa part ou action sociale, dans une Société civile, n'a d'effet qu'entre le cédant et le cessionnaire, et, qu'au regard des autres associés comme au regard des tiers, le cédant reste soumis aux engagements sociaux et tenu pour sa part et portion du passif existant au moment de sa retraite, la cession consentie par lui n'ayant et ne pouvant avoir d'autre résultat que de le soustraire aux charges et aux dettes qui seraient contractées dans l'avenir ;

« Que vainement B... prétendrait que le transfert aurait opéré à son profit novation, puisqu'il n'a été déchargé ni par les créanciers à raison de sa responsabilité dans les dettes sociales, ni par la Société et les autres associés à raison de sa part contributive dans le passif ; — Qu'en l'espèce la novation, qui du reste ne se présume pas, ne résulte pas des statuts et que le transfert est une simple formalité licite, constatant uniquement la déclaration du cédant et du cessionnaire, à laquelle la Société ne peut se soustraire, mais qui surtout dans le silence des statuts à cet égard ne peut avoir pour effet de changer les obligations ou droits antérieurs, soit de la société et des créanciers à l'égard des associés cédants, soit de ceux-ci à l'égard des autres associés... »

Sur l'appel, la Cour de Douai, le 18 juin 1883 (1), confirma ce jugement. « Adoptant les motifs des premiers

(1) Jurisprudence de la Cour de Douai, 1883, p. 142 ; *Revue de la législation des mines*, 1884, p. 172 et 177.

juges ; — Attendu en outre qu'en assignant B..., comme
personnellement tenu du paiement qu'il lui réclame, le
liquidateur n'avait pas à mettre en cause le cessionnaire
de B..., sauf recours de ce dernier contre son cessionnaire,
s'il s'y croit fondé ; — Attendu que l'appelant appuie encore son exception d'irrecevabilité, soit sur l'anéantisse-
ment absolu de la qualité d'actionnaire chez B... par suite
de la cession de ses actions, ce qui l'aurait dégagé de
toutes obligations procédant de cette qualité, soit..... —
Mais attendu que les premiers juges ont repoussé le premier moyen emprunté aux effets de la cession d'actions en
fixant la portée de l'article 4 des statuts ;....

« Attendu que B..., avant de céder ses actions, se trouvait lié par l'acte d'emprunt dès lors passé avec la Société
de crédit de Ferfay laquelle n'avait consenti à prêter qu'au
regard de la solvabilité des actionnaires adhérents au contrat de prêt ; — Attendu que ceux-ci, en vendant leurs
actions, ne pouvaient se dégager vis-à-vis de la Société de
crédit de Ferfay... »

Enfin, la Cour de Cassation, appelée elle-même à donner
sa haute appréciation, rejeta le pourvoi formé contre cet
arrêt, le 2 juillet 1884 (1); mais elle semble n'apporter
aucun élément de décision dans notre débat, car elle considère que l'arrêt de Douai, quant au point que nous étudions, n'a fait qu'interpréter une clause des statuts ; dès
lors en vertu du pouvoir souverain d'interprétation appartenant aux juges du fait, la décision attaquée échappait à
sa censure.

(1) Jurisprudence de la Cour de Douai, 1885, p. 195 ; *Revue de la législation des mines*, 1884, p. 174.

Il nous a paru utile de faire ces longues citations pour présenter complètement les arguments que nous allons essayer de réfuter. Disons encore qu'on les retrouve à peu près dans les mêmes termes dans un autre arrêt de la Cour de Douai, du 24 décembre 1883 (1), confirmant un jugement du Tribunal civil de Béthune.

243. Faut-il croire que la Cour de Douai, le 4 février 1884 (2), a abandonné la tradition des arrêts précédents ? M. Delecroix le prétend. La question de la responsabilité des anciens propriétaires d'actions n'était pas posée dans l'espèce ; mais l'arrêt contient ces considérants « qu'aux termes de l'article 1853 du Code civil, chaque associé doit *contribuer aux pertes* dans la proportion de sa mise sociale ; ... — que les tiers sont garantis par la responsabilité *indéfinie et personnelle* des associés... ». D'où, « comme conséquence nécessaire », irresponsabilité des anciens actionnaires. « L'associé à l'époque de la dissolution peut seul être tenu, car les pertes n'existent véritablement qu'à ce jour par la balance de l'actif avec le passif ». — Cette « conséquence nécessaire » nous paraît un peu forcée, et nous doutons que la Cour ait voulu revenir sur sa première jurisprudence.

Quoi qu'il en soit, lorsque le problème dont nous cherchons la solution s'est présenté nettement devant eux, les juges de Béthune et les conseillers de Douai ont répondu que la cession des actions n'était pas opposable aux tiers créanciers. En résumé, les arguments invoqués se rédui-

---

(1) Dalloz, 1885,2,108 ; Jurisprudence de la Cour de Douai, 1883, p. 144 ; *Revue de la législation des mines*, 1884, p. 177.

(2) *Revue de la législation des mines*, 1884, p. 177.

sent à celui-ci : les compagnies minières sont des sociétés civiles, donc les associés ne peuvent échapper à l'obligation envers les créanciers en cédant leurs actions ; dans la société civile, en effet, chaque associé est débiteur en son nom personnel des dettes sociales : il ne peut donc en être libéré que par le consentement de tous les créanciers sociaux (art. 1275 du Code civil).

244. M. Delecroix fait très exactement remarquer que cette doctrine a pour conséquence pratique l'impossibilité de céder sa part. « Dès lors, l'indivision est d'une durée indéfinie et chaque associé reprend son droit de sortir à toute époque d'une indivision que la loi réprouve lorsqu'elle est perpétuelle. Est-ce là le but que les parties se sont proposé en signant le contrat social ? Quelle entreprise résistera à de pareils dangers ? » (1)

Les jugements et arrêts que nous venons de citer n'ont pas en effet tenu compte de la nature particulière de nos compagnies ; elles sont civiles, c'est vrai, mais elles ne sont pas soumises au droit commun. Les arguments que nous avons reproduits pour prouver que la cession des actions est opposable aux tiers ne paraissent pas avoir été invoqués devant les tribunaux : il n'y est fait aucune allusion dans les considérants ; ils conservent donc toute leur valeur.

245. Nous n'avons pas à les rappeler, mais il en est un autre que nous croyons décisif, et nous nous étonnons de n'avoir pas trouvé ce côté de la question mis en relief comme il nous paraît le mériter. La loi du 21 avril 1810 a

(1 *Revue de la législation des mines,* 1884, p. 144.

elle-même tranché la difficulté : nous avons déjà rappelé que son article 8 permet de diviser en actions le capital des sociétés de mines ; or, qui dit action, dit part cessible. Le doute est impossible quand on voit le législateur ajouter que ces actions sont meubles *conformément à l'article 529 du Code civil*, les assimilant ainsi aux actions des « compagnies de finance, de commerce ou d'industrie », c'est-à-dire aux actions des sociétés commerciales. Or la cession de ces dernières libère le cédant vis-à-vis des créanciers sociaux. Donc la loi de 1810 a voulu qu'il en soit ainsi des actions de nos compagnies.

Bien plus, c'est précisément dans ce but que la loi a édicté cette assimilation : Treilhard l'a dit formellement, et nous avons déjà cité les paroles qu'il prononça, tant dans la discussion de l'article 8 de la loi de 1810 que dans celle de l'article 529 du Code civil (n° 120).

Il est donc certain que les associés qui ont cédé leurs actions échappent à toute responsabilité vis-à-vis des tiers. Et peu importe le mode de cession : comme pour les actions commerciales, les actions au porteur doivent être autorisées aussi bien que les actions nominatives ; nous ne nous croyons pas le droit de créer une distinction que le législateur n'a pas faite (1).

246. Mais les tiers ne seront-ils pas frustrés ? N'est-ce pas trop accorder à nos actionnaires ? Et cependant, qui mérite le plus d'être protégé, du créancier qui a loyalement traité avec une société civile en comptant sur les garanties du droit commun, ou de l'associé qui, après avoir couru les

(1) *Contrà*, Delecroix, *Législation des sociétés de mines*, n° 457 ; Féraud-Giraud, *Code des mines et mineurs*, n° 216.

chances de gain, se retire dès qu'il voit les affaires prendre
une mauvaise tournure ? Ce serait vraiment trop commode
pour ce dernier de céder son intérêt à un insolvable afin
de se soustraire à toute obligation.

247. Il faut d'abord répondre qu'après la dissolution de
la société, la cession est impossible : nous l'avons déjà dit,
à ce moment ceux qui sont associés deviennent débiteurs
personnels des créanciers sociaux, et ils le restent, quelque disposition qu'ils aient pu faire postérieurement de
leurs actions (Cassation belge, 24 avril 1884 ; *Revue de la
législation des mines*, 1885, p. 57 et 58).

Même avant la dissolution, il faut que la cession soit sérieuse : *fraus omnia corrumpit*. La Cour de Douai, confirmant un jugement du Tribunal civil de Boulogne, l'a jugé
le 26 avril 1876 (1) : la Société de Fiennes et Hardinghem
avait été dissoute le 30 mai 1870 ; un actionnaire poursuivi par le liquidateur répondit avoir aliéné ses actions,
et en effet il avait signifié la cession le 11 avril 1870 au
Conseil d'administration conformément aux prescriptions
statutaires. Mais la Cour repoussa cette exception : en admettant que, dans une société civile, la clause des statuts
qui autorise chaque associé à céder ses actions en notifiant
cette cession au Conseil d'administration puisse avoir pour
effet de rendre l'associé qui a usé de ce droit tout à fait
étranger à la société et de le mettre à l'abri de toute contribution aux dettes, il n'en saurait être ainsi lorsqu'à raison de l'état de déconfiture de la société au moment de la
cession, cet acte ne peut être considéré comme sérieux.

(1) Jurisprudence de la Cour de Douai, 1878, p. 114.

Et la Cour tire argument du rapprochement des dates de la prétendue cession (11 avril 1870) et de la dissolution (30 mai 1870) pour décider que l'actionnaire cédant ne sera pas exonéré de ses obligations.

248. Ces réserves faites, nous devons admettre que la cession, si elle est sérieuse, est opposable aux tiers. Vainement le créancier a-t-il compté sur les garanties du droit commun : ce droit commun est, de par la volonté du législateur, inapplicable en notre matière. Or, nul n'est censé ignorer la loi : on ne fait pas difficulté d'admettre que celui qui traite avec une société commerciale par actions doit savoir que ces actions sont cessibles et qu'il ne retrouvera probablement plus au jour de la dissolution les associés contemporains de son contrat ; ainsi doit-il en être de celui qui contracte avec une société houillère, la loi ayant assimilé les actions des compagnies de mines à celles des sociétés de commerce.

CHAPITRE V

ADMINISTRATION DE LA SOCIÉTÉ.

———

249. En matière de sociétés civiles, l'article 1859 du Code civil contient les dispositions que voici : « A défaut de stipulations spéciales sur le mode d'administration, l'on suit les règles suivantes : — 1° Les associés sont censés s'être donné réciproquement le pouvoir d'administrer l'un pour l'autre. Ce que chacun fait est valable même pour la part de ses associés, sans même qu'il ait pris leur consentement ; sauf le droit qu'ont ces derniers, ou l'un d'eux de s'opposer à l'opération avant qu'elle soit conclue. » Deux règles sont contenues dans ce paragraphe : chacun des associés a le pouvoir d'administrer, chacun d'eux peut opposer son *veto* aux actes d'administration faits par l'un de ses coassociés. Ces deux règles sont inapplicables aux sociétés houillères (1).

250. Les raisons ne manquent pas pour écarter la première. On a dit que la société minière étant une personne morale, ayant des droits et des obligations distincts de ceux des associés, ces derniers ne sont que ses créanciers

---

(1) Delebecque, *Législation des mines*, n° 1248 ; Bury, *Législation des mines*, n° 1396 ; Laurent, *Principes de droit civil français*, t. 26, n° 423 ; Delecroix, *Législation des sociétés de mines*, n°ˢ 365 et suivants ; Féraud-Giraud, *Code des mines et mineurs*, n° 214 ; Guillouard, *Contrat de société*, n° 364.

et n'ont pas, par conséquent, le droit de l'administrer ; au contraire, dans les sociétés civiles ordinaires, ils sont copropriétaires de l'actif social, dont l'administration leur appartient naturellement. Ce raisonnement n'a plus de valeur, si l'on admet, avec la nouvelle jurisprudence de la Cour de Cassation, que toutes les sociétés civiles sont des personnes morales.

Mais la pratique fournit un argument péremptoire ; c'est l'impossibilité matérielle de confier l'administration à tous les associés individuellement : leur nombre est si considérable que ce serait l'anarchie la plus complète, et les opérations les plus discordantes et les plus inconciliables seraient conclues en même temps par les uns et par les autres.

En admettant même que l'accord puisse s'établir un instant, il ne serait que momentané, un certain nombre d'associés se trouvant bientôt remplacés par leurs acquéreurs : c'est le résultat inévitable de la cessibilité des actions.

Et puis, il faut une aptitude spéciale pour diriger une entreprise aussi difficile que l'exploitation d'une houillère : des ingénieurs s'y sont souvent trompés, et il n'est pas admissible qu'une mission aussi délicate soit confiée au premier acheteur venu d'une action.

En un mot, la disposition de l'article 1859 que nous analysons s'explique très bien dans les sociétés civiles ordinaires pour lesquelles il a été écrit : ce sont en effet des associations de personnes dont les membres se sont choisis les uns les autres. Dans nos sociétés, au contraire, les personnes ne sont rien, les capitaux sont tout. On ne saurait donc transporter à ce cas une règle qui a été formulée pour une situation tout à fait différente.

251. La seconde règle n'est pas plus applicable que la première. En réalité elle n'en est qu'un développement : s'opposer à la conclusion d'une opération commencée, n'est-ce pas un acte d'administration ? Dès lors tout ce que nous venons de dire pourrait être ici répété.

252. Enfin, un dernier argument peut être tiré de la loi de 1838, article 7 : elle exige « que les travaux d'exploitation soient soumis à une direction unique » ; cette prescription est inconciliable, il n'est pas besoin de s'étendre sur ce point, avec la faculté d'administrer accordée à chacun des associés. Donc, encore une fois, le premier paragraphe de l'article 1859 est, en notre matière, inapplicable dans toutes ses parties.

Mais à quoi bon prolonger la discussion ? Cet article suppose qu'aucune stipulation spéciale n'est intervenue sur le mode d'administration ; or toutes nos compagnies sont régies par des statuts où toutes les questions intéressantes sont généralement prévues et étudiées, et leurs rédacteurs n'ont eu garde d'oublier celle qui nous occupe. C'est donc à leur texte qu'il faut s'en rapporter.

253. Puisque chacun des associés n'a individuellement aucun droit d'administration, tous les pouvoirs appartiennent à la collectivité, à la réunion, c'est-à-dire à l'Assemblée générale des actionnaires ; ce que personne d'entre eux ne pouvait faire seul, ils le pourront tous ensemble.

Mais l'Assemblée générale ne peut être réunie fréquemment ; elle ne saurait non plus entrer dans les mille détails d'une administration difficile et compliquée. Comme il lui

est impossible d'exercer tous ses pouvoirs, elle les délègue
à quelques associés qui forment le conseil d'administration.

Enfin pour vérifier leur gestion, elle nomme généralement des commissaires de surveillance, chargés de vérifier
les comptes et de lui adresser des rapports à ce sujet.

Nous trouvons donc ordinairement trois organes dans
le mécanisme de nos sociétés : les deux premiers sont les
plus importants et les seuls indispensables. Il semble pourtant que, dans les compagnies d'Anzin et d'Aniche, le conseil d'administration fonctionne seul ; leurs statuts sont
muets en effet sur l'assemblée générale. Mais si normalement elle ne se réunit pas, elle peut être appelée à le faire
lorsque le conseil d'administration ne fonctionne plus ;
nous aurons à revenir sur ce point.

254. La présence de ces trois rouages dans nos compagnies civiles est une ressemblance nouvelle entre elles et
les sociétés commerciales anonymes. La loi du 24 juillet
1867 impose en effet à celles-ci des assemblées générales,
un conseil d'administration et des commissaires de surveillance. Au reste, nous savons déjà que dix de nos compagnies rentrent dans cette dernière catégorie, d'après la
loi du 1er août 1893 ; nous avons dit aussi, mais la question est controversée, que la Compagnie civile anonyme
de Drocourt suit les mêmes règles ; il faudra donc leur appliquer, aux unes et aux autres, les prescriptions de la loi
de 1867, tandis que pour les compagnies purement civiles
nous ne devrons nous occuper que des dispositions statutaires.

255. Le développement de cette étude trouvera natu-

rellement sa division dans trois sections, d'inégale importance, où nous traiterons successivement de l'Assemblée
générale, du Conseil d'administration et des Commissaires
de surveillance.

I. — Assemblée générale.

256. Les assemblées générales sont des réunions d'actionnaires qui, sous certaines conditions de nombre, peuvent prendre des décisions pour l'administration de la
société, conformément aux statuts ou à la nature de l'entreprise.

Ce sont, disons-nous, des réunions d'actionnaires, et
non pas la réunion de tous les actionnaires, car celle-ci
serait impossible à réaliser en pratique : nous verrons en
effet que, normalement, l'assemblée générale se réunit au
moins une fois par an. Nous allons rechercher quelle en
est la composition et quelles en sont les attributions ; la
réponse peut se donner en deux mots : elle comprend tous
les actionnaires, elle a tous les pouvoirs les plus étendus.

Nous verrons cependant, il est vrai, que dans certains
cas le consentement unanime de tous les associés est nécessaire ; mais ce n'est plus pour l'assemblée générale :
c'est au contraire quand il s'agit de prendre des décisions
en opposition avec le pacte social, c'est-à-dire quand l'assemblée générale n'a pas les pouvoirs suffisants.

257. On peut distinguer trois sortes d'assemblées générales : l'assemblée initiale, l'assemblée ordinaire et l'assemblée extraordinaire. La première n'existe que dans les

sociétés anonymes, et, une fois la société constituée, il n'en est plus question : elle n'est donc pas à proprement parler un organe de l'administration de ces compagnies. Aussi allons-nous en traiter de suite en quelques mots, réservant de plus grands développements aux assemblées générales ordinaires et extraordinaires.

258. L'assemblée initiale, ou plutôt les assemblées initiales, car il peut y en avoir deux, ont un double objet : elles doivent d'abord vérifier l'évaluation des apports qui ne consistent pas en numéraire et des avantages particuliers ; cette disposition est commune à toutes les sociétés par actions, en commandite ou anonymes ; elles ont ensuite, mais seulement dans ce dernier cas, à exécuter certaines prescriptions de la loi de 1867 relativement à la constitution des sociétés anonymes.

259. L'article 4 de la loi du 24 juillet 1867 a pour but d'empêcher l'exagération des apports en nature ou des avantages stipulés pour les fondateurs : ceux-ci, apportant par exemple la concession qu'ils ont obtenue du gouvernement, l'estiment naturellement à une grande valeur et se font attribuer de ce chef un nombre parfois considérable d'actions. Cet article 4 ordonne dans ce cas la réunion de deux assemblées générales : la première « fait apprécier la valeur de l'apport ou la cause des avantages stipulés. — La société n'est définitivement constituée qu'après l'approbation de l'apport ou des avantages, donnée par une autre assemblée générale, après une nouvelle convocation. — La seconde assemblée générale ne pourra statuer sur l'approbation de l'apport ou des avantages qu'après un rapport qui sera imprimé et tenu à la disposition des actionnaires cinq jours au moins avant la réunion de cette assemblée ».

Nos compagnies anonymes se sont soumises à la loi, et il est fait mention de cette vérification notamment dans les statuts de la Clarence (art. 34), de Drocourt (art. 38). de Ferfay (art. 20) et de Ligny-lez-Aire (art. 33). Les autres compagnies sont ordinairement muettes sur ce point, parce qu'elles échappent à ces règles ; l'article 4 se termine en effet par ces mots : « Les dispositions du présent article relatives à la vérification de l'apport qui ne consiste pas en numéraire ne sont pas applicables au cas où la société à laquelle est fait ledit apport est formée entre ceux seulement qui en étaient propriétaires par indivis. » C'est la situation dans laquelle se sont trouvées les compagnies civiles qui se sont transformées en sociétés anonymes, les actionnaires de celles-ci étant les anciens associés de celles-là. Aussi lisons-nous à l'article 53 des statuts de l'ancienne Société anonyme de la Lys Supérieure : « Ceux des associés qui font un apport en numéraire à la présente Société, se trouvant en même temps au nombre des copropriétaires par indivis de l'apport ne consistant pas en numéraire fait par le liquidateur nommé par l'Assemblée générale des intéressés de l'ancienne Société civile de la Lys Supérieure, il n'y aura pas lieu à la vérification de cet apport d'après les dispositions de l'article 4 de la loi du 29 juillet 1867. » L'article 54 de la Compagnie nouvelle d'Auchy-au-Bois contient des dispositions identiques.

260. Nous avons déjà rappelé que les sociétés anonymes ne peuvent être constituées avant la souscription totale du capital social et le versement par chaque action-

naire du quart (1) de ce capital en numéraire ; de plus une déclaration devant notaire doit constater cette souscription et ce versement. Enfin une assemblée générale des actionnaires, convoquée à la diligence des fondateurs, est appelée à vérifier la sincérité de cette déclaration ; elle doit aussi nommer les premiers administrateurs, sauf stipulation contraire des statuts, et les premiers commissaires de surveillance. Cette assemblée est obligatoire ; pratiquement, elle se confond avec la seconde des deux assemblées dont nous venons de parler, lorsqu'il y a lieu à vérification des apports en nature.

261. Ce qui caractérise l'une et l'autre de ces assemblées générales, c'est que tous les actionnaires peuvent y prendre part, sans distinction. Nous verrons qu'ordinairement les statuts n'ouvrent la porte des assemblées générales qu'à ceux des actionnaires qui sont propriétaires d'un certain nombre d'actions. Ici il en est autrement : tous sont intéressés à y participer, les petits actionnaires autant, et peut-être plus que les autres, car les gros actionnaires sont souvent ceux auxquels sont faits les avantages qu'il s'agit de vérifier. Pour la même raison, la loi ne permet pas aux statuts d'accorder plus de dix voix à un même actionnaire. L'article 27 de la loi de 1867 a été reproduit presque textuellement dans les statuts de la Clarence (art. 33), de Drocourt (art. 38) et de Ligny-lez-Aire (art. 32) ; l'article 20 de Ferfay est conçu aussi dans le même sens : « Dans les assemblées générales appelées à vérifier les apports, à nommer les premiers administra-

---

(1) Il suffit toujours de ce versement du quart, aucune de nos compagnies anonymes n'ayant des actions de 25 francs ou au-dessous.

teurs et à vérifier la sincérité de la déclaration des fondateurs de la société, prescrite par le deuxième paragraphe
de l'article 24, tout actionnaire, quel que soit le nombre
des actions dont il est porteur, peut prendre part aux délibérations avec le nombre de voix déterminé par les statuts, sans qu'il puisse être supérieur à dix. »

Notons que, d'après l'article 4, « les associés qui ont
fait l'apport ou stipulé des avantages particuliers soumis
à l'appréciation de l'assemblée n'ont pas voix délibérative ».

262. Enfin, l'article 30 de la loi, rappelé par les statuts
de la Clarence, Drocourt, et Ligny-lez-Aire, veut que ces
assemblées initiales soient « composées d'un nombre d'actionnaires représentant la moitié au moins du capital
social. — Le capital social, dont la moitié doit être représentée pour la vérification de l'apport, se compose seulement des apports non soumis à vérification ».

Si les actionnaires ne sont pas en nombre suffisant, il
faut réunir une seconde assemblée convoquée par deux
avis publiés à huit jours d'intervalle, un mois à l'avance,
dans un journal recevant les annonces légales ; celle-ci doit
être composée d'un nombre d'actionnaires représentant le
cinquième au moins du capital social.

263. Nous bornons ici nos explications sur les assemblées
initiales. Nous allons maintenant étudier les assemblées
générales ordinaires et extraordinaires simultanément, car
elles sont soumises à des règles analogues ; nous ferons
seulement ressortir les particularités de chacune d'elles,
au fur et à mesure qu'elles se présenteront. Deux paragraphes renfermeront toute notre matière : quelle est la com-

position, quelles sont les attributions des assemblées générales ?

Disons de suite que ces assemblées, quelles qu'elles soient, sont présidées par le président du conseil d'administration, assisté et remplacé, s'il y a lieu, par les autres membres de ce conseil. Deux scrutateurs sont ordinairement adjoints au bureau : ce sont les deux plus forts actionnaires présents, d'après les statuts de Carvin, la Clarence, Douchy, Ferfay, Flines, Liévin, Ligny, Meurchin ; Courrières dispose que si plus de deux actionnaires ont le même nombre maximum d'actions, les deux plus âgés sont scrutateurs ; Lens choisit le plus âgé et le plus jeune des actionnaires présents ; Crespin et Marly les laissent au choix du bureau ; ils sont nommés par l'assemblée elle-même à Béthune, Dourges, Drocourt, l'Escarpelle et Ostricourt.

Les procès-verbaux de ces assemblées sont signés par les administrateurs et les scrutateurs ; ainsi l'ordonnent presque tous les statuts ; ils sont lus, tantôt séance tenante, tantôt au début de l'assemblée suivante. « Ces procès-verbaux, dit l'article 27 de Courrières, sont transcrits sur les registres aux délibérations de l'assemblée générale, qui sont tenus en double, et ils sont encore signés sur ces registres par les membres du même bureau.... — Ces registres sont communiqués en tout temps à tous les actionnaires qui veulent en prendre connaissance au siège de la société. »

Enfin, les statuts de nos compagnies anonymes veulent qu'une feuille de présence soit dressée, certains ajoutent : signée par les actionnaires qui prennent part à l'assemblée. Elle contient, dit l'article 28 de la loi de 1867, qui en impose l'obligation aux sociétés anonymes,« les noms et domiciles des actionnaires et le nombre d'actions dont chacun d'eux est porteur. — Cette feuille, certifiée par le bureau de l'assemblée, est déposée au siège social et doit être communiquée à tout requérant ».

264. Remarquons encore que nous allons formuler beaucoup de règles dont la violation aura pour sanction la nullité des assemblées générales et des délibérations qui y auront été prises. Cette nullité devra être invoquée dans les dix ans, attendu, dit un arrêt de la Cour de Douai du 27 mars 1882, adoptant les motifs d'un jugement du Tribunal civil de Béthune du 12 janvier 1882 (1), « que l'action en nullité d'une convention est, aux termes de l'article 1304 du Code civil, prescrite par un laps de temps de dix ans au maximum ; que le silence gardé pendant ce délai par les intéressés doit en effet faire présumer leur ratification ».

§ I. — Composition de l'assemblée générale.

1° Qui peut y prendre part ?

265. Il semble que tous les actionnaires doivent être appelés à l'assemblée générale : l'article 1859 du Code civil leur octroyait à chacun le pouvoir d'administrer ; nous l'avons écarté, mais ne faut-il pas au moins en conserver ce principe que l'assemblée générale sera accessible à tous ? En théorie, nous devons répondre affirmativement : rien ne permet d'exclure de l'assemblée générale certains actionnaires.

_____

(1) Jurisprudence de la Cour de Douai, 1882, p. 249 ; _Revue de la législation des mines_, 1884, p. 156.

Dans la pratique, il en est bien différemment : tous nos statuts exigent la possession d'un certain nombre de parts pour entrer à l'assemblée générale : il faut pour Lens et Courrières 2 actions, soit 200 centièmes et 20 dixièmes, 4 actions pour Thivencelles, 5 pour Bruay, Drocourt, l'Escarpelle, Ferfay et Vicoigne-Nœux, 10 pour Carvin, la Clarence, Dourges, Flines-lez-Raches, Ligny-lez-Aire, Marles, Marly, Meurchin, Ostricourt, 20 pour Crespin, 25 pour Douchy, 30 pour Béthune et Liévin. En outre, Flines-lez-Raches n'admet que les actions libérées de tous les versements exigibles ; l'Escarpelle et Vicoigne-Nœux (art. 18) ne considèrent pas « comme propriétaire admissible aux assemblées générales celui qui se trouvera dans les délais fixés pour le droit de retrait » ; enfin, lorsque les actions sont nominatives, il faut que le transfert au nom de l'actionnaire soit antérieur de huit jours d'après les statuts de Flines-lez-Raches ; la Clarence exige dix jours, Thivencelles un mois, sauf pour les héritiers du sang, et Douchy « trente jours avant le premier du mois où se tiendra l'assemblée » (1).

266. Pour pouvoir assister à l'assemblée générale, il faut encore « être majeur et avoir libre jouissance de ses droits », dit l'article 22 des statuts de Courrières. Ceci nous amène à parler du droit de représentation : en principe, sauf stipulation contraire des statuts, tout actionnaire qui

---

(1) L'article 15 des statuts de l'ancienne Compagnie de Douchy portait encore que : « Tout sociétaire qui deviendra employé salarié de la société cessera d'avoir voix délibérative dans les assemblées générales et de comité. » Une délibération du 1er septembre 1836 modifia cette disposition en leur donnant voix délibérative dans les assemblées, « sauf le cas où il s'agirait de questions qui leur fussent personnelles ».

a le droit de prendre part à l'assemblée peut exercer son droit par mandataire, et il est libre de choisir celui-ci à sa guise. Mais cette liberté a l'inconvénient de laisser des étrangers prendre connaissance des affaires sociales. Aussi le plus grand nombre de nos statuts n'autorise-t-il la représentation que par un actionnaire ayant lui-même le droit de participer à l'assemblée ; quelques-uns (la Clarence, Drocourt, Ligny-lez-Aire), permettent que le mandataire soit simplement actionnaire.

Certaines relations de famille viennent parfois modifier cette règle : les actionnaires de Drocourt (art. 38), peuvent confier leurs pouvoirs à un parent ou allié jusqu'au quatrième degré inclusivement. Les maris représentent souvent leurs femmes et les tuteurs leurs pupilles. L'article 22 de Courrières dit par exemple : « Les dames ne peuvent assister aux Assemblées, mais celles qui sont mariées sont représentées de droit par leur mari, même non actionnaire, et celles qui ne le sont pas peuvent se faire représenter par un actionnaire ayant le droit d'assister à ces Assemblées. Le père ou le tuteur pourront également représenter les enfants mineurs ; la mère tutrice légale pourra les y faire représenter par un actionnaire ayant le droit d'assister à l'Assemblée. » Des dispositions analogues se trouvent aux statuts de la Clarence (art. 33), de Douchy (art. 35), de Flines-les-Raches (art. 37), de Liévin (art. 24), de Thivencelles (art. 30), et du nouveau projet de Courrières (art. 29). Citons seulement la Clarence : « on ne peut se faire représenter aux Assemblées générales que par un actionnaire. Les femmes mariées sous tout autre régime que la séparation de biens ou le régime dotal peu-

vent y être représentées par leurs maris comme exerçant
leurs droits et actions ; les mineurs et les interdits par
leurs tuteurs, les nu-propriétaires par les usufruitiers, les
communautés et établissements publics par les administrateurs ou directeurs pourvus d'une autorisation ou d'un
pouvoir suffisant. »

En ce qui concerne les rapports de l'usufruitier d'une
action et du nu-propriétaire, l'Escarpelle (art. 18) adopte
la même solution. Douchy au contraire veut que le nu-
propriétaire représente l'usufruitier. Plusieurs statuts se
contentent de dire que l'un et l'autre devront choisir un
mandataire unique.

267. Le droit de se faire représenter aux assemblées
générales avait donné lieu à un usage singulier dans l'ancienne Compagnie de Douchy : un grand nombre d'actionnaires en cédant leurs actions avaient pris l'habitude de
stipuler que les cessionnaires leur donnaient le mandat
perpétuel et irrévocable de les représenter aux assemblées.
Ils se réservaient même la faculté de céder à leur tour ce
droit à un tiers.

Une délibération de l'assemblée générale du 20 septembre 1845 est venue mettre fin à cet abus : « A l'avenir,
dit-elle, la Société ne reconnaîtra plus les cessions de droits
de représentation d'actions ou de fractions d'actions, qui
seraient séparés de l'intérêt matériel auquel ils se rattachent.

« La réserve, faite dorénavant par les vendeurs d'actions
ou de fractions d'actions, du droit de représenter les intérêts vendus aux assemblées générales, sera entendue dans
ce sens que cette réserve ne constitue qu'un droit person-

nel au réservataire, avec droit de donner pouvoir...., mais non transmissible ni cessible à titre onéreux ou gratuit.

« En conséquence, les propriétaires de fractions d'actions provenant d'actionnaires qui s'étaient réservé ou se réserveraient le droit de représentation dont il est parlé ci-dessus, rentreront dans tous leurs droits au décès de l'actionnaire réservataire ou de son cessionnaire ou par le désistement de la réserve.

« Lorsque les associés qui ont acquis jusqu'à ce jour le droit de représenter aux assemblées une action ou des fractions d'actions, cesseront de jouir de ce droit, par suite de désistement ou décès, il leur sera payé ou à leurs héritiers, par la société, une indemnité de deux cents francs par denier. Toutes les fois que des fractions d'actions recouvreront le droit de représentation qui en est maintenant détaché, les propriétaires de ces intérêts en seront informés par la Société. »

268. La disposition restrictive des statuts qui ne permet d'assister ou de se faire représenter aux assemblées générales qu'aux associés possesseurs d'un certain nombre minimum d'actions, a l'avantage d'éviter que ces assemblées ne soient trop nombreuses : le bon ordre et la suite dans la discussion souffriraient du tumulte occasionné par la présence d'un nombre considérable d'actionnaires. En outre, pour ceux qui n'ont qu'un faible intérêt dans la société, les délibérations n'entraînent généralement que des conséquences peu importantes. Les règles que nous venons d'étudier sont donc parfaitement légitimes. Toutefois, comme il est bon que tous les intérêts soient représentés, la loi du 1er août 1893 a ajouté à l'article 27 de la loi du 24 juillet

1867 le paragraphe suivant : « Tous propriétaires d'un nombre d'actions inférieur à celui déterminé pour être admis dans l'assemblée pourront se réunir pour former le nombre nécessaire et se faire représenter par l'un d'eux. »

Cette règle s'impose désormais à toutes les sociétés anonymes, et elle est reproduite textuellement dans les statuts de la Clarence (art. 33), de Crespin-Nord (art. 15) et de Ligny-lez-Aire (art. 32) ; Douchy permet aussi à tout actionnaire de se faire représenter (art. 34). Déjà cette faculté de réunion était stipulée dans les statuts de l'ancienne société civile de Douchy (art. 14).

Une difficulté pourrait être soulevée à propos du texte de la loi et des statuts : les actionnaires dont nous parlons peuvent se réunir et charger *l'un d'entre eux* de les représenter. A prendre ces expressions à la lettre, ils ne pourraient confier leur mandat à un actionnaire étranger à leur groupement, ayant par exemple le nombre d'actions réglementaire. Il nous semble que cette interprétation judaïque doit être repoussée. D'autres statuts ne laissent sur ce point aucune indécision : Marles (art. 20) permet de choisir tout sociétaire. En sens inverse, Lens (art. 10) veut que ce mandataire ait lui-même le droit personnel de faire partie de l'assemblée : les actionnaires qui n'ont pas ce droit ne peuvent donc, en se réunissant, se faire représenter par l'un d'eux. De même, dans les statuts de Courrières (art. 22), « tout propriétaire de dix dixièmes au moins (1) aura le droit de se faire représenter à l'Assemblée générale par un actionnaire qui a déjà par lui-même le droit d'y siéger (2) », c'est-à-dire propriétaire de vingt dixièmes

(1-2) Le projet des nouveaux statuts accorde le droit de réunion à tout

269. Quelle serait la sanction de l'admission à l'assemblée d'actionnaires n'ayant pas le droit d'y assister? Ce serait certainement la nullité de tous les actes faits par les actionnaires n'ayant pas le nombre d'actions requises. Ce n'est pas tout : comment en effet connaître la mesure de leur participation à l'assemblée? Cette participation ne comprend pas seulement l'exercice du droit de vote, mais aussi celui du droit de discussion ; c'est pourquoi le jugement précité du Tribunal civil de Béthune, du 12 janvier 1882, dont la Cour de Douai, le 27 mars suivant, a adopté les motifs (1), a décidé que l'assemblée générale elle-même était nulle. Il s'agissait encore de la liquidation de Ferfay, si féconde en procès, nous le savons : « Attendu que le statut originaire du 4 avril 1853, constitutif de la Société de Ferfay, dispose (art. 11), que l'Assemblée générale représente l'universalité des actionnaires et que ses décisions sont obligatoires pour tous ; qu'aux termes de l'article 12, nul ne pouvait être admis à faire partie de l'Assemblée générale s'il n'était propriétaire de 15 actions et les décisions de l'Assemblée devaient être prises à la majorité des voix...

« Attendu que, suivant L..., la délibération du 1er février 1866 aurait été prise par une assemblée générale irrégulièrement constituée, la feuille de présence établissant que 17 personnes propriétaires chacune de moins de 15 actions y auraient assisté avec 33 autres actionnaires

---

actionnaire ; il suffit aussi que le mandataire soit lui-même actionnaire (art. 28).

(1) Jurisprudence de la Cour de Douai, 1882, p. 249 ; *Revue de la législation des mines*, 1884, p. 156.

régulièrement appelés à raison du chiffre de leurs actions, que par suite la délibération ainsi prise serait entachée de nullité ;

« Attendu que le registre des délibérations de 1853 à 1866 n'a pu être retrouvé ni représenté au Tribunal, qu'il est donc impossible de vérifier par l'examen du texte du procès-verbal si et dans quelles conditions les actionnaires porteurs de moins de 15 actions ont pris part à la délibération et au vote ; qu'en admettant même, ce qui semble contredit par les signatures apposées au bas de l'extrait déposé le 8 février 1866 pour minute en l'étude de Mᵉ Trinquet, qu'ils n'avaient point voté sur la modification des statuts (on invoquait la nullité de cette modification), l'introduction et la présence de personnes qui, aux termes des statuts de 1853, alors encore en vigueur, n'en pouvaient faire partie, a pu exercer une influence plus ou moins décisive sur la discussion et le vote ; qu'il y a là une violation formelle des prescriptions de l'article 12 du pacte social de 1853, et qu'à cet égard la délibération du 1ᵉʳ février est entachée d'une irrégularité grave et d'un vice de forme qui permettraient aux actionnaires de demander et aux juges de prononcer l'annulation d'une délibération émanant d'une assemblée irrégulièrement constituée.... »

La Cour de Cassation, le 30 avril 1894 (1), a donné la même solution pour les sociétés anonymes : l'article 27, § 1ᵉʳ, de la loi de 1867 exigeant seul l'admission de tous les actionnaires, cette admission ne s'impose que pour les assemblées constitutives; pour les autres, même les assem-

(1) Dalloz, 1894,1,553.

blées extraordinaires, on ne doit y recevoir que les actionnaires porteurs du nombre d'actions requis par les statuts;
si donc tous les actionnaires sans distinction ont été admis
à une assemblée extraordinaire, elle est nulle.

270. Comment les actionnaires sont-ils convoqués aux
assemblées générales ? La loi ne contient aucune prescription à cet égard. L'article 23 des statuts de Liévin dit que
l'assemblée ordinaire se réunit le dernier jeudi de décembre, et « les actionnaires se rendent aux assemblées ordinaires sans qu'il soit nécessaire de leur adresser aucun
avis à ce sujet ». Assez souvent, en effet, les statuts décident que l'assemblée ordinaire annuelle se réunira à un
jour fixe qu'ils déterminent ; par cela même, comme le
fait remarquer l'article 8 des statuts de Crespin-Nord,
« tous les ayants droit sont ainsi mis en demeure d'y
assister. Cependant, ajoute-t-il, chaque année le Conseil
d'administration rappellera aux actionnaires par un avis
inséré dans un journal de Lille, dans un journal de Valenciennes, et dans un de Douai et un mois au moins à
l'avance, la date, l'heure et le lieu de la réunion ».

L'insertion d'un avis dans les journaux est en effet un
mode de convocation souvent prescrit par les statuts ;
ceux-ci indiquent ordinairement les journaux qui sont
désignés pour recevoir les annonces légales dans l'une ou
l'autre des villes suivantes : Arras, Béthune, Cambrai,
Douai, Lille, Valenciennes et Paris ; Dourges y ajoute le
Journal officiel, et Drocourt le *Moniteur belge*.

En outre, pour les actions nominatives, une convocation personnelle est quelquefois stipulée : Béthune, Courrières, l'Escarpelle envoient une lettre missive ; elle est

recommandée à la poste pour les assemblées extraordinaires dans ces deux dernières compagnies. La Clarence et Thivencelles convoquent toujours par lettre recommandée.

271. Les statuts disent généralement combien de temps avant la réunion doit être faite la convocation. Pendant ce délai, les associés qui veulent prendre part à l'assemblée doivent déposer leurs titres au porteur aux bureaux de la société ou dans les établissements financiers désignés à cet effet. Cette formalité a pour but de fixer le droit de l'actionnaire à assister à l'assemblée générale. Elle est inutile pour les titres nominatifs ; les registres de la société contiennent en effet les noms de leurs propriétaires et le nombre d'actions appartenant à chacun d'eux.

Des cartes personnelles sont parfois adressées à ceux qui sont ainsi reconnus admissibles aux assemblées générables ; pour Crespin, le récépissé de dépôt des titres en tient lieu.

Il est aussi dressé par quelques compagnies une liste de ces actionnaires : l'article 35 des statuts de Flines-lez-Raches dispose qu'elle sera « tenue à la disposition de tout actionnaire, huit jours avant la date fixée pour la réunion de l'assemblée ».

2° *Du droit de vote et de la majorité à réunir.*

272. Le suffrage universel est repoussé partout dans nos compagnies, nous venons de le dire ; le suffrage égalitaire n'existe pas non plus. Toutefois, l'article 18 de l'ancienne compagnie de Douchy disait : « Chaque actionnaire, même propriétaire de plusieurs actions, n'aura cependant qu'une seule voix dans les délibérations. » Toutes nos compa-

gnies actuelles ont adopté le principe que le droit de vote
est proportionnel à l'intérêt de chacun dans la société.

Elles sont en effet, nous le répétons, des sociétés de capitaux ; il est donc juste que ce soient ces capitaux eux-
mêmes, pour ainsi dire, qui votent dans l'assemblée. Les
personnalités étant appelées à disparaître par suite de cessions, il n'y a pas à tenir compte de la valeur personnelle
des associés, ce qui conduirait à accorder à chacun un seul
suffrage. Tels étaient l'usage et la jurisprudence du pays de
Liège et des pays houillers circonvoisins. Ces considérations ont paru tellement puissantes qu'on en a conclu qu'en
l'absence de stipulations sur ce point dans les statuts, il
fallait encore aujourd'hui compter les suffrages, non par
tête, mais proportionnellement à l'intérêt de chacun (1).

273. Tous nos statuts ont prévu la question qui nous
occupe et la tranchent dans le sens de la proportionnalité
à l'intérêt.

Mais cette proportionnalité n'est parfaite que dans la société de Marles 30 0/0 où chaque actionnaire a autant de
voix qu'il a de coupons. Dans les autres compagnies il est
accordé à chacun autant de voix qu'il a de fois le nombre
d'actions exigé pour assister à l'assemblée générale ; nous
avons indiqué plus haut ce nombre pour chaque compagnie. Cependant l'article 17 de l'Escarpelle contient à ce
sujet une particularité : « Cinq actions, dit-il, donneront
droit à une voix. Au delà de cinquante actions, on n'aura
plus qu'une voix par dix actions. »

---

(1) Bury, op. cit , n° 1396 ; Laurent, op. cit., n° 427 ; Delecroix, op. cit.,
n° 377 et suivants (voir au n° 382 l'indication de la jurisprudence belge conforme); Féraud-Giraud, Code des mines et mineurs, n° 215.

274. Ce système pourrait présenter l'inconvénient de donner une influence décisive à quelques actionnaires, propriétaires chacun d'un grand nombre de titres. Le vote proportionnel était dans l'intérêt de ces gros actionnaires ; voici maintenant une mesure destinée à les empêcher d'écraser les petits et à enlever la direction de toute la société à la volonté de quelques-uns : c'est la fixation d'un maximum au nombre de voix qui peuvent être réunies par une seule personne. Marles 30 0/0, comme autrefois Fléchinelle, n'indique pas de maximum, mais Vicoigne-Nœux limite le nombre des voix à 4, et Bruay, Carvin, Lens, Meurchin à 5 ; on ne peut avoir plus de 10 voix dans les assemblées de Béthune, la Clarence, Courrières, Ferfay, Flines-lez-Raches, Liévin, Ligny-lez-Aire, Ostricourt, plus de 15 à l'Escarpelle, plus de 16 à Marles 70 0/0, ni plus de 20 à Douchy ; ce maximum est reculé à 40 voix dans les statuts de Crespin, de Dourges, et dans le projet de Courrières ; il atteint enfin 50 voix pour les actionnaires de Drocourt.

Un grand nombre de statuts de ces compagnies, Carvin, la Clarence, Courrières, Crespin, Dourges, l'Escarpelle, Ferfay, Flines-lez-Raches, Lens, Meurchin, spécifient que le maximum indiqué comprend sans distinction les voix que l'on peut avoir tant personnellement que comme mandataire : ce que l'on craint, c'est l'omnipotence d'une seule volonté. La même solution doit être adoptée, croyons-nous, pour les autres sociétés dont les statuts s'expriment en termes généraux. Thivencelles et Fresnes-Midi accordent 20 voix, 10 personnellement et 10 comme mandataire ; c'était aussi la mesure adoptée par Auchy-au-Bois,

et la Lys Supérieure fixait de même le maximum des voix
à 10, 5 comme actionnaire et 5 comme mandataire.

275. « Dans toutes les assemblées générales, dit l'article 16 des statuts de Crespin-Nord, les délibérations sont
prises à la majorité des voix. » C'est le texte même de
l'article 28 de la loi de 1867. Courrières dit aussi que
les décisions sont prises à la simple majorité des suffrages.
Béthune, Bruay, la Clarence, Douchy, Dourges, Flines-
lez-Raches, Thivencelles, ajoutent qu'en cas de partage la
voix du président sera prépondérante.

Est-ce la majorité relative ou la majorité absolue ? La
loi ne s'explique pas, les statuts non plus. Devant ce silence, il nous semble qu'il faut se contenter de la majorité
relative : elle est bien une majorité, elle remplit donc les
conditions imposées ; exiger la majorité absolue serait demander plus que la loi et les statuts dont nous parlons.

Pour éviter cette difficulté, les statuts de Carvin et de
Lens prennent soin de dire qu'ils veulent la majorité absolue. L'Escarpelle et Vicoigne-Nœux l'imposent aussi,
mais seulement au premier tour de scrutin ; au second
tour la majorité relative suffit.

276. Mais cette majorité, fût-elle absolue, pourrait ne
réunir qu'un bien petit nombre d'actionnaires, si des dispositions particulières n'étaient prises.

En ce qui concerne les assemblées ordinaires, les statuts
de Béthune, Bruay, l'Escarpelle, Lens et Vicoigne ne contiennent aucune stipulation ; les décisions prises sont donc
toujours valables, alors même qu'elles n'auraient été votées
que par un nombre très restreint d'actionnaires. Les autres
compagnies exigent certaines conditions de nombre : Cour-

rières veut que l'assemblée comprenne au moins vingt
membres et que 4.000 dixièmes, soit le cinquième du capital social, y soient représentés ; pour Liévin (art. 25), « les
actionnaires présents réuniront au moins le tiers des actions qui donnent droit aux voix délibératives, sans toutefois que le nombre des membres présents puisse être
inférieur à quinze, tant qu'il n'y aura pas plus de quarante
actionnaires dans la Société, ni inférieur à vingt, lorsque
le nombre desdits actionnaires sera supérieur à quarante (1) ». Thivencelles et Dourges veulent que la moitié
plus une des actions soient représentées, Marles en exige
les deux tiers. Enfin Flines-lez-Raches et Ostricourt, ainsi
que toutes nos compagnies anonymes (2), reproduisent la
règle de l'article 29 de la loi de 1867 que les assemblées
générales « doivent être composées d'un grand nombre
d'actionnaires représentant le quart au moins du capital
social ».

Cet article ajoute que « si l'Assemblée générale ne réunit
pas ce nombre, une nouvelle Assemblée est convoquée
dans les formes et avec les délais prescrits par les statuts
et elle délibère valablement, quelle que soit la portion du
capital représenté par les actionnaires présents ». Cette
disposition est commune à tous nos statuts ; quelques-uns
seulement limitent le droit de délibération de la nouvelle
assemblée aux questions qui figurent à l'ordre du jour de
la première ; il est aussi parfois stipulé que l'objet de la
réunion sera indiqué dans la convocation.

277. Pour les assemblées extraordinaires, il y a lieu de

(1) L'ancienne société civile de Vendin-lez-Béthune demandait un minimum de vingt membres et la représentation du sixième des actions émises.
(2) *Sic* : Auchy-au-Bois, Fléchinelle, Lys Supérieure, Vendin-lez-Béthune.

se montrer plus exigeant. L'article 31 de la loi de 1867 dit
en conséquence que « les assemblées qui auront à délibérer sur des modifications aux statuts ou sur des propositions de continuation de la société au delà du terme fixé
pour sa durée, ou de dissolution avant ce terme, ne sont
régulièrement constituées et ne délibèrent valablement
qu'autant qu'elles sont composées d'un nombre d'actionnaires représentant la moitié au moins du capital social ».
Cet article s'impose à toutes nos sociétés anonymes, et
toutes, anciennes et actuelles, s'y sont conformées. Flines-
lez-Raches adopte la même règle.

Quant aux autres compagnies elles ont formulé des
règles diverses s'appliquant soit aux assemblées extraordinaires en général, soit aux assemblées ayant un objet
déterminé, comme la modification des statuts, la réunion à
d'autres sociétés, l'augmentation ou la réduction du fonds
social, l'adjonction d'une nouvelle industrie, l'emprunt
avec ou sans hypothèque, la dissolution de la société. Dans
tout ou partie de ces cas, deux sortes de conditions sont
requises, les unes relativement à la quotité du capital qui
doit être représentée, les autres relativement à la majorité qui doit être réunie.

La quotité du capital qui doit être représentée à l'assemblée est des deux tiers pour Flines-lez-Raches, lorsqu'il s'agit de la transformation ou de la dissolution de la
société ; des trois cinquièmes pour Liévin ; Courrières y
ajoute la présence d'au moins 40 membres, et les convo-
cations doivent se faire par lettres recommandées ; il faut
pour Lens la moitié plus une des actions, et le tiers seulement pour Béthune.

Quant à la majorité, elle doit être des trois quarts des actions émises pour Dourges et Thivencelles ; Béthune, Bruay, l'Escarpelle, Lens, Liévin, Marles et Vicoigne-Nœux demandent les trois quarts des suffrages exprimés, Ostricourt et Flines, les deux tiers, Courrières, les trois cinquièmes.

Si l'assemblée extraordinaire ne satisfait pas à ces conditions, certains statuts en imposent d'autres plus douces pour une seconde réunion ; Béthune dit même que la seconde assemblée sera toujours valable. Bien des statuts omettent de résoudre cette question, que la loi de 1867 a laissée également indécise pour les sociétés anonymes : il faut en conclure qu'une seconde assemblée devrait réunir les conditions exigées de la première ; la matière est trop grave pour se contenter d'une majorité quelconque. En ce qui concerne la loi de 1867 un argument particulier se tire de ce que, pour les assemblées ordinaires et les assemblées constitutives, elle donne de nouvelles règles pour les décisions prises par les secondes assemblées ; si elle ne l'a pas fait pour les assemblées extraordinaires, c'est qu'elle a voulu les astreindre toutes à la représentation de la moitié du capital social (1).

§ II. — Attributions de l'assemblée générale.

1° *Attributions générales.*

278. D'une façon générale, l'assemblée ordinaire est celle qui est appelée à statuer sur des questions d'administra-

---

(1) Pont, *Contrat de société*, n° 1685 ; Lyon-Caen et Renault, *Traité de droit commercial*, t. 2, n° 863 *bis.*

tion courante ; elle se tient annuellement. L'assemblée
extraordinaire n'est appelée à se réunir que lorsqu'il y a
lieu de prendre des décisions plus importantes ; elle est
convoquée par le conseil d'administration quand celui-ci
le juge bon, disent les statuts ; l'article 33 de la loi de
1867 autorise aussi les commissaires de surveillance des
sociétés anonymes à le faire en cas d'urgence, et les statuts
de la Clarence, Crespin, Douchy, Ferfay, leur confirment
cette faculté ; enfin les actionnaires eux-mêmes peuvent,
dans certaines compagnies, obliger les administrateurs à
la convoquer ; Courrières accorde ce droit à un groupe de
douze actionnaires au moins propriétaires de la cinquième
partie des titres ; dans la Compagnie de Douchy il faut réunir le tiers des actions, et cinq cents actions dans celle de
Ferfay.

279. Quelle qu'elle soit, « l'assemblée générale régulièrement convoquée et constituée représente l'universalité
des actionnaires, et ses décisions sont obligatoires pour
tous, même pour les absents, les dissidents et les incapa-
bles ». C'est la règle de droit commun, reproduite avec
quelques variantes par le plus grand nombre des statuts
de nos compagnies. Son autorité est souveraine ; cependant l'article 14 de Crespin-Nord et l'article 29 de Marly
y apportent une exception temporaire : « Toute assemblée
générale ordinaire ou extraordinaire, disent-ils, peut être
prorogée, séance tenante, à trois semaines, par le conseil
d'administration. Cette prorogation annule toute décision
prise. »

280. Les décisions de l'assemblée générale ne sont obligatoires pour tous qu'à la condition d'être conformes au

pacte social. Cette assemblée est en effet l'un des rouages
de l'administration de la société ; elle doit donc se ren-
fermer dans les actes de cette administration. Or aller
contre le pacte social ne serait évidemment pas administrer.

Nous parlons de pacte social : nous entendons par là
tout ce qui découle, soit des statuts, soit de la nature de
l'entreprise. Nos compagnies par exemple ont pour but
l'extraction de la houille ; or pour extraire de la houille,
il faut obtenir une concession et se soumettre tant aux
prescriptions contenues dans les lois sur les mines qu'à
celles du cahier des charges, à peine de révocation de la
concession. L'obligation à ce cahier des charges découle
donc du pacte social, et une assemblée générale ne pourrait refuser de s'y soumettre : une pareille délibération
serait nulle.

281. Une décision contraire aux statuts serait nulle également ; seule, l'unanimité des associés pourrait valablement la prendre : l'opposition d'un seul suffirait pour la
rendre vaine. Nous en avons un exemple dans l'espèce suivante empruntée à l'histoire de nos sociétés : un sieur Lebreton avait fondé, le 29 novembre 1863, la Compagnie du
Couchant d'Aniche et stipulé à son profit différents avantages, notamment le droit à 7 0/0 des bénéfices. Cette
compagnie se transforma, prit le nom de Société de Courcelles-lez-Lens, et l'assemblée générale qui adopta les nouveaux statuts annula les avantages concédés à Lebreton.
Celui-ci opposa la nullité de ces modifications comme
n'ayant pas réuni l'unanimité des actionnaires, et il obtint
gain de cause devant le Tribunal de Béthune. Sur appel,

la Cour de Douai décida, le 22 juillet 1876 (1), que les conditions essentielles et fondamentales d'une société ne pouvant être changées que de l'assentiment unanime des intéressés, il y avait lieu de maintenir à l'égard de Lebreton les statuts de la Compagnie du Couchant d'Aniche.

Autre exemple : l'article 19 des statuts de la Société des mines d'Arras, société de recherches au capital de 600.000 francs, disposait que « dans aucun cas, et sous aucun prétexte, le conseil d'administration ne peut prendre des engagements au nom de la société qui excéderaient l'importance des sommes en espèces ou valeurs liquides qui seraient en caisse, déduction faite des dépenses dont les paiements seraient déjà affectés sur ces fonds ». Le capital social ayant été épuisé, une assemblée générale, tenue le 2 mai 1840, autorisa le conseil d'administration à emprunter la somme qu'il jugerait nécessaire pour continuer les travaux. Le sieur Boca emprunta donc 45.000 fr. et se présenta à l'acte comme agissant en sa qualité de président du conseil d'administration, et en vertu de la délibération générale des actionnaires, du 2 mai précédent, qui l'autorisait à emprunter.

Lors de la liquidation qui ne tarda guère à s'imposer, la décision de l'assemblée générale fut déclarée nulle par la Cour de Douai, le 15 mai 1844 (2) : « Attendu que ce pouvoir (d'emprunter) est loin de résulter de l'acte de société ; qu'il est, au contraire, écrit dans l'article 19 dudit acte que le conseil d'administration ne pourra, dans aucun cas, prendre au nom de la Société d'engagement qui excé-

(1) Jurisprudence de la Cour de Douai. 1878, p. 97.
(2) Jurisprudence de la Cour de Douai, 1844, p. 237.

derait en valeur l'importance des sommes en espèces ou valeurs liquides qui seraient en caisse, déduction faite des dépenses dont les paiements seraient déjà affectés sur ces fonds ; — Qu'une telle disposition emporte nécessairement interdiction d'emprunter si, au moment de contracter un engagement de cette nature, il n'existe en caisse ni espèces, ni valeurs liquides ; — Qu'il est constant dans la cause, et d'ailleurs reconnu par toutes les parties que tel était l'état de la caisse sociale au moment de l'emprunt dont il s'agit, d'où il suit que ledit emprunt est nul ; — Attendu que la délibération du 2 mai 1840 qui l'a précédé n'a pas pu habiliter le conseil d'administration et lui conférer des pouvoirs qui lui avaient été formellement refusés par l'acte de société ; — Que... le pouvoir d'emprunter, que l'assemblée générale, réunie ledit jour 2 mai, aurait donné au conseil d'administration, eût été une atteinte portée aux bases mêmes de l'association. »

282. Cherchons donc à déterminer les pouvoirs de l'assemblée générale et désormais nous ne ferons plus de distinction entre l'assemblée ordinaire et l'assemblée extraordinaire : cette distinction n'est intéressante qu'au point de vue de la composition de l'assemblée et de la majorité qu'il faut réunir ; les statuts sont loin d'être d'accord sur les matières qui peuvent rentrer dans les attributions de l'une ou de l'autre. Nous supposerons donc une assemblée régulièrement constituée, même simplement une assemblée ordinaire, et nous dirons quelles sont ses attributions générales.

Si nous consultons les statuts, nous pouvons tirer de leurs stipulations diverses les dispositions suivantes.

L'assemblée générale doit entendre les rapports annuels du conseil d'administration sur la situation et les opérations du dernier exercice et du conseil de surveillance sur le bilan et les comptes. Elle doit recevoir les comptes et les approuver. Cette fonction est même tellement importante que le Tribunal civil de Béthune, le 20 juin 1884 (1), a prononcé la dissolution de la société de Vendin-lez-Béthune parce que l'assemblée générale refusait de la remplir : « Attendu, dit-il, qu'aux termes de l'article 1871 du Code civil, la dissolution d'une société à terme ne peut être demandée avant le terme convenu par l'un des associés qu'autant qu'il en a de justes motifs dont la légitimité et la garantie sont laissées à l'arbitrage du juge ; — Attendu que, dans l'espèce, l'opportunité actuelle de la dissolution de la Compagnie de Vendin ne peut être mise en doute ; — Qu'en effet l'assemblée générale des actionnaires, pour des causes qu'elle n'allègue pas, refuse tout vote sur le compte de l'exercice clos ; que le défaut de ressources disponibles empêche la continuation de l'exploitation et l'agrandissement nécessaire des travaux ; — Attendu que ces motifs sont suffisamment sérieux pour amener la dissolution ;... — Par ces motifs, le Tribunal... — Déclare dissoute, à partir de ce jour, l'association établie entre les divers actionnaires des mines de Vendin, etc.. »

C'est ordinairement l'assemblée générale qui fixe les dividendes annuels, sur la proposition du conseil d'administration, ainsi que la quotité des bénéfices qu'il y a lieu de verser aux fonds de réserve, de roulement, d'amortissement ou autres.

(1) *Revue de la législation des mines*, 1889, p. 107.

Elle nomme les administrateurs et les commissaires de surveillance : nous aurons à revenir plus tard sur cette attribution.

Elle vote parfois les appels de fonds : Marles (art. 7), Vicoigne-Nœux (art. 21), ancienne société de Douchy (art. 21).

Elle confère au conseil d'administration toute extension ou modification de ses attributions.

Il lui appartient encore de réglementer la liquidation et de donner au liquidateur des pouvoirs que nous étudierons plus tard ; elle peut déclarer la dissolution de la société.

Enfin, elle prononce sur toutes les questions intéressant la société ; elle statue particulièrement sur les travaux importants que le conseil lui propose d'entreprendre.

En un mot, c'est en elle que résident tous les pouvoirs. Les statuts en délèguent une partie, quelquefois importante, aux administrateurs ; mais si ces derniers se trouvent, par un motif quelconque, dans l'impossibilité de les exercer, ils reviennent à l'assemblée générale.

Nous avons réservé, pour les étudier spécialement, les attributions de l'assemblée générale en matière d'emprunts et de modifications aux statuts.

283. Comment les assemblées seront-elles appelées à délibérer sur ces questions ? C'est au conseil d'administration qu'il appartient de fixer l'ordre du jour ; certains statuts (la Clarence, Dourges, Flines-lez-Raches, Ligny-lez-Aire), le rappellent et ajoutent que l'assemblée ne pourra statuer que sur les objets qui lui auront été soumis par le conseil. Une certaine initiative est cependant laissée par-

fois aux associés; en voici quelques exemples recueillis
dans les statuts. Crespin-Nord, article 10, et Marly, article 25 : « Aucune proposition n'est mise en délibération
si elle n'est signée par des actionnaires représentant la
dixième partie du capital social, et si elle n'a été communiquée au Président du Conseil d'administration au moins
un mois avant l'Assemblée. » Drocourt, article 45 : « L'ordre du jour est arrêté par le Conseil d'administration. Il
n'y est porté que les propositions émanant du Conseil ou
des commissaires, ou celles encore qui auraient été com-
muniquées au Conseil d'administration cinq jours au moins
avant la réunion, avec la signature de cinq actionnaires,
membres de l'Assemblée générale. » Liévin, article 28 :
« Le Conseil d'administration est tenu de proposer à l'Assemblée générale toutes les modifications aux statuts qui
seraient présentées et signées par un nombre d'actionnaires réunissant au moins le tiers des actions émises. »

2° Emprunts. Obligations.

284. Quelques-uns de nos statuts reconnaissent à l'assemblée générale le droit de faire des emprunts avec ou
sans constitution d'hypothèque. Flines-lez-Raches (art. 42)
en fait même l'une des attributions de l'assemblée ordinaire; la Clarence (art. 41), Ligny-lez-Aire (art. 40) ne
le permettent qu'à l'assemblée extraordinaire ; Marles
(art. 25) veut que la délibération soit prise à la majorité
des trois quarts des actions représentées et qu'il y ait eu
des lettres de convocation spéciales ; Thivencelles et
Fresnes-Midi (art. 35) dit que « s'il s'agit d'emprunt, les
délibérations pourront être prises à la majorité des voix

représentant la moitié plus une des actions délivrées. Il
n'y a pas lieu toutefois, dans le total dont on exige la moitié plus une, de tenir compte des actions possédées par
des actionnaires titulaires de moins de quatre actions. »

Lorsque les statuts ont parlé, pas de difficulté, on n'a
qu'à les appliquer. De même, s'ils prohibaient les emprunts, l'assemblée générale ne pourrait en autoriser, nous
venons de le dire en citant l'exemple de la Société des mines d'Arras (1). Mais le plus souvent, ils se taisent sur
cette question. Que faut-il alors décider?

285. Dans le silence des statuts, le pouvoir d'emprunter
appartient sans conteste à l'assemblée générale (2), car il
découle du pacte social. Nous n'en saurions rapporter de
meilleur argument que ces considérants d'un arrêt de la
Cour de Douai, du 23 août 1882 (3) ; P..., actionnaire de la
Société de Ferfay et Ames, était recherché par le liquidateur,
pour avoir à payer sa quote-part d'un passif provenant en
majeure partie de divers emprunts : « Attendu, dit la Cour,
qu'il n'a pu être établi que P... ait personnellement con-
couru aux emprunts dont il s'agit ; mais attendu que ces
emprunts ont été successivement autorisés par l'Assemblée générale des actionnaires, suivant les délibérations
des 11 décembre 1867, 8 février 1870, 9 mars 1875 et
4 janvier 1877 ; que ces délibérations ont été régulièrement
votées......

« Attendu que l'article 11 des statuts de 1853 porte ex-

---

(1) *Sic* : Douai, 20 janvier 1859 (Jurisprudence de la Cour de Douai, 1859,
p. 5) ; Dijon, 12 janvier 1843 et Cassation, 22 août 1844 (Dalloz, 1844,1,21).
(2) Delecroix, *op. cit.*, nᵒˢ 427 et suivants ; Féraud-Giraud, *op. cit.*, nᵒ 197.
(3) Dalloz, 1885, 2,105 ; Jurisprudence de la Cour de Douai, 1882, p. 251 ;
Revue de la législation des mines, 1884, p. 161.

pressément: « L'Assemblée générale représentera l'univer-
« salité des actions ; ses décisions seront obligatoires pour
« tous » ; qu'une clause aussi formelle et aussi absolue dans
ses termes ne peut s'interpréter que dans le sens du mandat le plus général, donné par tous les coassociés aux
Assemblées générales, de prendre ou autoriser en leur
nom et sous la responsabilité de tous, toutes les mesures et
tous les actes que leur paraîtraient commander les intérêts
de la société ; que, parmi toutes les mesures qui ont dû
entrer dans la prévision des parties contractantes, au moment où elles donnaient ce mandat si général, l'éventualité d'un ou plusieurs emprunts est assurément de celles
qui ont dû se présenter en première ligne à leur esprit ;
qu'ils étaient, n effet, surabondamment avertis à cet
égard par la nature même et les difficultés de l'exploitation formant l'objet de leur entreprise, ainsi que par les
nombreux exemples des sociétés charbonnières qui avaient
précédé la leur et dont la plupart n'étaient arrivées à ré-
colter des bénéfices qu'après avoir fait des sacrifices considérables de temps, d'efforts et de capitaux ; qu'on peut
d'autant moins douter que cette prévision soit entrée dans
la pensée de l'article 11, que cet article suit immédiatement les articles 9 et 10 qui, réglant les pouvoirs du conseil d'administration, venaient d'en exclure formellement
le pouvoir d'emprunter, et que, en ne reproduisant pas cette
interdiction en termes exprès dans l'article suivant qui
conférait à l'assemblée des actionnaires le mandat le plus
général et le plus absolu, les rédacteurs du statut ont clairement exprimé par cela même leur intention de comprendre les emprunts dans le mandat dont il s'agit... »

Il n'y a rien à ajouter, sinon que cette solution s'imposerait alors même que les dernières considérations de l'arrêt ne trouveraient pas leur application ; les premiers arguments fournis sont assez probants par eux-mêmes.

286. En fait, un assez grand nombre de nos sociétés ont contracté des emprunts. La compagnie de Thivencelles et Fresnes-Midi a reçu de l'Etat un prêt de un million de francs : la loi du 1er août 1860 (1) avait mis à la disposition du gouvernement une somme de quarante millions de francs pour être affectée à des prêts à l'industrie pour le renouvellement ou l'amélioration de son matériel ; ces prêts devaient être faits au taux de 5 0/0, et des sûretés devaient être prises pour son recouvrement. Le décret des 24 octobre-24 décembre 1860 (2) porta règlement d'administration publique pour l'exécution de cette loi. Thivencelles reçut ainsi une avance de un million qui lui fut versée par tiers le 23 octobre 1861, le 6 mai 1862 et le 8 juillet 1863, remboursables chacun en sept ans. Mais les intérêts à 5 0/0 constituaient une charge telle qu'au premier janvier 1886, la société devait encore à l'Etat 1.376.914 fr. 40. Le décret du 20 avril 1886 arrêta cette dette à ce chiffre et décida qu'elle cesserait de produire intérêt ; elle est amortissable à raison de 20.000 francs par an pour les trois premières années à partir du 1er janvier 1886, et 40.000 pour les années suivantes. Aucun intérêt ne peut être servi aux actions avant libération complète vis-à-vis de l'Etat.

Il paraît que tous les autres prêts faits à l'industrie sur

(1) *Bulletin des lois*, XIe série, 832, n. 8000.
(2) *Ibidem*, 885, n. 8512.

les quarante millions dont nous venons de parler ont été perdus complètement pour l'Etat (1).

287. Les emprunts sont ordinairement contractés par émission d'obligations offertes au public. Ce mode d'emprunter n'est pas en effet réservé au commerce et peut être employé par les sociétés civiles (2). La Bourse de Lille cote aujourd'hui les obligations de Béthune (1877), Dourges (1894), Drocourt (1894), l'Escarpelle (1894), Lens (1893) et Marles (1893).

L'emprunt de Béthune, autorisé par l'assemblée générale extraordinaire du 11 juin 1877, est de cinq millions de francs, en 10.000 obligations de 500 francs à 3 0/0, émises à 280 francs et remboursables au pair.

Les autres emprunts ont été contractés dans les conditions suivantes :

Dourges, 1894, 5.400 obligations de 500 francs 4 0/0.

Drocourt, 1894, 6.000 obligations de 500 francs 4 0/0.

L'Escarpelle, 1894, 4.000 obligations de 500 francs.

Lens, 1893, 4.672 obligations, de 500 francs.

Marles, 1893, 11.470 obligations de 500 francs.

Les emprunts suivants ne sont pas cotés :

Drocourt, 1885 (2 février), 2.000 obligations de 500 fr. 6 0/0.

Marles, 1885 (28 avril), 4.000.000 francs en 8.247 obligations de 500 francs 5 0/0 émises à 485 francs.

Ostricourt, 1885 (28 avril), 2.000 obligations de 500 fr. 5 0/0.

---

(1) *Statistique des houillères*, 1890, p. 232.

(2) Paris, 8 mars 1889, affaire de la Compagnie de Panama (Dalloz, 1890, 2,233).

Thivencelles 1882 (26 novembre), 2.000 obligations de 300 francs, 5 0/0.

288. Comme on le voit, des avantages importants sont consentis aux obligataires : intérêts jusqu'à 6 0/0 bien que nos sociétés soient civiles, primes de remboursement ; ces conventions ne sont-elles pas usuraires ? Cette question a été posée devant la Cour de Douai, et l'arrêt précité du 23 août 1882 l'a résolue de la façon suivante : « Attendu que la doctrine et la jurisprudence ont admis avec raison que les prêts faits aux grandes entreprises industrielles, sous la forme d'émission publique d'obligations remboursables par voie de tirage au sort, revêtent un caractère aléatoire qui comporte, au profit des prêteurs, en compensation des risques résultant pour eux des conditions particulières dans lesquelles ils exposent leurs fonds, la stipulation d'avantages particuliers excédant le taux légal de l'intérêt sans tomber sous l'application de la loi du 4 septembre 1807 (1) ; que ces emprunts à prime, offrant aux prêteurs des avantages supérieurs au taux légal de l'intérêt sont tellement entrés dans la pratique du crédit et dans les mœurs financières, sans empêchement de la part des pouvoirs publics, qu'on ne pourrait les annuler ou les restreindre sans jeter une perturbation désastreuse sur le marché industriel et financier ; qu'il appartient seulement au juge d'apprécier si les avantages stipulés, soit sous la forme d'intérêts au-dessus du taux légal, soit sous la forme de lots ou de primes d'amortissement, n'excèdent pas la juste proportion qui doit exister

---

(1) *Sic* : Cassation, 6 décembre 1886 (Dalloz, 1887,1,312 ; Sirey, 1887,1,419).

entre ces avantages et les risques exposés par les obligataires, et s'ils ne rentrent pas alors dans la catégorie des
stipulations usuraires qu'a voulu proscrire le législateur ;
qu'on ne saurait à ce point de vue, dans l'espèce, rien voir
d'excessif et d'usuraire dans l'intérêt à 6 0/0 augmenté
d'une prime de remboursement de 50 francs stipulé au
profit des obligataires de la Société de Ferfay, en regard
des risques que leur faisaient courir les échéances éloignées et incertaines de remboursement et toutes les éventualités qui menaçaient le sort de leur créance contre une
société engagée dans une entreprise considérable, dispen-
dieuse et pleine de difficultés ; qu'il y a donc lieu de maintenir cette stipulation, sans qu'il soit utile de rechercher
si les obligataires, étant ou non commerçants, avaient ou
non fait acte de commerce en souscrivant les emprunts,
le taux légal de l'intérêt n'étant plus ici la mesure des
avantages qu'il leur était permis de stipuler, et cette mesure se rencontrant uniquement, comme il vient d'être
dit, dans le rapport équitable arbitré par le juge entre les
risques encourus et les avantages stipulés. »

Toutefois, en ce qui concerne la prime de remboursement, le paiement anticipé, nécessité dans l'espèce par la
liquidation de la société, permet de la réduire « dans la
proportion du temps restant à courir depuis le remboursement effectif jusqu'à l'époque où devait avoir lieu, aux
termes des conventions, l'amortissement par voie de
tirage au sort de la série dont cette obligation fait partie (1) ».

_____

(1) Voir dans le même sens le jugement du Tribunal civil de Douai, rendu

289. Avant de quitter la matière des obligations, disons un mot des combinaisons au moyen desquelles plusieurs de nos compagnies ont cherché à se libérer envers leurs obligataires qu'elles se trouvaient dans l'impossibilité de rembourser. Ces combinaisons avaient pour but de leur donner en paiement des actions de la société, en transformant ces obligataires en actionnaires.

290. Le conseil d'administration de la Compagnie nouvelle d'Auchy-au-Bois avait plusieurs fois prôné cette mesure, qu'il qualifiait de « juste et habile », notamment dans deux circulaires du 28 janvier et du 28 février 1881. Nous extrayons de la dernière la proposition suivante : « Aux actionnaires, nous demandons d'abandonner 4 de leurs actions sur 5, pour acquitter notre passif. Il est juste de leur demander cela ; car l'actif social est le gage des obligataires et des créanciers, et l'honneur comme le droit exigent qu'on les paie. Et c'est habile à eux de l'accorder ; parce qu'ils conservent ainsi le 5ᵉ de leurs titres, ils sauvent le 5ᵉ de leur mise, et aucune liquidation ne leur laisserait une obole.

« Aux obligataires et créanciers, nous demandons de prendre les actions abandonnées par les actionnaires en paiement de leurs obligations et créances, ce qui équivaut au fond des choses à leur transmettre les 4/5 de l'affaire. Il est juste de laisser quelque chose aux actionnaires, ces premiers pionniers de l'œuvre commune. Les obligataires

le 1ᵉʳ mars 1852, lors de la dissolution d'Azincourt (Jurisprudence de la Cour de Douai, 1882, p. 18), et l'arrêt de la Cour de Douai du 24 janvier 1873 (Dalloz, 1874, 2, 203 ; Liquidation de Fiennes et Hardinghem). *Sic* : Cassation, 18 avril 1883 (Sirey, 1883, 1, 311 et 441).

acceptent ainsi une communauté d'infortune qui les
honore ; et c'est habile à eux, car les actionnaires, gra-
cieusement ménagés, leur faciliteront une transmission
avantageuse de l'actif, que, sans leur concours, ils n'ob-
tiendraient que par une liquidation, ruineuse pour les
actionnaires, mais désastreuse pour eux-mêmes. »

Ce projet n'a pu aboutir, les adhésions n'ayant pas été
assez nombreuses.

La Compagnie nouvelle d'Auchy-au-Bois était elle-même
née de la transformation de la Société civile du même nom,
et lors de cette transformation, des actions de la Compagnie nouvelle avaient été offertes aux obligataires. Plus
tard, la Lys Supérieure suivit cet exemple. Nous aurons
bientôt à revenir sur ces opérations.

291. Une combinaison similaire a été employée par la
Société civile de Vendin-lez-Béthune qui se transforma les
27 juin et 27 juillet 1882 en société anonyme dont les actionnaires étaient les anciens associés et les anciens obligataires de la compagnie civile qui avaient adhéré à la
combinaison proposée.

Il a été justement reconnu à ce propos, par le Tribunal
civil de Béthune le 14 août 1884 et la Cour de Douai le
18 juin 1885 (1), que l'adhésion donnée par un obligataire
à la conversion de ses obligations en actions de la société
nouvelle n'est valable que si toutes les conditions données
à cette adhésion ont été remplies. L'arrêt de la Cour fait
suffisamment connaître la situation : « Attendu que si, par
sa lettre du 5 octobre 1881, C... adhérait au projet de trans-

_____

(1) *Revue de la législation des mines*, 1889, p. 111.

formation de la Société houillère de Vendin..., il déclarait
en même temps que son engagement ne serait valable
qu'autant que les modifications aux statuts seraient conformes au projet à lui communiqué ; — Attendu que la
transformation des 27 juin et 27 juillet 1882 s'est essentiellement écartée de ce projet ; — Attendu que le projet
de la Commission reconstituait la Société de Vendin avec
un capital social représenté par 24.000 parts, dont 3.000
étaient attribuées aux 3.000 actions originaires, et dont
21.000 parts nouvelles étaient destinées pour partie à remplacer les obligations émises et les dettes existantes, et
pour partie à être offertes en souscription aux actionnaires,
aux obligataires, aux créanciers chirographaires et au
public ; — Attendu que la souscription de ces 21.000 parts
nouvelles était une condition essentielle de la transformation de la Société ;.....

« Attendu qu'au lieu d'être reconstituée au capital de
24.000 parts dont 21.000 parts nouvelles, la Société houillère de Vendin a été, les 27 juin et 27 juillet 1882, transformée au capital de 20.814 parts, dont 18.101 parts nouvelles pouvant à peine suffire pour éteindre les dettes et
les obligations et laissant le charbonnage sans ressources
disponibles ; .....

« Attendu que dans ces conditions c'est à bon droit que
C... se refuse d'adhérer à la transformation des 27 juin
et 27 juillet 1882 ;... — Que la condition essentielle pour
C... d'une société avec 24.000 parts effectivement souscrites
et ayant ainsi le capital reconnu indispensable pour son
fonctionnement n'est pas réalisée... »

En sens inverse, l'adhésion à la transformation opérée a

été jugée emporter novation définitive, alors même que la société nouvelle viendrait plus tard à être annulée. La Cour de Douai, le 12 août 1886 (1), après avoir rappelé les conditions de la transformation de Vendin statue ainsi : « Attendu que B..., C..., et la veuve D... C... ont consenti à transformer leurs obligations en actions de la société reconstituée sur ces bases ; qu'ils ont échangé leurs titres d'obligations contre un nombre de titres d'actions représentant le montant de ces mêmes obligations ; — Attendu qu'ils ont ainsi nové leurs créances contre la société civile en actions de la société anonyme ; que par l'effet de leur engagement dans la société anonyme ils ont substitué celle-ci à la société civile qui a été vis-à-vis d'eux complètement déchargée.... ;

« Attendu que par leurs conclusions à la barre de la Cour aucune des parties en cause ne relève appel de la disposition du jugement qui a prononcé la nullité de la société anonyme des houillères de Vendin-lez-Béthune pour défaut de souscription de la totalité du capital et pour absence de vérification de certains apports ... ;

« Attendu que la nullité de la société anonyme prononcée par le jugement dont est appel ne peut avoir pour résultat de rétablir B..., C... et la veuve D... C... dans la situation où ils se trouvaient avant la constitution de cette société, de faire renaître leurs titres d'obligataires et de leur rendre la qualité de tiers créanciers ; — Attendu que la nullité de la société anonyme n'a pas d'effet rétroactif absolu ; — Attendu que, bien qu'annulée, cette société n'a

(1) Jurisprudence de la Cour de Douai, 1886, p. 255 ; *Revue de la législation des mines*, 1889, p. 115.

pas moins existé jusqu'au moment où la nullité a été prononcée ; attendu que rien ne saurait empêcher qu'en fait
la société se soit livrée à des opérations de toute nature,
du 27 juillet 1882, jour de sa constitution, au 20 juin 1884,
jour où, antérieurement à toute demande en nullité, la liquidation a été judiciairement ordonnée ; — Attendu que
les actions souscrites par B..., C... et la veuve D... C...
en novation de leurs créances conservent ainsi leur caractère essentiel avec les seuls droits et les seules obligations
qui y sont attachés... »

La Cour de Cassation, le 19 juillet 1888 (1), rejeta le
pourvoi en ces termes : « Attendu que lorsqu'une Société
vient à être annulée parce que les conditions essentielles
à sa constitution n'ont pas été réalisées, toutes les opérations accomplies pendant son existence de fait lient les
parties et donnent nécessairement lieu à une liquidation
et à un règlement obligatoire pour tous les associés ; —
Que cette annulation ne produit d'effet que pour l'avenir ;
— Que c'est avec raison que l'arrêt attaqué, en se fondant
sur ce principe, déclare que les actions souscrites par les
défendeurs éventuels, en novation de leurs créances, conservent ainsi leur caractère essentiel avec les seuls droits
et les seules obligations qui y sont attachés ;

« Attendu, en ce qui concerne la condition résolutoire
qui aurait été stipulée par les défendeurs éventuels dans
leurs bulletins de souscription : — Que ces bulletins ne
sont pas produits ; que, d'ailleurs, le moyen est nouveau, etc. »

(1) Dalloz, 1889, 1, 345; Sirey, 1891, 1, 59; *Revue de la législation des
mines*, 1889, p. 121.

3° *Modifications aux statuts. Transformation de la société.*

292. Il était impossible de rédiger les statuts de nos compagnies d'une manière tellement parfaite qu'ils répondissent exactement à toutes les nécessités de la pratique. Très souvent l'expérience a démontré que les règles primitivement édictées étaient incomplètes ou surannées et l'on a senti le besoin de les remplacer par des dispositions nouvelles mieux appropriées aux conditions d'existence des sociétés. En fait, les contrats de nos sociétés ont été souvent modifiés ; si l'on excepte ceux d'Aniche et d'Anzin, que les directeurs de ces concessions ont voulu jusqu'ici conserver immuables, et ceux des sociétés très récemment fondées, tous les statuts de nos compagnies ne nous sont parvenus qu'après avoir subi plusieurs changements, parfois même des transformations profondes.

293. Et cependant, ne faut-il pas l'accord de tous les associés pour modifier un statut ? « Cet acte est la réunion des conditions sans lesquelles l'association n'aurait pas eu lieu et qui doivent être exécutées, quelque nombreux que soient ceux qui veulent y déroger. L'unanimité des associés pourrait seule apporter des modifications à un acte qui est lui-même l'ouvrage de l'unanimité de ceux qui l'ont primitivement signé (1). » Or, dans des sociétés aussi nombreuses que les nôtres, l'unanimité des actionnaires serait d'autant plus impossible à obtenir que ceux-ci ne sont pas toujours connus, les actions pouvant parfois être au por-

---

(1) Pardessus, *Cours de droit commercial*, t. 4, n° 980. *Sic* : Duvergier, *Contrat de société*, n° 287 ; Troplong, *Contrat de société*, n° 724; Féraud-Giraud, *Code des mines et mineurs*, n° 190.

teur. Si donc tant d'innovations ont été réalisées, c'est
que tous nos statuts actuels, sauf ceux d'Aniche et d'Anzin, et aussi, croyons-nous, tous les statuts anciens, prévoient et par là autorisent les changements qu'on pourra
leur faire subir. Nous avons déjà dit, à propos des assemblées extraordinaires, quelles sont les conditions de composition et de majorité exigées des assemblées qui ont à
statuer sur cette question ; il faut naturellement les remplir de tout point.

294. Que faut-il entendre par les « modifications » qui
sont permises par les statuts ? Ce sont tous les changements
qui n'altéreront pas les conditions essentielles de l'acte social (1), qui ne feront pas de la société une société nouvelle. On ne peut croire en effet que les associés aient permis à un certain nombre d'entre eux de bouleverser leur
contrat au point d'en violer les stipulations les plus for-
melles. Cette conclusion se trouve corroborée par les considérations suivantes : les modifications aux statuts peuvent
être votées par la majorité d'une assemblée représentant
une certaine quotité du capital social ; cette majorité peut
donc souvent ne représenter que le quart de ce capital, parfois moins ; comment admettre qu'elle ait le pouvoir de
transformer la société. Les statuts nous fournissent souvent un nouvel argument en plaçant cette modification
à côté d'actes d'administration, importants à la vérité,
mais ne touchant pas à la constitution même de la société. En voici des exemples : l'article 31 de Béthune dit
que « dans le cas de modification à apporter aux statuts,
dans le cas d'acquisition de tout ou partie de concession

(1) Bourges, 6 avril 1892 (Dalloz, 1893,2,347).

charbonnière, de toute vente ou cession de la concession,
l'assemblée ne délibère valablement qu'autant que le tiers
du capital social est représenté ». L'article 23 de Courrières
soumet à des règles communes les assemblées générales
qui ont pour fin « de modifier les présents statuts ; de se
réunir ou de s'associer avec une autre société charbonnière ; d'ajouter une industrie étrangère à l'objet de la
présente association..... ; ou enfin de statuer sur la dissolution et la liquidation de la présente société. » De même
Vicoigne-Nœux (art. 20) met sur la même ligne les modifications aux statuts et les appels de fonds.

Qu'on n'objecte pas cette clause répétée partout : « L'assemblée générale représente l'universalité des actionnaires, ses décisions sont obligatoires pour tous ». Elle n'est
exacte que lorsque cette assemblée s'est renfermée dans
ses attributions, c'est-à-dire dans l'administration de la
société, et de la société telle que l'ont voulue ceux qui ont
adhéré au pacte primitif.

295. La jurisprudence est conforme à la théorie ainsi
exposée. Empruntons encore une citation au jugement du
Tribunal civil de Béthune du 12 janvier 1882, que la Cour
de Douai a fait sien le 27 mars suivant (1) ; il s'agissait de
l'ancienne Société de Ferfay et Ames: « La Société, dans
une Assemblée générale, apporta aux statuts certaines
modifications qui, sans toucher à ce qui était de l'essence
de la Société, eurent pour conséquences : 1° de lever dans
une certaine mesure les restrictions mises dans l'acte de
1853 au droit qui en principe existe pour tout associé de

---

(1) Jurisprudence de la Cour de Douai, 1882, p. 249 ; *Revue de la législation des mines*, 1884, p. 156.

prendre part à la chose commune, et 2º de réglementer la composition des Assemblées générales, en augmentant les garanties données aux intéressés ;

« Que c'est ainsi qu'aux termes de l'article 7 des nouveaux statuts tout propriétaire de 5 actions doit dorénavant avoir voix délibérative aux Assemblées générales, que de plus, aux termes de l'article 8, les Assemblées générales, dont la composition régulière n'était soumise à aucune condition de nombre, durent être composées d'une réunion d'actionnaires représentant la moitié au moins des actions émises ; qu'en outre l'Assemblée générale dut être composée d'actionnaires représentant les trois cinquièmes des actions émises quand il s'agirait de mesures qui, comme les emprunts, les modifications des statuts, la dissolution, présentaient une gravité exceptionnelle ; que par l'article 29 on réglementa la ligne de conduite à suivre en cas de liquidation, ne faisant que rappeler les principes du droit commun, puisqu'on attribuait à l'Assemblée générale, souveraine dans tous les cas, le droit de déterminer les conditions suivant lesquelles la liquidation déjà prévue par les statuts de 1853 serait opérée ;

« Attendu que ces modifications, *qui ne touchaient en rien à l'essence de la Société, ni à sa durée ou à son capital,* ne constituaient qu'une simple réglementation d'ordre intérieur et *ne pouvaient* à aucun point de vue *avoir pour effet de substituer un nouveau contrat à l'ancien* ; que, votées régulièrement, ces modifications devenaient sans conteste la loi de la Société... »

296. Par application inverse des mêmes principes, le Tribunal civil de Lille, par jugement du 15 juin 1885 confirmé

par la Cour de Douai le 22 juin 1886 (1), a déclaré nulle
la transformation de la Société belge de Sainte-Aldegonde.
Une assemblée générale d'actionnaires représentant seulement 1.441 actions sur 2.800 avait « déclaré apporter à la
Société originaire, les modifications suivantes : 1° la dénomination de Société de Sainte-Aldegonde a été convertie
en celle de Compagnie des houillères franco-belges ; 2° le
siège de la Société a été transféré de Mont-Sainte-Alde-
gonde (Belgique), à Lille (France) ; 3° la Société civile a
pris la forme de Société anonyme ; 4° le capital social a été
porté de 2.800.000 à 7.000.000 ; 5° il a été attribué aux
actionnaires pour chacune des actions de la Société originaire cinq actions nouvelles à la charge par eux de verser
une somme de 1.500 francs, modification d'une incontestable gravité en ce qu'elle entraînait pour les actionnaires
non acceptants la perte de moitié de leurs actions réduites
de 1.000 à 500 francs ;

« Attendu que des modifications aussi multipliées et
aussi profondes, affectant à la fois la dénomination de la
Société, son siège, sa nationalité, sa forme, la valeur des
actions et la situation respective des actionnaires suivant
qu'ils consentaient ou non à verser la somme de 1.500 fr.,
ne laissant en réalité rien ou presque rien subsister de la
Société primitive, constituaient dans leur ensemble, non
point une simple transformation de cette Société, mais une
Société nouvelle pour la création de laquelle le consentement de l'unanimité des intéressés était indispensable, etc. ».

(1) Jurisprudence de la Cour de Douai, 1886, p. 215 ; *Revue des sociétés*,
1885, p. 552 ; *Revue de la législation des mines*, 1889, p. 93.

Le 11 août 1887 (1), la Cour de Douai a reproduit dans d'autres termes ces mêmes considérants.

297. La question la plus grave qui ait été posée en cette matière est celle de la transformation de nos compagnies civiles en sociétés anonymes. On en comprendra l'importance capitale si l'on veut bien se rappeler que la jurisprudence refusait de tenir compte des clauses restrictives de la responsabilité des associés dans les compagnies qui n'avaient pas revêtu la forme anonyme. Comment donc peut être opérée une telle transformation ? La réponse varie suivant qu'on se place avant ou après la loi du 1er août 1893.

298. Avant cette loi, si les statuts autorisaient l'adoption de l'anonymat, il n'y avait qu'à se conformer à leurs prescriptions. Nos Compagnies de Dourges et de Thivencelles et Fresnes-Midi auraient pu profiter de cette faculté que leur donnaient leurs statuts : ceux de Dourges, à l'article qui porte aujourd'hui le numéro 22, disaient en effet : « La présente Société pourra être convertie en Société anonyme après délibération prise, à la majorité d'au moins quatre voix par le conseil d'administration. Cette délibération devra être aussitôt approuvée par l'assemblée générale, à la majorité des trois quarts des actions émises au moment du vote, lors d'une première convocation, et à la simple majorité des actions représentées, en cas d'une deuxième convocation.... » De même l'article 47 de Thivencelles stipule que « la société actuelle pourra être convertie en société anonyme, lorsqu'elle remplira les condi-

(1) Jurisprudence de la Cour de Douai, 1887, p. 337 ; *Revue de la législation des mines,* 1889, p. 100.

tions voulues. Tous pouvoirs sont, en conséquence et dès
à présent, donnés au conseil d'administration, à l'effet de
poursuivre cette conversion, établir et signer de nouveaux
statuts, faire et accepter telles modifications qu'exigera le
gouvernement. » Ces statuts sont en effet de 1850 ; il fallait à cette époque l'autorisation gouvernementale. Il faudrait, en outre, d'après l'article 46 applicable à toute modification des statuts, l'approbation de la majorité des voix
représentant les trois quarts des actions délivrées ; au besoin, une seconde assemblée délibérerait valablement, quel
que soit le nombre des membres présents.

Lorsque les statuts ne contenaient pas cette autorisation
spéciale, l'unanimité des actionnaires était indispensable (1), c'est la conclusion de ce que nous avons dit et des
arrêts que nous venons de citer. La jurisprudence belge
était fixée dans le même sens (2).

Nous avons un exemple intéressant de cette unanimité
dans la transformation de Drocourt, le 21 août 1880 : quatorze actionnaires ont comparu à l'acte, agissant tant en
leur nom personnel qu'aux noms et comme mandataires
de onze autres actionnaires ; il en restait encore quatre
pour lesquels les comparants se sont portés fort solidairement.

Généralement, cette unanimité est impossible à réaliser,
aussi avait-on cherché des moyens détournés pour arriver
à ce but. C'est ainsi que dans une compagnie belge (3) un
grand nombre d'actionnaires ont fondé une société paral-

(1) Dalloz, *Supplément au Répertoire*, v° *Société*, n° 2124 ; Féraud-Giraud,
op. cit., n° 176. — Voir M. Delecroix, *Législation des sociétés de mines*,
n°ˢ 389 et suivants.
(2-3) Delecroix, *Ibidem*.

lèle à la première, sous la forme anonyme, dans laquelle
tous les autres actionnaires peuvent entrer : le jour où
tous auront adhéré, la transformation se trouvera accomplie ; jusque-là les deux sociétés continueront de coexis-
ter.

299. Un autre procédé a été employé par deux de nos anciennes compagnies, Auchy-au-Bois et la Lys Supérieure.
Nous ne croyons pouvoir mieux exposer leur situation et
ses conséquences qu'en transcrivant ici l'arrêt de la Cour
de Douai du 26 juillet 1886 (1) : « Attendu que le 28 août
1855, une société civile et particulière pour la recherche
et l'exploitation d'une mine de houille dans l'arrondisse-
ment de Saint-Omer a été formée sous la dénomination de
Compagnie des mines de houille de la Lys Supérieure, au
capital social de deux millions de francs divisés en 4,000 actions de 500 francs ;... — Qu'enfin, le passif dépassant
l'actif, le conseil d'administration proposa un projet pour
remédier à cette situation ; — Que, d'après ce projet, la
société civile disparaissait pour faire place à une société
anonyme, dans laquelle les porteurs d'obligations de la
société civile devaient entrer comme actionnaires, échan-
geant ainsi leur qualité de créanciers contre celle d'associés, et leurs obligations contre des actions, à certaines
conditions déterminées ; — Que, d'autre part, les actionnaires de la société civile conservaient leur qualité, à condition d'échanger 5 actions anciennes contre 3 nouvelles,
et de verser une somme de 1,000 francs ; — Attendu que
ce projet, qui prétendait ainsi faire disparaître le passif et

_____

(1) Jurisprudence de la Cour de Douai, 1892, p. 40 ; *Revue de la législation des mines*, 1889, p. 72.

créer un capital social, a été soumis aux obligataires et
aux actionnaires, accepté par certains, repoussé par d'autres ; — Attendu qu'à la date du 6 février 1872, l'assemblée générale des actionnaires a prononcé la dissolution de
la société civile et nommé un liquidateur auquel elle a
adjoint une commission composée de 3 membres pour la
surveillance de la liquidation qui allait se poursuivre ; —
Qu'elle a confié en outre à ce liquidateur mandat spécial
d'accomplir, pour la constitution de la société anonyme
qui allait être créée, toutes les formalités exigées par la
loi, et aussi d'apporter dans la nouvelle société la totalité
des valeurs actives et passives, mobilières et immobilières,
qui composaient l'avoir de la société civile dissoute ; —
Attendu que le lendemain, 7 février 1872, les actionnaires
souscripteurs du capital de la Compagnie houillère anonyme de la Lys Supérieure, réunis en assemblée générale,
ont adopté la rédaction des statuts et déclaré cette société
anonyme constituée... »

De tout ceci, l'arrêt tire très justement cette conclusion
que ces deux sociétés successives sont distinctes l'une de
l'autre, puisque « la première a été dissoute et la seconde
a été fondée par des Assemblées générales composées d'un
certain nombre de membres différents », puisque la forme
était changée et le capital social réduit, et surtout puisque
dans la seconde « se trouvait un certain nombre des obligataires de la première société qui avaient consenti à
échanger leurs obligations pour des actions », mais « ne se
rencontraient plus les anciens sociétaires qui n'avaient
pas consenti à donner cinq actions de la Société civile et
à verser 1.000 francs pour avoir en échange trois actions

de la nouvelle Société ». Donc « la Société civile et la Société anonyme constituent deux Sociétés parfaitement distinctes, formant deux personnalités civiles séparées, bien qu'elles aient poursuivi le même but ».

La Lys Supérieure n'avait fait que suivre l'exemple d'Auchy-au-Bois ; une assemblée générale du 14 décembre 1867 avait prononcé la liquidation de l'ancienne compagnie civile ; une autre assemblée, le 30 mars 1868, décida la constitution d'une nouvelle société sous la forme anonyme.

Ce qu'il faut remarquer dans ces deux cas, c'est qu'il y a eu deux sociétés successives, la première ayant été dissoute, et non à proprement parler transformation d'une société : la majorité avait bien pu imposer la dissolution à la minorité, mais n'avait pas imprimé aux dissidents la qualité d'actionnaires de la société nouvelle.

300. D'autres compagnies civiles ont cru pouvoir se transformer en sociétés anonymes par une simple délibération de l'assemblée générale. Ce mode de procéder aurait pu être critiqué ; mais il ne peut plus l'être aujourd'hui : la transformation de Carvin date du 6 juillet 1884 et celle de Meurchin du 26 juillet 1873 ; par leur silence pendant plus de dix ans, les actionnaires ont donc tous apporté leur ratification. A cette raison s'ajoute encore que ces compagnies sont aujourd'hui sous l'empire de la loi du 1er août 1893. Enfin, la société anonyme de Vendin-lez-Béthune a été déclarée nulle, par le Tribunal civil de Béthune, pour défaut de souscription de la totalité du capital et pour absence de vérification de certains apports.

301. Depuis la loi du 1er août 1893, les conditions de la

transformation des sociétés en sociétés anonymes ont bien
changé. Le dernier alinéa de son article 7 (Dispositions
transitoires) dit en effet : « Les sociétés civiles actuellement constituées sous d'autres formes pourront, si leurs
statuts ne s'y opposent pas, se transformer en sociétés en
commandite ou en sociétés anonymes par décision d'une
assemblée générale spécialement convoquée et réunissant
les conditions, tant de l'acte social que de l'article 31 ci-
dessus. » C'est l'article 31 de la loi de 1867, c'est-à-dire
que l'assemblée générale devra être composée « d'un nombre d'actionnaires représentant la moitié au moins du
capital social. »

302. Deux règles sont contenues dans cet article : la première est négative, il faut que les statuts ne s'opposent pas
à la transformation. Mais, remarquons-le bien, « le silence
n'est pas une interdiction. La transformation, bien que
non prévue est admise ; il suffit qu'elle ne soit pas expressément prohibée (1). » Or quelques-uns de nos statuts
prévoient la transformation, les autres autorisent les modifications ; pour eux donc pas de difficulté. Seuls les contrats d'Aniche et d'Anzin ne contiennent aucune stipulation
sur ce point ; mais, encore une fois, le silence n'est pas
une interdiction et ces compagnies pourraient, sans conteste, prendre la forme anonyme aux conditions formulées
par la seconde règle de l'article précité.

303. Ces conditions sont d'abord de remplir les formalités
qu'exigeraient les statuts ; nous avons déjà rapporté les
prescriptions de ceux de Dourges et de Thivencelles ;

_____

(1) Thellier de Poncheville, *Note sur la transformation des sociétés civi-
es en sociétés anonymes ou en commandite par actions.* p. 4.

ajoutons encore que Flines-lez-Raches (art. 40) veut pour
toute transformation de la société la réunion des deux
tiers des suffrages d'une assemblée représentant les deux
tiers des actions.

Si les statuts n'ont pas des exigences plus grandes, il
faudra, d'après l'article 31 de la loi de 1867, une délibération d'une assemblée générale représentant la moitié au
moins du capital social. Cette disposition ne visait jusqu'ici
que les « modifications aux statuts » des sociétés anonymes, hypothèse beaucoup moins grave que celle dont nous
nous occupons. Il suffit donc de l'assentiment du quart
des parts sociales pour rendre anonyme, et par conséquent
commerciale, une société civile ; c'est peut-être demander
bien peu (1). La loi belge du 22 mai 1886 s'est montrée
beaucoup plus sévère, bien que l'anonymat n'entraîne pas
en Belgique la commercialité : « Les sociétés civiles, dit-
elle à l'article 136, ayant l'exploitation des mines pour
objet peuvent, quelle que soit l'époque de leur constitution,
si aucune disposition de leurs contrats constitutifs ne l'interdit, être transformées en sociétés anonymes par décision
d'une assemblée générale spécialement convoquée à cet
effet. Cette assemblée arrêtera les statuts de la société
anonyme. La décision n'est valable que si elle obtient
l'adhésion des titulaires de parts représentant les trois cinquièmes au moins des parts sociales. »

Il se peut enfin que les statuts autorisent la transformation
à des conditions plus faciles : Dourges, Flines-lez-Raches,
et Thivencelles, que nous citions tout à l'heure se contentent, lorsque la première assemblée n'a pas abouti, de la

(1) P. Plichon, *La loi du 21 avril 1810 et le Code civil*, p. 193.

réunion d'un nombre quelconque d'actionnaires. De pareilles stipulations ne nous paraissent pas valables en notre matière : la loi exige que l'assemblée générale *réunisse* les conditions, tant de l'acte social que de l'article 31 ; il faut donc au minimum la représentation de la moitié du capital, car la loi ne fait pas de différence entre une première et une seconde assemblée.

M. Thellier de Poncheville, dans la note que nous indiquions tout à l'heure, fait remarquer qu' « il pourrait se rencontrer des Sociétés dont la constitution serait tellement oligarchique que les associés appelés à composer l'assemblée générale ne représenteraient pas la moitié du capital social. » Dans ce cas, il faudra « élargir le champ des admissions à l'assemblée générale spéciale ; et comme on ne saurait, sans tomber dans l'arbitraire, lui imposer d'autres limites, à défaut de celles tracées par les statuts, on devra convoquer tout le monde (1). » Cette observation suppose que les statuts n'admettent aux assemblées générales que les propriétaires d'un certain nombre de parts ; c'est bien le cas de toutes nos sociétés, sauf Aniche et Anzin qui n'ont pas parlé de ces assemblées.

Dans une addition à cette note, M. Thellier de Poncheville dit que l'assemblée générale qui vote la conversion « devant être appelée soit à nommer les premiers administrateurs, soit à approuver les statuts qui les désigneront, il sera toujours prudent, en présence des termes de l'article 27, § 2 de la loi de 1867 (appelant tous les actionnaires aux assemblées constitutives), d'y convoquer *tous*

---

(1) *Ibidem*, p. 5 et 6. — *Sic* : Lamache, *De la transformation des sociétés civiles*, p. 14.

les associés, quelle que soit l'importance de leur intérêt dans l'affaire ». Nous sommes d'un avis tout différent : nous avons vu en effet que les assemblées auxquelles prenaient part les associés qui n'y étaient point autorisés par les statuts pouvaient être annulées. Il faut donc réunir deux assemblées successives, l'une pour prononcer la transformation, l'autre pour constituer la société sous sa nouvelle forme : à la première seront appelés les seuls actionnaires ayant le nombre de parts requis par les statuts, à moins qu'ils soient trop peu nombreux pour représenter la moitié du capital ; la seconde sera ouverte à tous les associés indistinctement.

304. A quelles sociétés s'applique la législation nouvelle ? Aux « sociétés civiles actuellement constituées sous d'autres formes » que l'anonymat ou la commandite ; elle visait en effet, nous l'avons vu, nos compagnies houillères civiles du Nord et du Pas-de-Calais. Crespin et Douchy, purement civiles auparavant, ont mis à profit cette faculté, et Courrières va prochainement devenir aussi anonyme. Quant aux compagnies qui avaient déjà revêtu l'anonymat, peuvent-elles invoquer la nouvelle disposition de la loi ? Elles ont été oubliées par son texte ; mais il n'y a aucune bonne raison pour les traiter autrement que les sociétés civiles (1) : la transformation est en effet moins grave pour elles, puisqu'elles étaient déjà anonymes ; elle leur est presqu'aussi utile, puisque plusieurs décisions de jurisprudence ont refusé de leur appliquer la loi de 1867. Enfin, les paroles du rapporteur au Sénat ap-

(1) Bouvier-Bangillon, *La législation nouvelle sur les sociétés*, p. 34 ; Lamache, *op. cit.*, p. 13.

portent un nouvel argument en leur faveur : « Les sociétés existantes, a-t-il déclaré, ne seront régies que si elles
le désirent par la loi nouvelle ». Celle-ci leur sera donc
applicable si elles le désirent. C'est ce qu'ont pensé, et à
juste titre, nos sociétés anonymes d'Azincourt, de Carvin,
de Ferfay, de Meurchin. Le jour où Drocourt se sera comme elles placée sous l'empire de la loi de 1893, il n'y aura
plus dans le bassin que des compagnies purement civiles
et des sociétés anonymes commerciales.

305. La transformation en société anonyme entraîne de
graves conséquences au point de vue fiscal. Mais il n'entre
pas dans notre cadre de les aborder. Nous ne pouvons que
renvoyer sur ce point à l'étude spéciale qu'en a faite M. Lamache.

II. — Conseil d'administration.

§ I. — Nomination.

306. En principe, la nomination des administrateurs
appartient à l'assemblée générale. Nous avons vu en effet
que c'est en celle-ci que reposent tous les pouvoirs. Le
Conseil d'administration la représente et remplit les fonctions que les nécessités de la pratique lui enlèvent. Il est
donc naturel que ce soit l'assemblée générale qui nomme
les mandataires de la société.

C'est ainsi que les choses se passent généralement, et la
plupart de nos statuts attribuent à l'assemblée générale le
pouvoir de désigner les administrateurs. Ces mêmes statuts fixent leur nombre qui est le plus souvent de 7, et le
temps pour lequel ils sont élus. Le renouvellement se fait

par roulement : tous les ans ordinairement, l'assemblée procède au remplacement d'un ou de deux membres sortants, de manière que le conseil se trouve renouvelé tout entier dans le temps fixé. C'est le sort qui désigne l'ordre dans lequel sortiront les membres du premier conseil ; ensuite ils se succèdent par ordre d'ancienneté, et si l'un d'eux vient à cesser ses fonctions, celui qui le remplace prend le rang de son prédécesseur. Les membres sortants sont indéfiniment rééligibles.

Plusieurs statuts accordent au conseil d'administration le droit de pourvoir provisoirement au remplacement de l'un de ses membres jusqu'à la prochaine assemblée générale qui devra procéder à l'élection définitive.

En ce qui concerne les sociétés anonymes, l'article 25 de la loi de 1867 formule une règle relative à la durée du mandat des administrateurs primitifs : ils « ne peuvent être nommés pour plus de six ans ; ils sont rééligibles, sauf stipulation contraire. Toutefois ils peuvent être désignés par les statuts, avec stipulation formelle que leur nomination ne sera point soumise à l'approbation de l'assemblée générale. En ce cas, ils ne peuvent être nommés pour plus de trois ans ». La Clarence (art. 20), Ligny-lez-Aire (art. 18) et Marly (art. 33) ont usé de cette faculté de désigner leurs premiers administrateurs ; mais les statuts de la Clarence et de Ligny ont stipulé que ceux-ci pourraient soumettre leur nomination à l'approbation de l'assemblée générale constitutive, et que dans ce cas la durée de leurs fonctions pourrait être portée à six ans.

307. Certains statuts contiennent des dispositions toutes différentes, et il est des sociétés dans lesquelles l'assem-

blée générale n'est pas appelée à nommer les administrateurs : ceux-ci se recrutent eux-mêmes, ils sont élus à vie
et même transmettent parfois leur qualité à leurs descen-
dants.

« Le nombre des directeurs de la compagnie, dit l'article 6 d'Aniche, sera de huit, non compris M. le marquis de
Trainel qui assistera aux délibérations toutes et quantes
fois il trouvera convenir, savoir M. de Bérenger, M. De-
hault, M. Desvignes père, M. Dusart, M. Desvignes greffier, M. Mathias-Desvignes, M. Lanvin, et le huitième sera
choisi par les sept directeurs ci-dessus. » L'article 9 ajoute
que « en cas de mort, d'éloignement ou de renonciation de
l'un des directeurs, il sera remplacé à la pluralité des
voix des directeurs restants ». L'article 22 des anciens
statuts de Béthune (réformés sur ce point le 25 mars 1889),
l'article 22 des statuts de Bruay et l'article 19 de ceux de
Lens sont conçus à peu près dans les mêmes termes.

L'acte de société d'Anzin consacre le droit héréditaire
des enfants de plusieurs fondateurs. Article 9 : « Il n'y aura
que six associés qui assisteront aux assemblées, sans compter M. le prince de Croy et M. le marquis de Cernay et,
après eux, leurs enfants qui y assisteront quand ils le voudront. Ces associés seront M. Désandrouins, et après lui
son fils, M. Cordier, M. Moreau ou M. Bosquet, M. de Bé-
nazet ou M. de Troisville, M. Laurent et M. Mauroy... »
Article 10 : « Quand il viendra à manquer un des six régisseurs, les cinq autres choisiront celui des intéressés le plus
capable de le remplacer, à l'intervention de M. le Prince
de Croy et M. le Marquis de Cernay, ou leurs enfants. »
Il en est de même dans la compagnie de Dourges : l'arti-

cle 13 laisse aux administrateurs restants le soin de pourvoir aux vacances, et l'article 18 dispose que « tant que
Mme de Clercq ou sa succession en ligne directe, jusqu'au
deuxième degré inclusivement, conserveront quatre cents
actions au moins, cette dame ou sa succession auront le
droit de nommer aux places d'administrateurs actuellement remplies par cette dame et M. Mulot, et ce à chaque
fois que lesdits administrateurs viendront à cesser leurs
fonctions par décès, démission ou autrement. Les héritiers
de Mme de Clercq devront désigner l'un d'entre eux pour
l'exercice des droits qui leur sont réservés par cet article et
lui donner les pouvoirs suffisants pour en faire usage ; ils
devront justifier en même temps, au conseil d'administration, de la propriété en leurs mains des quatre cents
actions dont il s'agit... ».

Marles 70 0/0 avait autrefois des administrateurs auxquels appartenait le choix des nouveaux membres à nommer ; en 1867, il fut décidé que ce choix devait recevoir
l'approbation de l'assemblée générale ; enfin, le 19 avril
1873, ils perdirent même l'inamovibilité et désormais ils
ne sont plus nommés que pour cinq ans. « Une seule exception est faite pour M. Firmin Rainbeaux, qui conserve
l'inamovibilité dans ses fonctions d'administrateur délégué. »

Marles 30 0/0 est administrée par cinq commissaires
nommés à vie. « En cas de mort ou de démission d'un
ou plusieurs commissaires, dit l'article 8 des statuts, les
commissaires restants nomment leurs successeurs, sauf
approbation de la prochaine assemblée générale, qui, en
conséquence, aura le droit, en cas de non-approbation, de

nommer les successeurs des commissaires démissionnaires ou décédés. »

Enfin Vicoigne est gérée par huit administrateurs, nommés pour huit ans et renouvelés par huitième chaque année, dont le mode d'élection est décrit à l'article 24 de ses statuts ; il faut se rappeler que cette compagnie a été fondée par la fusion de quatre sociétés qui ont versé chacune le quart du capital social :

« Les membres du conseil d'administration seront nommés en nombre égal par chacune des quatre Sociétés de Bruille, Cambrai, l'Escaut et Hasnon. Cette nomination aura lieu dans la forme propre à chaque Société et conformément à ses statuts ou à sa constitution particulière.

« Et dès à présent, les commissaires délégués des trois compagnies de Bruille, de Cambrai et de l'Escaut, voulant régler le mode de nomination en ce qui concerne leurs Sociétés respectives, déclarent déterminer ce vote de la manière suivante :

« Pour la première fois, cette nomination sera faite par l'assemblée générale de chacune des dites trois Sociétés. Par la même délibération, chacune des Sociétés susdites nommera dans son sein, au scrutin secret, un comité électoral composé de huit actionnaires élus à vie, lesquels conjointement avec l'administrateur restant de la même Société, seront chargés de choisir un administrateur toutes les fois qu'il y aura lieu.

« En cas de décès, démission, incapacité légale ou perte de la qualité d'actionnaire, il sera procédé immédiatement au remplacement de l'électeur, par les électeurs restants.

« Les trois Sociétés de Bruille, Cambrai et l'Escaut ayant cessé d'exister, chaque électeur devra avoir la qualité d'actionnaire de la Compagnie de Vicoigne et Nœux.

« L'élection d'un administrateur ne sera valable qu'autant qu'il y aura au moins six électeurs présents.

« Pour être nommé électeur on devra réunir les deux tiers des suffrages. »

308. Toutes ces clauses sont licites, car elles ne renferment rien de contraire aux lois qui intéressent l'ordre public et les bonnes mœurs (art. 6 C. civ.). Les associés délèguent par là au conseil d'administration un de leurs droits, celui de la nomination des administrateurs. Toutefois, de telles stipulations ont un caractère exceptionnel incontestable ; il faut donc les soumettre à l'interprétation restrictive : *exceptio est strictissimæ interpretationis*. L'élection des administrateurs sera dès lors rendue à l'assemblée générale lorsqu'on ne se trouvera plus dans les circonstances normales prévues par les statuts. La jurisprudence l'a deux fois reconnu à propos de deux de nos compagnies.

Aniche avait végété jusque vers 1837 lorsque des capitalistes reprirent la plupart des intérêts de la société et lui communiquèrent une nouvelle impulsion. Presque tous les associés aliénèrent leurs parts à cette époque ; les gérants les imitèrent et donnèrent à leurs successeurs leurs places d'administrateurs : le remplacement se fit un par un, les restants nommant l'acquéreur de leur ancien collègue, et celui-ci leur rendant le même service lorsqu'ils se retiraient à leur tour. Bientôt tous les gérants se trouvèrent renouvelés, à l'exception du marquis d'Aoust. Le

conseil ainsi composé ayant voulu exercer le droit de
retrait, l'acheteur répondit qu'il était sans droit pour le
faire et il obtint gain de cause devant le Tribunal civil de
Douai, le 21 juillet 1838. De l'arrêt de la Cour de Douai
du 10 janvier 1839 (1), qui confirma ce jugement, nous
avons déjà cité deux dispositions ; en voici une autre relative à notre question actuelle : « En ce qui touche la qualité des nouveaux directeurs contestés ; — Attendu que
l'article 9 des statuts, qui porte que : « En cas de renoncia-
« tion de l'un des directeurs, il sera remplacé à la pluralité
« des voix des directeurs restants », ne concerne évidemment que les retraites accidentelles et isolées et ne s'applique pas au cas où la majorité du Conseil est démissionnaire ; qu'il doit alors en être immédiatement référé à une
Assemblée générale des actionnaires, afin qu'ils nomment
eux-mêmes leurs délégués ; — Attendu que, de fait, la
majorité des directeurs était démissionnaire le 22 novembre 1837, et que ceux qui restaient n'étaient plus au nombre de cinq, exigé par les articles 7 et 8 pour la validité des
délibérations ; que, par suite, c'est indûment que les
sieurs L..., D..., etc..., ont été élus directeurs, soit ledit
jour, soit les séances subséquentes. »

Une décision similaire a été rendue par le Tribunal civil
de la Seine, le 28 mai 1887, et confirmée en ce qui nous
concerne par adoption de motifs par la Cour de Paris, le
16 mars 1888 (2). L'un des cinq administrateurs de Béthune étant mort, il fut remplacé dans une réunion du

(1) Dalloz, *Répertoire*, v° *Société*, n° 458 ; Dalloz, *Recueil périodique*,
1840, 2, 23 ; Sirey, 1839, 2, 495.
(2) *Revue de la législation des mines*, 1888, p. 338.

conseil d'administration à laquelle ne prirent part que
deux des administrateurs restants ; comme, aux termes
de l'article 24 des statuts, le conseil ne pouvait délibérer
que s'il se trouvait au moins trois membres présents, le
Tribunal annula cette nomination. « Attendu, ajoute-t-il,
qu'il importe de prescrire les mesures nécessaires pour
compléter le conseil par la nomination d'un administrateur en remplacement de G..., et d'un autre administrateur en remplacement d'A. B... décédé en novembre dernier, et de prévoir le cas où cette double nomination ne
pourrait être régulièrement effectuée ; — Que, d'après les
statuts, le choix des administrateurs appartient en premier
lieu au conseil d'administration, et qu'il convient d'assurer avant tout l'exécution du pacte social sur ce point ; —
Que si, par suite des circonstances, cette exécution devient
impossible, l'assemblée générale des actionnaires devra
être appelée à se prononcer, sa compétence s'étendant de
droit à toutes les questions que les statuts n'ont pas prévues ;...

« Par ces motifs,.... pour le cas où l'un des membres du
conseil, régulièrement convoqué, refuserait soit de répondre, soit de prendre part à la délibération (ils ne restaient
que trois, nombre exigé pour une délibération valable),
nomme H... en qualité d'administrateur provisoire de la
compagnie, avec tous pouvoirs pour convoquer l'assemblée générale des actionnaires dans les termes des statuts,
à l'effet de nommer deux membres du conseil d'administration en remplacement de G... et d'A. B..., etc. »

309. Quel que soit le mode de nomination; il faut, pour
être éligible aux fonctions d'administrateur, être proprié-

taire d'un certain nombre d'actions ; ainsi l'exigent tous nos statuts, sauf ceux d'Aniche et d'Anzin, aussi laconiques sur ce point que sur les autres. Cette règle a deux raisons d'être : d'abord, il est bon que les administrateurs soient intéressés dans la société et que leur intérêt y soit important, de manière que leurs décisions rejaillissent sur eux-mêmes ; ils profitent ainsi de leur bonne gestion et supportent aussi personnellement les conséquences de leur mauvaise administration. De plus, leur responsabilité pouvant être engagée, nous allons le voir, dans certains cas, ces actions servent de garantie envers la société ; aussi nombre de statuts ordonnent-ils leur inaliénabilité et leur dépôt dans la caisse sociale, tant que l'administrateur reste en fonctions, et même jusqu'à ce que l'assemblée générale lui ait accordé *quitus* pour sa gestion.

Ces dispositions sont rendues obligatoires pour les sociétés anonymes par l'article 26 de la loi du 24 juillet 1867 : « Les administrateurs doivent être propriétaires d'un nombre d'actions déterminé par les statuts. — Ces actions sont affectées en totalité à la garantie de tous les actes de la gestion, même de ceux qui seraient exclusivement personnels à l'un des administrateurs. — Elles sont nominatives, inaliénables, frappées d'un timbre indiquant l'inaliénabilité et déposées dans la caisse sociale. »

Quant au nombre d'actions requis, il est très variable : de 5 parts pour Bruay et Lens, de 8 pour Thivencelles et Vicoigne, de 10 pour Azincourt, Dourges, l'Escarpelle, Ferfay et Marles, de 20 pour Carvin, Flines-lez-Raches, Ligny-lez-Aire, Meurchin et Ostricourt, de 25 pour Drocourt, de 30 pour Béthune, la Clarence et Marly, de 40 pour Courrières et Douchy, de 100 pour Crespin-Nord et Liévin. Il en faut 60 dans le projet de Courrières.

310. Les membres du conseil d'administration nomment entre eux un président, parfois un vice-président, un secrétaire et même un vice-secrétaire (article 23 des anciens statuts de Béthune). « A défaut du président et du vice-président, ajoute cet article, modifié en 1889, le conseil sera présidé par le doyen des membres présents. »

L'article 28 des statuts de Thivencelles et Fresnes-Midi institue une présidence honoraire : « M. le Maréchal Soult est nommé président d'honneur du conseil d'administration. Il ne prend part aux délibérations qu'autant qu'il le juge convenable. — Le titre de président d'honneur du conseil d'administration est personnel à M. le Maréchal. »

311. Les administrateurs peuvent être révoqués. Ils sont révocables *ad nutum* dans les sociétés anonymes (article 22 de la loi de 1867), même s'ils étaient nommés par les statuts (1). Remarquons en passant qu'on pourrait invoquer cette raison pour valider la clause qui permettrait aux administrateurs d'une société anonyme de pourvoir eux-mêmes aux vacances produites dans le sein du conseil (2) : l'article 25 de la loi de 1867 dit que l'assemblée générale nomme les premiers administrateurs, mais ne parle pas des autres ; par son droit de révocation, cette assemblée garderait le droit qu'elle doit avoir pour l'administration de la société, la non-révocation étant de sa part la ratification du choix fait par les administrateurs.

---

(1) Cassation, 10 avril 1878 (Dalloz, 1887, 1, 314).

(2) *Contrà* : Pont, *Des sociétés*, n° 1604 ; Lyon-Caen et Renault, *Traité de droit commercial*, t. 2, n° 811.

Les administrateurs des sociétés civiles sont également révocables : « Le mandant, d'après l'article 2004 du Code civil, peut révoquer sa procuration quand bon lui semble. » Toutefois, s'il s'agissait de gérants statutaires, ils ne pourraient être révoqués, dit l'article 1856 du Code civil, « sans cause légitime. » Il appartiendra aux tribunaux d'apprécier la légitimité de cette cause.

§ II. — Attributions.

1º *Délibérations.*

312. Le conseil d'administration se réunit, disent un grand nombre de statuts, toutes les fois que l'intérêt de la société l'exige ; plusieurs ajoutent : et au moins une fois par mois.

Pour délibérer valablement, il faut la présence d'un nombre de membres assez considérable pour mériter le nom de conseil : la plupart des statuts ont formulé sur ce point des règles précises. Il est même parfois spécifié que pour certaines décisions plus importantes le nombre requis est plus grand que pour les délibérations ordinaires ; comme pour l'assemblée générale, il peut y avoir pour le conseil d'administration des réunions ordinaires et des réunions extraordinaires. Aniche et Anzin, généralement si concis, nous donnent un exemple de cette double règle ; voici les dispositions du contrat de société d'Aniche : « Article 8. Les délibérations prises par cinq des directeurs au moins auront la même force que si elles avaient été prises par tous lesdits directeurs... — Article 11. Mais pour les choses plus importantes, telles que le choix d'un directeur des ouvrages, d'un receveur ou contrôleur, l'ouverture d'une ou plusieurs fosses, établissement de machines à feu et abandon d'une fosse ouverte, les délibérations devront être prises et signées par ledit seigneur marquis de Trainel et les huit directeurs, et s'il y en avait quelqu'un qui, par incommodité ou autre empêchement, ne puisse se rendre à l'assemblée, on lui demandera son avis par écrit, lequel vaudra comme s'il y avait été présent. »

313. De pareilles stipulations montrent bien la volonté des parties d'écarter l'article 1857 du Code civil, d'après lequel « lorsque plusieurs associés sont chargés d'administrer, sans que leurs fonctions soient déterminées, ou sans qu'il ait été exprimé que l'un ne pourrait agir sans l'autre, ils peuvent faire chacun séparément tous les actes de cette administration ».

Mais alors même que les statuts n'exigeraient pas un nombre minimum de présences au conseil, cet article serait inapplicable en notre matière (1). Pour les sociétés anonymes, on admet, d'après un usage constant, que les administrateurs doivent agir ensemble (2). Le même usage existe pour nos compagnies civiles. Il ne pourrait en être autrement : sans cela, l'unité de direction n'existe plus, et cette unité est encore plus nécessaire dans les mines et surtout dans les mines de houille que dans toute autre entreprise, puisque non seulement l'avenir de l'exploitation, mais encore la vie d'une foule d'ouvriers peuvent y être compromis par une mesure imprudente.

---

(1) Lyon-Caen et Renault, *op. cit.*, n° 818.
(2) Peyret-Lallier, *Législation des mines*, n° 790 ; Delecroix, *op. cit.*, n° 424 et suivants ; Féraud-Giraud, *op. cit.*, n° 204 ; Guillouard, *Contrat de société*, n° 365.

Aussi, voyons-nous l'article 7 de la loi du 27 avril 1838 édicter que « lorsqu'une concession de mine appartiendra à plusieurs personnes ou à une société, les concessionnaires ou la société devront, quand ils en seront requis par le préfet, justifier qu'il est pourvu, par une convention spéciale, à ce que les travaux d'exploitation soient soumis à une *direction unique* et coordonnés dans un intérêt commun ». Cette direction unique serait inconciliable avec le droit que l'article 1857 accorde à chaque administrateur de faire chacun séparément tous les actes d'administration.

Citons encore, en conformité avec ces prescriptions, l'article 34 des statuts de Courrières, reproduit par l'article 31 de ceux de Flines-lez-Raches : « La surveillance du Conseil d'administration est de tous les jours et de tous les instants ; chaque membre peut l'exercer individuellement ; mais aucun ordre ne peut être donné s'il n'a été délibéré et arrêté en séance du Conseil d'administration. — Pour le maintien du bon ordre et de la discipline, aucune décision du Conseil ne sera portée à la connaissance des employés et des ouvriers que par l'intermédiaire du directeur-gérant, leur chef immédiat. »

314. Le conseil d'administration prend ses délibérations à la majorité des voix, et presque toujours il est stipulé qu'en cas de partage la voix du président sera prépondérante. De même l'article 9 de l'acte de société d'Anzin, réglant les assemblées des régisseurs, dispose que « on y décidera à la pluralité des voix et, dans le cas où ils seraient d'avis partagé, on s'en rapportera aux décisions de M. le prince de Croy et de M. le marquis de Cernay ».

315. Enfin il est généralement prescrit que procès-verbal

de chaque séance sera dressé, transcrit sur un registre
spécial et signé par les administrateurs présents, « quand
même il y aurait contrariété d'avis », dit l'article 8 d'A-
niche.

2° *Pouvoirs du conseil d'administration.*

316. Signalons tout d'abord la situation exceptionnelle
de la compagnie d'Anzin dans laquelle tous les pouvoirs
sont dévolus au conseil de régie, seul organe normal de l'administration. « Aucune constitution n'est plus éloignée
que celle de cette société des principes du gouvernement
représentatif et parlementaire. L'assemblée générale ne se
compose que de six associés désignés dans l'acte, auxquels
peuvent s'adjoindre les deux principaux fondateurs, et,
après eux, leurs enfants. Ces personnes, constituées en
conseil de régie, ont la libre administration des intérêts
sociaux, avec le pouvoir de choisir elles-mêmes leurs successeurs parmi les autres intéressés. Les adversaires de la
puissante compagnie lui ont souvent reproché ses formes
aristocratiques ; mais les dividendes distribués aux représentants des heureux possesseurs des « vingt-quatre sols
de France » qui constituèrent le capital social d'après
l'acte de 1757, lui ont fait pardonner ses allures d'ancien
régime (1).

Ce tableau s'applique également à la compagnie d'Aniche : ses directeurs conduisent seuls l'entreprise. Autrefois
cependant, des assemblées générales se réunissaient ; nous
en avons déjà mentionné. La dernière semble, d'après

(1) Lamache, *op. cit.*, p. 3.

l'histoire d'Aniche par M. Vuillemin (1). avoir été tenue
le 11 août 1845 ; il y fut présenté un état de situation de
l'entreprise au 31 mars de la même année.

317. Ordinairement le conseil n'a qu'un pouvoir d'administration ; les actes les plus importants sont réservés
à l'assemblée générale. Si nous consultons nos statuts,
nous pouvons en extraire une énumération qui résume
assez bien les attributions du conseil.

A lui tout d'abord la direction de l'entreprise : il ordonne
les travaux à exécuter, même des travaux considérables,
comme l'ouverture d'un puits nouveau ; il règle l'importance de l'extraction et celle des approvisionnements ; il
peut décider l'abandon d'une fosse exploitée jusque-là. Il
nomme aussi et révoque à sa volonté les employés de la
compagnie, et même les directeurs, sauf une exception
que nous signalerons plus tard ; il fixe leurs appointements et les salaires des ouvriers ; c'est lui qui fixe le prix
de vente des charbons, et il peut à ce sujet former une
association avec d'autres sociétés. Des syndicats de vente
existent à l'étranger entre des compagnies houillères d'un
même bassin, et nous savons que des pourparlers sont
engagés actuellement pour constituer une union similaire
dans notre région.

Le conseil d'administration procède à tous achats et ventes de matériel, machines, outils, etc. Les mêmes pouvoirs
lui sont ordinairement reconnus pour les immeubles, qu'il
est aussi autorisé à louer. Il passe les traités ou marchés
de toute nature, mais si la compagnie est anonyme, l'article 40 de la loi de 1867 « interdit aux administrateurs de

(1) *Les mines de houille d'Aniche*, p. 103.

prendre ou de conserver un intérêt direct ou indirect dans une entreprise ou dans un marché fait avec la société ou pour son compte, à moins qu'il n'y soit autorisé par l'assemblée générale. Il est, chaque année, rendu à l'assemblée générale un compte spécial de l'exécution des marchés ou entreprises par elle autorisés, aux termes du paragraphe précédent. »

Il poursuit tous les débiteurs de la société et a qualité pour toucher tous paiements. Il est chargé de régler les appels de fonds lorsque les actions ne sont pas libérées ; à défaut par un actionnaire d'y répondre, il fait exécuter l'action comme nous l'avons déjà dit. Lorsque des actions ont été mises en réserve, il est chargé de leur vente et en règle l'émission. C'est ordinairement lui, nous l'avons vu, qui exerce le retrait dans les compagnies où ce droit existe.

Signalons à titre exceptionnel que les administrateurs de Carvin peuvent faire des emprunts jusqu'à 50.000 francs et ceux d'Ostricourt sans limitation ; l'article 14 du projet de Courrières lui permet aussi d'emprunter toutes sommes, avec ou sans nantissement.

318. La représentation de la société se fait aussi par le conseil ; il la représente auprès de l'administration dont il reçoit les communications ; il la représente aussi en justice, soit en demandant, soit en défendant ; c'est une de ses attributions normales (1) et presque tous nos statuts la lui reconnaissent. Les associés n'auraient même pas le droit d'intervenir dans un procès pendant entre un tiers

---

(1) Bury, *Législation des mines*, n° 1385 ; Delecroix, *op. cit.*, n°˙ 408 et suivants ; Féraud-Giraud, *op. cit.*, n° 198.

et les administrateurs agissant au nom de la société (1),
car ils n'ont d'autre droit que celui de participer aux bénéfices ; ils ne sont pas copropriétaires du fonds social ; à la
société seule compètent les droits et actions. La société
est en effet une personne morale et les actes judiciaires
doivent être faits à son nom et non pas à celui des administrateurs.

La jurisprudence est conforme à ces principes et fait généralement ressortir l'impossibilité matérielle de mettre
en cause tous les associés. Le jugement du Tribunal civil
de Béthune, du 20 juin 1884 (2), qui prononça la dissolution de la société de Vendin-lez-Béthune, contient les
considérants suivants : « Attendu qu'aux termes des statuts le Conseil d'administration de la Société de Vendin
est investi des pouvoirs les plus étendus pour l'administration de la Société ; qu'il exerce toutes poursuites judiciaires, soit en demandant, soit en défendant ; — Que le
Conseil d'administration de ladite Société a donc qualité
pour répondre à l'action intentée contre ladite Société ;

« Attendu... que ces motifs sont suffisamment sérieux
pour amener la dissolution ; qu'exiger la mise en cause de
tous les associés aurait pour effet de rendre cette dissolution et la liquidation impossibles..... »

Déjà, le 17 décembre 1842, la Cour de Douai (3) avait reconnu aux liquidateurs de la Compagnie des mines d'Arras
le pouvoir de représenter en justice cette société, « At-

---

(1) Laurent, *Principes de droit civil français*, t. 26, n° 424 ; Delecroix,
op. cit., n°ˢ 419-421 ; Féraud-Giraud, *loc. cit.*

(2) *Revue de la législation des mines*, 1889, p. 107.

(3) Dalloz, *Répertoire*, v° *Acte de commerce*, n° 285 ; Sirey, 1843, 2, 82 ;
Jurisprudence de la Cour de Douai, 1843, p. 1.

tendu que l'intervention de tous les associés n'est exigée ni
par la loi, ni par les statuts, et que, de plus, elle serait
impossible puisque la société compte un certain nombre
de propriétaires d'actions au porteur. »

319. Enfin, c'est le conseil d'administration qui, normalement, convoque l'assemblée générale. Il lui présente un
rapport annuel sur les comptes de sa gestion et sur la situation des affaires sociales ; l'article 34 de la loi de 1867
impose la communication à l'assemblée générale annuelle
de l'inventaire, du bilan et du compte des profits et pertes.
L'assemblée donne aux administrateurs décharge de leur
gestion.

Le conseil, avons-nous dit, règle l'ordre du jour de ces
assemblées; il leur propose notamment les modifications
qu'il juge utile d'apporter aux statuts. C'est aussi sur sa
proposition qu'elles fixent le chiffre des dividendes à distribuer, lorsque cette détermination leur est attribuée.

En un mot, comme le dit l'article 33 des statuts de
Courrières, « les pouvoirs les plus étendus lui sont donnés
pour la gestion des intérêts de la société ; mais il ne doit
pas perdre de vue que tous les pouvoirs de la société résident dans l'asse mblée générale des actionnaires, et que la
décision de toutes les résolutions, de toutes les mesures
sortant des limites ordinaires de l'administration ou devant
entraîner des dépenses extraordinaires considérables, doivent être préalablement autorisées par cette assemblée ;
qu'il en est de même... de toutes mesures qui n'auraient
pas pour objet évident l'extraction de la houille, sa vente,
la discipline des ouvriers et la surveillance des intérêts de
la société. »

320. Les administrateurs sont des mandataires ; aussi les actes qu'ils font au delà des termes de leur mandat sont-ils nuls.

Il peut se faire cependant que ces actes soient reconnus valables à cause du profit qu'en a retiré la société : une exception *de in rem verso* pourrait alors être opposée à l'action en nullité. Ainsi l'a jugé la Cour de Douai, le 29 avril 1876 (1), confirmant un jugement du Tribunal civil de Valenciennes : le directeur de la compagnie de Marly avait vendu à un tiers des actions de la société à un taux inférieur à leur valeur nominale, excédant ainsi les pouvoirs qu'il avait reçus ; cette vente fut cependant déclarée valable, parce que, faite dans un moment de détresse, elle avait tourné au profit de la société, en lui fournissant des capitaux (2).

3° *Responsabilité.*

321. « Les membres du Conseil d'administration ne contractent envers les tiers, en raison de leur gestion et des délibérations, décisions et instructions par eux prises ou données dans les limites de leurs pouvoirs, aucune obligation personnelle autre que celle résultant de leur qualité d'associés » (Article 38 de Courrières). Nous trouvons encore dans presque tous les statuts cette formule : « Les administrateurs ne prennent aucun engagement personnel ; ils ne répondent que de leur malversation ou

---

(1) Jurisprudence de la Cour de Douai, 1878, p. 107.

(2) Il avait été ajouté cette condition qu'en cas de liquidation de la société, l'acheteur pourrait se faire rembourser le prix versé en restituant les actions reçues ; la Cour décida que cette condition résolutoire n'avait rien d'illicite.

de leur dol. » D'autres, anonymes, la Clarence, Drocourt,
Ferfay, Ligny-lez-Aire, renvoient à l'article 32 du Code
de commerce : « Les administrateurs ne sont responsables que de l'exécution du mandat qu'ils ont reçu. — Ils
ne contractent, à raison de leur gestion, aucune obligation personnelle ni solidaire relativement aux engagements de la société. »

322. Les gérants sont donc responsables lorsqu'ils sor-
tent des limites tracées à leurs pouvoirs ; la Cour de Douai
en a fait une application dans son arrêt du 15 mai 1844 (1),
en confirmant un jugement du Tribunal civil d'Arras : il
s'agissait de l'emprunt fait par la Compagnie des mines
d'Arras ; nous avons déjà dit qu'il fut annulé comme contraire aux statuts de cette société. Les créanciers se re-
tournèrent contre les administrateurs et obtinrent gain de
cause : « Attendu que le mandataire qui excède les bor-
nes de son mandat est garant envers le tiers avec lequel il
contracte ; — Que sa garantie ne cesse qu'autant qu'il
justifie avoir donné à ce dernier une suffisante connaissance de ses pouvoirs (art. 1997 du Code civil) ; — Attendu que rien n'établit dans la cause que les administrateurs de la Société aient donné au prêteur connaissance
de l'acte social et spécialement de la restriction portée en
l'article 19 (c'est celui qui portait interdiction d'emprunter
au delà de l'importance des sommes qui seraient en
caisse)... — Qu'il s'en suit que c'est avec raison que les
premiers juges ont admis le recours en garantie... »

Leur responsabilité se trouve encore engagée, dans les

_____

(1) Jurisprudence de la Cour de Douai, 1844, p. 233.

23

termes du droit commun et indépendamment des règles
du mandat, lorsqu'une faute peut leur être reprochée.
Nous avons déjà cité des décisions de la Cour de Douai
rendues à propos de la liquidation de la Société franco-
belge, transformation de Sainte-Aldegonde. Son arrêt du
11 août 1887 (1) considère que les fondateurs de cette société ont exagéré l'estimation de l'apport en nature, que
les premiers administrateurs ont été à même de reconnaître cette exagération, que tous devaient donc se rendre
compte des dangers que courraient les futurs souscripteurs d'actions, que cependant ils ont couvert de leur
nom les prospectus annonçant la vente de ces actions, que
par là ils ont commis une faute ; « Attendu, ajoute-t-il,
que les agissements des fondateurs et des administrateurs
de la Société franco-belge ont déterminé la souscription
de D... aux dix actions par lui acquises le 20 août 1880 ;
— Attendu qu'en souscrivant ces actions au taux de
550 francs l'une, D... a cru devenir actionnaire d'une société d'avenir, dont l'avoir était exactement indiqué, tant
dans le contrat constitutif que dans les annonces et prospectus et dans les offres d'actions faites par les administrateurs au public ; — Attendu qu'il est démontré que
l'entrée de D... dans la Société des houillères franco-
belges a été la cause d'un préjudice qui doit être réparé. »
La Cour, en conséquence, condamne les fondateurs d'une
part, les premiers administrateurs d'autre part, à payer à
D... les sommes par lui déboursées, solidairement la
faute étant commune et indivisible.

(1) Jurisprudence de la Cour de Douai, 1887, p. 337 ; *Revue de la législation des mines*, 1889, p. 100.

Énfin l'article 42 de la loi de 1867 déclare solidairement responsables, envers les tiers et les actionnaires, les fondateurs et administrateurs des sociétés anonymes, en cas de nullité prononcée pour inobservation des articles 22, 23, 24 et 25 qui édictent les règles imposées à ces sociétés pour leur constitution : souscription intégrale du capital, versement du quart, etc.

4° *Rétributions.*

323. Les fonctions d'administrateur ne sont pas rétribuées, disent plusieurs de nos statuts ; tous cependant, ou du moins presque tous leur donnent quelque indemnité. Aniche ne leur accorde que les frais « de nourriture et de voiture » (art. 17). Généralement il leur est attribué un jeton de présence par réunion du conseil à laquelle ils ont assisté ; ce jeton de présence a le plus souvent une valeur de 20 francs ; pour Liévin cependant il est de 100 francs. La même somme leur est ordinairement allouée par chaque jour de déplacement lorsqu'ils sont en mission pour les affaires de la compagnie. Les frais de voyage leur sont toujours remboursés en plus, au moins quand ils habitent en dehors d'un certain périmètre autour du lieu où se tiennent les réunions.

Parfois ils reçoivent une somme fixe : pour Béthune elle est de « 300 francs par mois pour toutes dépenses et déplacements ; ils recevront en outre un jeton de présence de 20 francs chaque fois qu'ils assisteront à une séance du Conseil. Il est attribué 3.000 francs par an au Président du Conseil et 2.000 francs au secrétaire à titre d'indemnité (art. 27) ».

D autres sociétés mettent à la disposition du consei d'administration une somme fixe ; elle est de 15.000 francs pour Douchy, de 10.000 francs pour Drocourt ; l'assemblée générale de Crespin la détermine annuellement. Les administrateurs se la partagent entre eux.

Enfin, à la rémunération ainsi réglée s'ajoute quelquefois un tant pour cent des bénéfices, qui est de 5 0/0 à Crespin, de 3 0/0 à Marly ; les administrateurs de Ligny-lez-Aire ont aussi 10 0/0 et ceux de la Clarence 5 0/0, mais seulement après le prélèvement effectué pour la réserve et la distribution aux actionnaires d'un intérêt de 5 0/0 du capital versé par eux.

Le projet de Courrières leur accorde, à titre d'indemnité, une somme égale au revenu d'un certain nombre d'actions qui sera fixé lorsque ce projet sera adopté.

§ III. — Administrateurs-délégués. — Directeurs-gérants.

324. L'article 22 de la loi de 1867, parlant des administrateurs des sociétés anonymes, dit que « ces mandataires peuvent choisir parmi eux un directeur, ou, si les statuts le permettent, se substituer un mandataire étranger à la société et dont ils sont responsables envers elle ».

Cette disposition est née de l'impossibilité où se trouve le conseil d'administration de s'occuper des mille détails quotidiens d'une exploitation importante. En fait, dans toutes nos compagnies, le conseil tient ses réunions tous les mois par exemple, et y trace la ligne de conduite à suivre pour toute l'entreprise. A côté de lui et sous son autorité, un directeur veille à l'application et à l'exécution de ses décisions, conduit tous les travaux, passe les marchés d'achats et ventes, correspond avec la clientèle, dirige les ouvriers qu'il admet et renvoie et qui sont sous ses ordres immédiats.

325. Ce directeur est pris quelquefois parmi les membres du conseil d'administration. Il en est ainsi notamment pour la compagnie des mines de Marles : d'après l'article 12 de ses statuts, « le Conseil d'administration désigne dans son sein un administrateur-délégué, chargé de faire exécuter toutes les résolutions du Conseil, de lui rendre compte de toutes les affaires, de lui soumettre toutes les propositions qu'exigent les intérêts de la Société. — Le délégué est chargé de la surveillance de tous les travaux, de toutes les exploitations, ainsi que de celle des ventes et achats. — Dans les cas urgents ou de simple administration, il a l'initiative des mesures à prendre et des ordres à donner, sauf à en informer le Conseil d'administration dans la plus prochaine réunion. — Il peut, en toutes circonstances, provoquer les réunions du Conseil. »

326. Le plus souvent, le directeur est choisi en dehors du conseil et même de la société ; c'est le principal ingénieur de la compagnie. Qu'il s'appelle, comme à Lens, agent général, ou ingénieur-directeur, ou directeur-gérant, ses fonctions sont partout à peu près les mêmes ; il est avant tout chargé de l'exécution des délibérations du conseil.

Sa nomination, sa révocation aussi, appartiennent à ce conseil ; cela est naturel puisqu'en somme il est son mandataire. Une exception intéressante se rencontre pourtant à Courrières : « Le directeur-gérant, dit l'article 42, est nommé par l'Assemblée générale des actionnaires. » Il jouit donc d'une certaine indépendance, bien que l'article 40 porte qu'il « agit au nom de la Société (1), d'après les instructions et sous la direction du Conseil d'administration ». Mais sa révocation, comme sa nomination, ne dépend que de l'assemblée générale : le conseil peut seulement le suspendre ; « mais cette suspension ne peut être prononcée que par suite d'une délibération prise par quatre voix au moins, et à charge de convoquer une Assemblée générale dans le plus bref délai possible » (Article 33). Cette situation exceptionnelle va disparaître, car l'article 14 du projet de nouveaux statuts dispose que le conseil d'administration « a tous pouvoirs pour la nomination ou la révocation du directeur ».

327. Signalons enfin l'article 11 des statuts d'Azincourt, du 22 janvier 1895 : « La Compagnie est administrée, soit par un directeur-gérant, soit par un Conseil d'administration... » Une semblable disposition pour une société anonyme méritait à coup sûr d'être critiquée. Elle disparut le 19 septembre de la même année ; « la Compagnie est administrée par un Conseil d'administration. » Parmi ses membres, il est choisi un administrateur délégué.

III. — Commissaires de surveillance.

§ I. — Nomination.

328. La loi du 24 juillet 1867 impose aux sociétés anony-

---

(1) Ses attributions sont très étendues : il représente la société en justice.

mes des commissaires de surveillance, à peine de nullité : ces sociétés ne sont constituées qu'après la nomination de ces commissaires par l'assemblée générale. Ils sont nommés par l'assemblée annuelle ; la loi ne limite pas leur nombre, et n'exige pas qu'ils soient pris parmi les associés.

A part Aniche, Anzin, Dourges et Ostricourt, toutes nos compagnies civiles ont aussi un conseil de surveillance, ou comité de vérification des comptes (Flines-lez-Raches et Liévin), ou encore commission de comptabilité (Thivencelles).

329. Quel que soit leur nom, ils sont les uns et les autres élus par l'assemblée générale des actionnaires. Vicoigne cependant leur applique le mode d'élection que nous avons décrit plus haut pour ses administrateurs. Pour les sociétés anonymes, l'article 32 de la loi de 1867 dispose que « A défaut de nomination des commissaires par l'assemblée générale, ou en cas d'empêchement ou de refus d'un ou de plusieurs des commissaires nommés, il est procédé à leur nomination ou à leur remplacement par ordonnance du président du tribunal de commerce du siège de la société, à la requête de tout intéressé, les administrateurs dûment appelés ».

L'article 41 des statuts de Thivencelles dit que « si l'un des commissaires vient à cesser ses fonctions, pour quelque cause que ce soit, les commissaires restants désignent son successeur pris parmi les actionnaires ».

330. Leur nombre est presque toujours de trois ; il leur est parfois adjoint des suppléants qui n'entrent en fonctions que lorsqu'il y a à remplacer un commissaire empêché. Ligny-lez-Aire et Vicoigne-Nœux font exception : la première société ne nomme que deux commissaires, la seconde en a quatre.

331. La durée de leurs fonctions est normalement d'un an dans les sociétés anonymes, puisqu'ils y sont nommés, dit la loi de 1867, par l'assemblée générale annuelle. Mais les statuts peuvent étendre cette durée (1). Ceux de Carvin stipulent que les commissaires de surveillance sont nommés pour trois ans.

Parmi les sociétés civiles, ces commissaires ne restent qu'un an en fonctions à Bruay, Courrières et Thivencelles. Ils ne sont au contraire soumis au renouvellement que tous les trois ans à Béthune, Flines-lez-Raches, Liévin et Marles, tous les six ans à l'Escarpelle et Lens, tous les huit ans à Vicoigne. Dans tous ces cas, ils sont renouvelés par roulement, ainsi que nous l'avons dit pour les administrateurs.

332. La loi de 1867 n'exige pas que les commissaires de surveillance soient actionnaires : les statuts de la Clarence, de Ferfay, de Ligny-lez-Aire, de Meurchin, portent qu'ils peuvent ne pas être associés : cette disposition permet d'y appeler des personnes ayant une compétence spéciale. Mais généralement il en est autrement, et la plupart des statuts veulent que les commissaires soient pris parmi les associés.

Il en est même qui formulent cette règle que, pour être nommé commissaire, il faut être propriétaire d'un certain nombre d'actions : ce nombre est de 2 pour Lens, de 5 pour l'Escarpelle et Vicoigne-Nœux, de 10 pour Flines-lez-Raches, Marles et Marly, de 20 pour Crespin-Nord, et

---

(1) Lyon-Caen et Renault, *op. cit.*, n° 840.

de 50 dixièmes pour Liévin. Certains statuts ajoutent encore que ces actions seront déposées à la caisse sociale, comme celles des administrateurs.

§ II. — Attributions.

333. Leurs fonctions consistent à examiner les comptes de la compagnie, et d'en faire rapport à l'assemblée générale.

Quant à la façon dont ils doivent procéder à cette vérification, elle est décrite pour les sociétés anonymes, par les articles 32, 33 et 34 de la loi de 1867 ; les sociétés civiles ont généralement adopté les règles similaires. La loi de 1867 ne donne pas aux commissaires le droit de prendre communication des livres et d'examiner les opérations de la société toutes les fois qu'ils le jugent convenable : ils n'ont ce droit d'inspection que pendant le trimestre qui précède l'époque fixée par les statuts pour la réunion de l'assemblée générale.

Le conseil d'administration doit encore leur communiquer l'état semestriel de la situation active et passive de la compagnie ; l'inventaire annuel, le bilan et le compte des profits et pertes doivent également être mis à leur disposition le quarantième jour au plus tard avant l'assemblée générale annuelle.

C'est en effet pour éclairer cette assemblée qu'ont été créés les commissaires de surveillance. Même, pour les sociétés anonymes, la délibération contenant approbation du bilan et des comptes est nulle, si elle n'a été précédée du rapport des commissaires.

L'assemblée générale n'est pas liée par ce rapport ; elle entend successivement le conseil d'administration et le conseil de surveillance, et prend librement une décision approuvant ou non la gestion des administrateurs. Dans les statuts de Thivencelles (article 38), en cas de désaccord entre le conseil d'administration et la commission de comptabilité, si l'assemblée générale approuve les critiques de cette dernière, la contestation est portée devant un tribunal arbitral, et la commission de comptabilité représente, dans le débat, l'universalité des actionnaires.

334. Outre ces attributions normales, les commissaires de surveillance peuvent encore, en cas d'urgence, dans les sociétés anonymes, convoquer l'assemblée générale.

335. Ces fonctions peuvent entraîner une responsabilité, si les commissaires ne les exercent pas ou les exercent négligemment ; l'étendue et les effets en sont déterminés, dit l'article 43 de la loi de 1867, d'après les règles générales du mandat. C'est l'application du droit commun, et cette règle s'étend à toutes les sociétés.

336. Les commissaires de surveillance reçoivent ordinairement une rétribution analogue à celle qui est accordée aux administrateurs. Ils touchent par exemple des jetons de présence de 20 francs, à Béthune, Courrières et l'Escarpelle, de 25 francs à Flines-lez-Raches, de 40 francs à Marles, de 100 francs à Liévin ; en outre leurs frais de voyage leur sont généralement remboursés. Cette dernière indemnité leur est seule allouée à Carvin. Ils ont en outre une somme fixe de 100 francs à Thivencelles, de 200 francs à Lens et Marly, de 400 francs à Crespin. Douchy met à leur disposition 1200 francs qu'ils se partagent entre eux.

Enfin plusieurs statuts laissent à l'assemblée générale qui les nomme le soin de déterminer quelle allocation il y a lieu de leur attribuer. Ajoutons que le projet de Courrières leur donne le revenu d'un certain nombre d'actions qui sera fixé ultérieurement.

§ III. — Contrôle individuel par les associés.

337. La compagnie d'Anzin ne tient pas d'assemblées générales ; elle n'a pas de commissaires de surveillance ; aussi l'article 17 de ses statuts dispose-t-il que « chacun des intéressés pourra prendre connaissance de l'arrêté des recettes et dépenses et de la division qui aura été faite du restant, afin que chacun puisse voir qu'il tire ce qui lui revient suivant son intérêt ». L'article 16 d'Aniche dit pareillement que « Tous les intéressés connus auront droit d'avoir inspection des comptes de la Compagnie, au Bureau, et sans déplacer ». Mais « les croupiers ne pourront s'adresser qu'à leur cédant pour avoir connaissance du dividende, suivant la feuille qui lui sera donnée. »

Ostricourt ne nomme pas non plus de commissaires de surveillance ; d'après son article 26, « tout actionnaire convoqué pour une Assemblée générale aura droit, quinze jours au moins avant la réunion, à la communication du rapport qui devra être lu à cette assemblée ».

338. En dehors de ces cas, un associé peut-il demander un compte à part ? L'article 40 des statuts de Thivencelles et Fresnes-Midi donne la réponse à cette question : « Aucun sociétaire n'a privativement le droit de vérification ou de contrôle sur les opérations du conseil d'administration et sur la comptabilité en résultant. Le droit d'apurement des comptes est exercé, au nom de tous, par la commission de comptabilité et par l'Assemblée générale. En conséquence, la gestion et la comptabilité se trouvent approuvées et réglées, à l'égard de tous, par le seul fait de l'approbation des comptes par l'Assemblée générale. Toutefois, chaque actionnaire a le droit de prendre connaissance, au siège de la société et sans déplacement, de l'inventaire et des rapports annuels, ainsi que du procès-verbal de l'Assemblée générale. »

Cette décision doit être généralisée : les associés ne peuvent exercer personnellement leur contrôle que dans l'assemblée générale ; il ne leur est pas permis de demander un compte à part aux administrateurs. Ceux-ci, en effet, la Cour de Douai l'a reconnu dans son arrêt du 4 janvier 1854 (1), ne sont tenus de la reddition des comptes vis-à-vis des autres actionnaires que comme représentants de la société, et non comme obligés personnellement de leurs coassociés : ce n'est donc qu'à l'assemblée générale et aux commissaires de surveillance, ses mandataires, qu'ils doivent rendre compte de leur gestion.

(1) Dalloz, 1854, 2, 136 ; Jurisprudence de la Cour de Douai, 1854, p. 131.

CHAPITRE VI

DISSOLUTION, LIQUIDATION ET PARTAGE.

I. — Dissolution.

339. Le chapitre IV du titre des Sociétés, au Code civil, énumère les causes de dissolution de ces sociétés ; elles peuvent être rangées sous cinq chefs : la société finit : 1° par l'expiration du temps pour lequel elle a été contractée ; 2° par l'extinction de la chose ou la consommation de la négociation ; 3° par la mort, l'interdiction ou la déconfiture de l'un des associés ; 4° par la volonté qu'un seul ou plusieurs expriment de ne plus demeurer en société, lorsque la durée de celle-ci est illimitée ; 5° par un jugement rendu sur la demande de l'un des associés quand il y a de justes motifs.

340. Comment ces règles s'appliquent-elles à nos sociétés ? Disons de suite que plusieurs d'entre elles sont inapplicables aux sociétés anonymes : ce sont la troisième et la quatrième (1). Les événements qui atteignent la personne des actionnaires sont sans influence, puisque, dans les sociétés anonymes, l'action est tout ; l'actionnaire importe peu ; qu'il disparaisse par la mort ou par la cession de son action, cela est sans intérêt. De même la volonté d'un ou de plusieurs associés de mettre fin à la société,

(1) Lyon-Caen et Renault, *Traité de droit commercial*, t. 2, n. 903.

comme illimitée, serait inopérante ; la cessibilité de leurs actions leur donne un moyen pratique d'en sortir s'ils le veulent.

Par contre, deux causes de dissolution sont spéciales aux sociétés anonymes : « La dissolution peut être prononcée sur la demande de toute partie intéressée, dit l'article 38 de la loi de 1867, lorsqu'un an s'est écoulé depuis l'époque où le nombre des associés est réduit à moins de sept. » L'article 37 énonce un autre cas, celui de perte des trois quarts du capital social ; les administrateurs sont alors tenus de réunir l'assemblée générale de tous les actionnaires, pour décider s'il y a lieu de prononcer la dissolution. Quelle que soit la résolution adoptée, celle-ci doit être rendue publique. Si les administrateurs n'exécutaient pas cette prescription, les commissaires de surveillance pourraient user de leur pouvoir de convoquer l'assemblée générale dans les cas urgents. Enfin si l'assemblée ne se constituait pas régulièrement, il appartiendrait à tout intéressé de demander la dissolution devant les tribunaux.

341. Outre ces règles particulières aux sociétés anonymes, il en est d'autres qui viennent des clauses spéciales de certains statuts. Par exemple, Drocourt, l'Escarpelle et Vicoigne-Nœux reconnaissent dans tous les cas à l'assemblée générale le pouvoir de prononcer la dissolution ; Carvin le permet aussi, mais cette assemblée, qui devra représenter la moitié au moins du capital et où la majorité devra comprendre les trois quarts des membres présents, ne sera réunie que sur la proposition du conseil d'administration communiquée aux commissaires de surveillance ; Crespin-Nord et Douchy ordonnent aux adminis-

trateurs de convoquer l'assemblée pour statuer sur la dissolution lorsqu'ils en sont requis par un groupe d'actionnaires représentant la moitié des actions.

La dissolution peut encore être prononcée pour certaines causes déterminées, telles que l'insuffisance de ressources (Dourges) ou la perte de la moitié du capital social (Drocourt).

Enfin les compagnies de Courrières, Ferfay, Lens, Meurchin, Vicoigne pourront être dissoutes lorsqu'il sera reconnu qu'on ne peut plus extraire avec avantage. Béthune, Bruay, Ostricourt et Thivencelles ont introduit dans leurs statuts la même stipulation, mais avec cette curieuse restriction que la minorité pourra continuer les travaux : dans les trois premières compagnies, elle conservera l'actif sur estimation, « en indemnisant les associés sortants au prorata de leurs droits dans les valeurs actives et passives de la société » ; pour Thivencelles et Fresnes-Midi, « les membres dissidents pourront empêcher la dissolution en remboursant aux membres qui la demandent le capital nominal de leurs actions ».

342. Laissons désormais toutes ces règles qui ont un caractère exceptionnel et occupons-nous de nos compagnies sans considérer leur forme ou leurs statuts. Leur nature de sociétés houillères écarte-t-elle l'une ou l'autre des causes de dissolution énumérées par le Code civil? La réponse à cette question présente plus d'une difficulté. Cependant, dans deux cas, la solution est très simple : nos sociétés finissent, comme les autres, par l'expiration du temps pour lequel elles ont été contractées, et par l'extinction de la chose qui constituait leur objet.

La première cause se présentera bien rarement puisque
nos sociétés sont naturellement de durée illimitée. Quelques-unes cependant se sont assigné un terme fixe : parmi
les anciennes, Auchy-au-Bois et la Lys Supérieure devaient prendre fin le 31 octobre 1950, époque où cessera
la concession de leurs chemins de fer d'embranchement
au chemin de fer du Nord ; Fléchinelle devait durer
75 ans et la Société anonyme de Vendin-lez-Béthune,
99 ans. La durée de 99 ans a été adoptée par les sociétés
actuelles de Drocourt, de Ferfay, de Meurchin et d'Ostricourt ; mais toutes, sauf Meurchin, autorisent l'assemblée
générale à prononcer la prorogation. Pour Meurchin
même, la compagnie pourrait, après 99 ans, continuer
l'exploitation ; mais il faut admettre que la majorité ne
pourrait forcer la minorité à rester en société : les membres de cette minorité auraient la faculté de se retirer.

La dissolution par extinction de la chose, c'est-à-dire
par épuisement des terrains concédés, est plus souvent
stipulée ; elle s'impose d'ailleurs sans restriction possible.
C'est la seule cause normale de dissolution et c'est pourquoi la durée de nos sociétés est illimitée, l'époque de cet
épuisement étant incertaine et, à coup sûr, éloignée.

Restent les trois autres motifs de dissolution que nous
avons énumérés ; nous allons les examiner séparément.

§ I. — Mort, interdiction, déconfiture
de l'un des associés.

343. Les sociétés ordinaires prennent fin par la mort,
l'interdiction, la déconfiture de l'un des associés ; il faut y
ajouter la faillite, qui est la qualification légale de la dé-

confiture des commerçants (1). Il est au contraire générale-
lement admis que ces éventualités sont sans influence
lorsqu'il s'agit de nos sociétés houillères ; ainsi le décident les usages séculaires du Hainaut et du pays de Liège.

344. Trois arguments principaux ont été présentés pour
résoudre dans ce sens la question que nous étudions.

Le premier met en avant des raisons d'utilité pratique :
la nature, l'importance, la durée des entreprises charbonnières sont telles qu'elles seraient condamnées à l'impuis-
sance si elles étaient atteintes par la mort, l'interdiction,
la faillite ou la déconfiture d'un associé : ceux-ci sont tellement nombreux que l'un de ces événements ne manquerait pas de se produire à brève échéance ; or nos exploitations demandent avant leur mise en œuvre des travaux
parfois très longs ; on ne peut donc les entreprendre que
si l'on a devant soi un avenir assuré. Ces raisons sont
assurément excellentes en législation ; mais elles ne s'appuient sur aucun texte de loi, et ne sauraient en conséquence prévaloir contre le texte formel de l'article 1865.

Le second argument se tire de la loi du 21 avril 1810 :
cette loi montre que l'octroi d'une concession de mines a
pour but bien moins un intérêt privé que l'utilité publique ;
aussi l'article 49 dispose-t-il que « si l'exploitation est restreinte ou suspendue de manière à inquiéter la sûreté pu_
blique ou les besoins des consommateurs, les préfets, après
avoir entendu les propriétaires, en rendront compte au
ministre de l'intérieur pour y être pourvu ainsi qu'il appartiendra ». A quoi l'on peut répondre que l'exploitation

---

(1) Paris, 5 janvier 1853 (Dalloz, 1854, 5, 708 ; Sirey, 1854, 2, 341).

peut ne pas être interrompue par la dissolution de la société : une nouvelle compagnie peut en effet se former et reprendre l'entreprise. — On a cru encore trouver un élément de décision dans l'article 7 d'après lequel « une mine ne peut être vendue par lots ou partagée sans une autorisation préalable du gouvernement ». Or, a-t-on dit (1), la dissolution de la société conduirait à ce résultat. Erreur, il n'y aurait qu'à liciter la mine en un seul lot (2).

Enfin, une troisième raison, plus juridique cette fois, a été invoquée : l'article 1868 permet de convenir qu'en cas de mort de l'un des associés, la société continuera avec son héritier. Cette stipulation devra-t-elle être expresse ? Non, car l'article ne le dit pas. On pourra donc voir une convention tacite dans les circonstances qui auront accompagné la formation de la société. Or comment ne pas croire que les associés n'aient eu la pensée de fonder une société durable, surtout en matière d'exploitation houillère où les capitaux engagés ne sont rémunérés qu'après un temps souvent assez long ? Ils ont donc voulu que ni la mort, ni l'interdiction, ni la déconfiture d'un actionnaire ne puissent dissoudre leur société. Une autre preuve de cette convention tacite résulte encore de la cessibilité des actions : « il n'y a aucune raison pour ne pas accueillir le représentant à titre héréditaire lorsqu'on admet le successeur à titre onéreux (3). » Une seule raison de douter de l'efficacité

(1) Pardessus, *Droit commercial*, n. 1063. — Lyon, 12 août 1828 (Sirey, collection ancienne, 1828, 2, 285) ; Cassation, 7 juin 1830 (Dalloz, 1re édition, 1830, 1, 279 ; Dalloz, *Répertoire*, v° *Mines*, n° 194 ; Sirey, collection ancienne, 1830, 1, 205 ; Sirey, collection nouvelle, t. 9, 1, 532).

(2) Pont, *Contrat de société*, n° 739.

(3) Duvergier, *Contrat de société*, n° 434.

de l'intention tacite pourrait être tirée de ce qu'il s'agit ici
d'une exception à la loi, et qu'en pareille matière l'interprétation restrictive est de règle.

345. En pratique, les auteurs admettent que nos sociétés ne sont pas dissoutes par la mort, l'interdiction, la
déconfiture d'un associé (1). La jurisprudence belge est
irrévocablement fixée dans le même sens, et cette doctrine
a été sanctionnée par la Cour de Lyon, le 22 juillet 1858 (2).

346. En tout cas, nul doute ne peut subsister à l'égard
des compagnies de notre bassin ; nous ne parlons que
des compagnies civiles, les sociétés anonymes étant en
dehors de notre débat. Des stipulations spéciales ont en
effet éloigné toute difficulté : « La société ne sera dissoute
ni par la mort, ni par l'interdiction, la faillite ou la déconfiture d'un actionnaire », disent les statuts de Béthune,
Bruay, Courrières, Dourges, l'Escarpelle, Flines-lez-Raches, Lens, Liévin, Ostricourt, et Vicoigne-Nœux. Thivencelles et Fresnes-Midi dispose (art. 19) que « en cas de
mort, de faillite ou d'incapacité légale d'un des administrateurs, il sera pourvu à son remplacement... » ; donc
la société n'est pas dissoute. Restent donc Aniche, Anzin
et Marles.

Or, en ce qui concerne la mort d'un associé, Marles
(art. 32) dit positivement qu'elle n'entraînera pas la dissolution ; Anzin stipule (art. 11) qu' « en cas de décès de

---

(1) Delebecque, *Législation des mines*, n° 1242 ; Bury, *Législation des mines*, n°ˢ 1388 et 1389 ; Delecroix, *Législation des Sociétés de mines*, n°ˢ 161,
475 et suivants ; Féraud-Giraud, *Code des mines*, t. I, n° 233 ; Guillouard,
Contrat de société, n° 372. — V. cependant, Laurent, *Principes de droit
civil français*, t. 26, n°ˢ 430 et 431.

(2) Dalloz, 1859, 2, 80.

quelqu'un des intéressés, son intérêt appartiendra à ses héritiers » ; Aniche prévoit le remplacement d'un directeur pour cause de décès.

La faillite et la déconfiture sont aussi sans effet, puisque les statuts de ces compagnies ordonnent la vente des actions dont les propriétaires sont en retard de satisfaire aux appels de fonds.

Quant à l'interdiction, Marles l'écarte dans son article 32. Pour Aniche et Anzin, il faut s'en tenir aux principes généraux que nous avons exposés ; leurs statuts ne contiennent sur ce point aucune disposition spéciale.

347. Cette dernière réflexion nous amène à développer un nouvel argument général que nous aurons occasion de rappeler dans la question suivante : c'est un axiome de droit que la loi ne doit pas être étendue aux cas pour lesquels elle n'a pas été écrite ; là où s'arrête sa raison d'être, s'arrête son application ; *cessante ratione legis, cessat lex.* Pourquoi donc l'article 1865 prononce-t-il la dissolution de la société en cas de mort, interdiction, déconfiture d'un associé ?

« Le contrat est aussi rompu, disait Treilhard dans l'exposé des motifs de la loi relative au contrat de société (1), par la mort naturelle ou civile de l'un des associés : on s'associe à la personne ; quand elle n'est plus, le contrat se dissout. » Est-il rien de moins exact en notre matière ? Nous n'avons plus à démontrer que nos sociétés sont des sociétés de capitaux et non pas de personnes, que l'*intuitus pecuniæ* y prime l'*intuitus personæ*. La facilité avec

(1) Séance du 10 ventôse an XII au Corps législatif; *Code civil et motifs,* t. 6, p. 177.

laquelle un associé disparaît par la cession de ses actions
prouve surabondamment qu'on ne s'y associe pas à la personne.

« La faillite de l'un des associés, ajoute le même ora-
teur, opère aussi la dissolution de la société. Il ne peut
plus y avoir ni confiance dans la personne, ni égalité dans
le contrat, qui tombe aussitôt, parce qu'il reposait principalement sur ces deux bases. » Nous avons déjà dit que la
confiance dans la personne est étrangère à notre situation ;
quant à l'égalité dans le contrat, elle tombe dans les sociétés ordinaires parce que l'associé failli ou en déconfiture ne peut plus remplir ses engagements. Mais cette
éventualité ne trouble pas la marche d'une compagnie
houillère : l'intérêt de cet associé sera vendu, un autre le
remplacera, et cette substitution d'un nouvel actionnaire
à l'ancien est un fait normal qui se représente à chaque
cession d'action.

Enfin, l'interdiction d'un associé l'empêche d'apporter
aucun concours à la société, et par suite amène sa dissolution. Ici encore cette cause doit être écartée, puisque nos
compagnies ne sont nullement fondées en vue du concours
personnel de chacun des associés : l'administration en est
confiée en effet à un petit nombre d'administrateurs, et
même si l'un d'eux vient à manquer, on le remplace sans
que la vie de la société en souffre ; quant aux assemblées
générales, elles n'ont jamais besoin de réunir la totalité
des actionnaires ; peu importe donc que l'un d'entre eux
soit frappé d'interdiction.

N'est-on pas dès lors fondé en droit à dire que les causes
de dissolution dont nous nous occupons sont étrangères à

nos sociétés houillères ? L'article 1865, 3° et 4°, ne les a
pas eues en vue ; donc il leur est inapplicable.

§ II. — Volonté qu'un seul ou plusieurs expriment de ne plus être en société.

348. « La dissolution par la volonté de l'une des parties
ne s'applique, dit l'article 1869, qu'aux sociétés dont la
durée est illimitée, et s'opère par une renonciation notifiée
à tous les associés, pourvu que cette renonciation soit de
bonne foi, et non faite à contre-temps. » La première question qui se présente à nous est donc celle de savoir si nos
compagnies sont des sociétés dont la durée est illimitée.
Après avoir admis l'affirmative, nous dirons que cependant
la renonciation d'un ou plusieurs associés ne peut entraîner leur dissolution (1).

349. Et d'abord quelle est leur durée ? Quelques-unes,
au nombre de quatre aujourd'hui, ont adopté le terme de
99 ans, nous l'avons vu ; trois d'entre elles réservent le
droit de prorogation à l'assemblée générale ; presque toutes les autres déclarent qu'elles dureront tant qu'il y aura
du charbon à extraire dans la concession qu'ils exploitent,
et cette époque est d'autant plus éloignée qu'elles peuvent
toujours obtenir de nouvelles concessions. Quant à celles
dont les statuts gardent le silence sur ce point, c'est aussi
l'épuisement de la mine qui doit marquer leur fin naturelle : elles ont en effet pour objet principal l'extraction et
la vente du charbon, et cet objet subsiste tant que les ter-

---

(1) *Sic* : Delebecque, *op. cit.*, n° 1245 ; Peyret-Lallier, *Législation des mines*, n° 189 ; Bury, *op. cit.*, n° 1405 ; Troplong, *Contrat de société*, n° 973 ; Pont, *op. cit.*, n° 739 ; Féraud-Giraud, *op. cit.*, n° 226.

rains concédés renferment quelque gisement exploitable. Toutes nos compagnies ont donc une limite, si éloignée qu'elle puisse être, car un jour viendra où notre bassin sera épuisé.

Mais est-ce là le sens que l'article 1869 attache au mot limite ? Non. On admet qu'une société est de durée illimitée et tombe sous l'application de l'article 1869 lorsque l'entreprise en vue de laquelle elle s'est constituée est de nature à atteindre la durée de la vie des associés (1). Un argument d'analogie est tiré de l'article 1780, d'après lequel « on ne peut engager ses services qu'à temps ou pour une entreprise déterminée » ; cet article prohibe donc les engagements à vie. Une raison bien autrement décisive ressort de l'article 1844 qui, lui, traite des sociétés : « S'il n'y a pas de convention sur la durée de la société, elle est censée contractée *pour toute la vie des associés, sous la modification portée en l'article* 1869 » ; donc l'article 1869 a pour but de réglementer la dissolution des sociétés dont la durée excède celle de la vie des associés ; le doute est impossible.

Dès lors, nos compagnies sont toutes illimitées : il n'est pas nécessaire de démontrer que le terme de 99 ans dépasse certainement la vie d'associés qui n'étaient plus au berceau lors de la fondation de la société ; il est non moins reconnu que l'épuisement de nos mines, quelle que soit l'époque que les géologues lui assignent, nous laisse bien plus d'un siècle d'extraction, si intense soit-elle. Donc nos

---

(1) Troplong, *op. cit.*, n⁰ˢ 966 et 967 ; Pont, *op. cit.*, n⁰ 738 ; Laurent, *op. cit.*, n⁰ 395 ; Delecroix, *op. cit.*, n⁰ˢ 481 et suivants ; Guillouard, *op. cit.*, n⁰ 324. — *Contrà* : Bravard, *Traité de droit commercial*, t. 1, p. 404.

Compagnies sont des sociétés de durée illimitée, aux termes de l'article 1869.

350. Mais ici nous nous retrouvons en face de toutes les objections d'ordre économique déjà formulées contre la dissolution par la mort, l'interdiction ou la déconfiture d'un associé. Quelle société houillère pourra résister aux difficultés de l'entreprise si elle doit se dissoudre dès qu'un actionnaire découragé demandera la liquidation ? Et les dispositions de la loi de 1810 ne montrent-elles pas à l'évidence que le législateur a entendu assurer la perpétuité de l'exploitation ? Peut-être ; mais nulle part ce législateur n'a formulé sa volonté d'écarter l'article 1869 ; ce texte subsiste donc avec sa précision et sa généralité.

Au moins avons-nous admis l'efficacité de l'intention des parties, et nous l'avons reconnue tacite ou formelle dans la nature de l'entreprise ou dans les clauses des statuts. Ici encore cette intention n'est pas douteuse : non seulement on doit admettre que les fondateurs ont voulu faire œuvre durable, non seulement il faut reconnaître que par la cessibilité des actions ils ont offert aux sociétaires fatigués le moyen de se retirer, mais les statuts eux-mêmes nous offrent des indications tout à fait sûres. Presque tous en effet stipulent que la société durera jusqu'à l'épuisement de la houille dans l'étendue de la concession, ou jusqu'à ce que l'assemblée générale ait prononcé la dissolution ; voilà bien qui exclut la dissolution *ad nutum* accordée à un seul associé par le Code. Bien plus, Béthune, Bruay, Courrières, l'Escarpelle, Lens, Ostricourt et Vicoigne-Nœux spécifient que nul ne pourra se prévaloir des articles 1865 et 1869 du Code civil pour dissoudre la société par une renonciation volontaire. — Toutes ces stipulations sont sans valeur, car l'article 1869 est d'ordre public, comme l'article 1780 précité, comme l'article 815 qui déclare inopérante la convention de rester plus de cinq ans dans l'indivision : la loi ne nous permet pas de nous enchaîner pour toute la vie. La dissolution par la mort d'un associé n'avait pas ce caractère, et en autorisant les parties à le repousser par une volonté certaine, nous ne faisions que nous conformer à l'article 1868. Dans le cas actuel, rien de semblable, aucun texte n'accorde à une convention privée de prévaloir contre la disposition que nous étudions.

351. Il est cependant une considération qui va nous permettre d'adopter une conclusion plus en rapport avec les nécessités de la pratique ; rappelons-nous ce que nous avons déjà dit de l'inapplicabilité de la loi dans les cas où ses raisons d'être n'existent plus, et recherchons pourquoi la règle de l'article 1869 est d'ordre public et en quoi elle est d'ordre public.

Les motifs de cette règle sont d'une part que notre législation répugne aux engagements perpétuels comme détruisant notre liberté naturelle, et d'autre part que l'association prolongée engendre des dissentiments et que de ceux-ci peut naître une irritation, préjudiciable à la société, d'autant plus grande que les associés ne verront pas le moyen de sortir d'une situation sans issue. C'est donc l'indissolubilité du lien que la loi veut empêcher en permettant à qui que ce soit de se dégager à tout moment ; c'est donc la faculté de pouvoir se retirer qui est d'ordre public.

Ceci étant admis, il n'y a pas la moindre difficulté à soustraire nos compagnies à l'article 1869. S'agit-il des

discordes entre les coassociés ? Elles ne sont pas à craindre, car nos sociétés échappent à l'article 1859 : les sociétaires n'ont pas le droit d'administrer, ni celui d'opposer
leur *veto* aux actes des administrateurs ; la majorité de
l'assemblée générale impose ses vues à la minorité, et les
actionnaires ne se rencontrent le plus souvent qu'une fois
par an. S'agit-il de la liberté que le législateur veut ina-
liénable ? Elle n'est pas compromise ; toutes nos actions
sont cessibles au gré de leurs possesseurs ; aucune entrave
n'est apportée à l'exercice de cette faculté. Le droit de retrait n'empêche nullement la cession ; il donne seulement un
privilège à la société ou aux autres actionnaires, mais le
cédant n'en éprouve aucune gêne. Ajoutons qu'une nouvelle
raison se rencontre dans les quelques compagnies qui accordent à leurs associés le droit de renonciation à leurs
actions. Il est donc bien vrai de dire que nos compagnies
ne rentrent pas dans le champ d'application de l'article 1869 et que par conséquent elles ne peuvent pas être
dissoutes par la volonté d'un ou de plusieurs associés (1).
Comme le dit M. Delecroix, ce n'est pas le moyen de se
dégager des liens sociaux qui est d'ordre public, c'est
seulement la prohibition de contracter un engagement
qui nous entraînerait dans les liens d'une société illimitée,
sans aucun moyen d'en sortir.

352. Cette distinction n'a pas été aperçue par M. Laurent
qui s'en tient au texte de l'article 1869, comme il s'en est tenu
à celui de l'article 1865 (2) : « On ne renonce pas à un droit

---

(1) Pont, *op. cit.*, n⁰ˢ 740 et suivants ; Delecroix, *op. cit.*, n⁰ˢ 493 et suivants ; Féraud-Giraud, *op. cit.*, n⁰ˢ 231 et 232 ; Guillouard, *op. cit.*, n⁰ˢ 333
et 373.

(2) *Op. cit.*, n⁰ˢ 397 et 392.

qui est d'ordre public ; et si la renonciation pure et simple
est nulle, il doit en être de même de la renonciation
moyennant un équivalent. » Se fonder sur la nature de la
société pour écarter la loi, c'est créer une exception générale, c'est-à-dire modifier la loi, et modifier la loi c'est la
faire. Nous répondrons en rappelant l'adage *summmum jus,
summa injuria*, que c'est aussi faire la loi que l'appliquer
à une situation tout opposée à celle que le législateur a
eue en vue. Or n'oublions pas que l'article 1861 interdit la
cession d'un intérêt dans une société civile ; c'est là l'ex-
plication de l'article 1869. Dans nos compagnies au contraire les actions sont cessibles ; la dissolution *ad nutum*
n'a donc pas été créée pour elles.

353. La jurisprudence belge est unanime à décider que
la volonté exprimée par un ou plusieurs intéressés de
n'être plus en société est inefficace.

En France, diverses solutions ont été admises ; leurs
dispositions sont conformes à notre conclusion, mais elles
s'appuient souvent sur des raisons que nous avons reje-
tées. Pour éviter des redites, nous enregistrerons ces décisions sans commentaires.

La Cour de Lyon, le 12 août 1828 (1), repoussa la dissolution *ad nutum* comme « éversive des garanties d'ordre
public qu'a proclamées la loi du 21 avril 1810 ; une concession de mines n'a jamais lieu sans que l'individu ou la
société à qui on l'accorde ait fait envers le gouvernement
la justification préalable qui importe à l'intérêt public pour
assurer une exploitation convenable de la mine concédée ;

(1) Sirey, Collection ancienne, 1828, 2, 285.

dès lors, il répugnerait que, quand une société est devenue concessionnaire, il pût dépendre ensuite de la simple volonté d'un des associés d'en opérer la dissolution ». Puis la Cour reconnaît qu'une telle société est illimitée, comme « susceptible de se prolonger indéfiniment, non pas seulement pendant toute la vie des associés, mais pendant plusieurs siècles » ; mais l'article 1869 ne formule qu' « une règle de droit commun qui ne tient à aucun motif d'intérêt ou d'ordre public, et qui doit cesser de pouvoir être invoquée... lorsqu'il y a eu entre les associés convention contraire ». La Cour de Cassation, le 7 juin 1830 (1), rejeta le pourvoi formé contre cet arrêt.

La Cour suprême a donné la même solution, le 6 décembre 1843 (2), mais son arrêt est mieux motivé : « Si la loi, afin de ne pas perpétuer l'engagement contracté entre les membres d'une société illimitée dans son cours, les a admis à la faire dissoudre par le seul effet de leur volonté exprimée de bonne foi et en temps opportun, la faculté qu'elle leur accorde ne peut s'exercer lorsqu'ils ont consenti, dans les stipulations de la convention sociale, à substituer à ce moyen légal d'autres moyens de s'affranchir des obligations qui leur étaient imposées ; — Que c'est en effet la prolongation indéfinie de l'association et les dangers qui peuvent en résulter pour les associés que le législateur a voulu prévenir, et que dès lors les motifs qui

---

(1) Dalloz, 1re édition, 1830, 1, 279 ; Dalloz, *Répertoire*, vo *Mines*, no 194; Sirey, Collection ancienne, 1830, 1, 205 ; Sirey, Collection nouvelle, t. 9, 1, 532.

(2) Dalloz, *Répertoire*, vo *Société*, no 786 ; Dalloz, *Recueil périodique*, 1844, 1, 111 ; Sirey, 1844, 1, 22.

l'ont déterminé ne trouvent plus d'application lorsqu'il a été pourvu à ce danger par la convention des parties. »

Un jugement du Tribunal civil de Montpellier, confirmé par la Cour de Montpellier le 16 février 1856, et par la Cour de Cassation le 1er juin 1859(1), applique au contraire à une société houillère la résolution facultative de l'article 1869 : il déclare « qu'il suffit que l'engagement soit perpétuel, c'est-à-dire viager, pour qu'il soit censé exorbitant et susceptible d'être rompu ». Il reconnaît cependant que « la création d'actions cessibles ouvre un moyen de concilier la liberté de l'associé protégée par la loi avec la pérennité de la société » ; mais « il faut du moins que l'associé actionnaire, qui veut cesser de faire partie de la société qui lui déplaît, puisse vendre son action, ses droits dans la société, sans empêchements et sans entraves de la part de celle-ci ». Or, dans l'espèce, cette cession ne pouvait avoir lieu qu'avec l'agrément du conseil d'administration. L'article 1869 reprenait donc tout son empire.

Enfin, le Tribunal de Saint-Etienne, le 17 juin 1891 (2), sur le moyen tiré de ce qu'une société houillère doit être dissoute parce que sa durée est illimitée, répond « qu'il est reconnu que les articles 1865 et 1869 ne permettent pas à un associé d'en poursuivre *ex voluntate*, de par sa seule volonté, la dissolution immédiate, parce que son adhésion à une société de cette nature fait présumer qu'il a consenti à subir les conséquences de la longue durée d'une entreprise difficile à créer, diriger et mener à bonne fin ; qu'en outre, et pour le même motif, il est admis que

(1) Dalloz, 1859, 1, 244 ; Sirey, 1861, 1, 113.
(2) *Revue de la législation des mines*, 1891, p. 223.

cette dissolution ne peut être provoquée lorsque les actions ou intérêts dans l'exploitation sont cessibles par leurs
propriétaires, sans qu'aucune entrave ait jamais été apportée à la mobilité de ces valeurs. »

§ III. — Justes motifs de dissolution.

354. L'article 1871 du Code civil est ainsi conçu : « La
dissolution des sociétés à terme ne peut être demandée
par l'un des associés avant le terme convenu, qu'autant
qu'il y en a de justes motifs, comme lorsqu'un autre associé manque à ses engagements, ou qu'une infirmité habituelle le rend inhabile aux affaires de la société, ou autres
cas semblables, dont la légitimité et la gravité sont laissées
à l'arbitrage des juges. »

La première observation que fait naître ce texte est la
suivante : nous venons de démontrer que les compagnies
charbonnières sont de durée illimitée ; comment donc
peut-il être question de leur appliquer l'article 1871 qui
parle des sociétés à terme ? La réponse est qu'il faut s'attacher à l'esprit de la loi plutôt qu'à son texte ; or l'article 1871 est intimement lié à l'article 1869 : celui-ci permet de faire cesser à tout instant une association dont la
durée est illimitée, sans alléguer d'autre motif que cette
pérennité ; celui-là n'accorde la dissolution que pour des
raisons sérieuses dans les cas qui échappent à la disposition précédente, c'est-à-dire lorsqu'il s'agit de sociétés à
terme. En un mot, il a pour but de régir les situations qui
ne sont pas soumises à l'article 1869. D'où cette conclusion
très légitime que la règle de l'article 1871 est applicable à

nos compagnies, puisque nous avons écarté pour elles celle de l'article 1869.

Tel est le sentiment des auteurs (1) et il a été sanctionné par le Tribunal civil de la Seine le 17 juin 1851, par la Cour de Paris le 24 août 1852 et par la Cour de Cassation le 15 juin 1853 (2).

355. Une objection peut être faite : nous avons repoussé l'article 1869 parce que la cessibilité des actions fournit à nos actionnaires un moyen de se retirer ; ne pourrait-on pas refaire ici le même raisonnement ? Non ; car l'article 1869 n'avait qu'une seule raison d'être, permettre aux associés de se dégager de liens perpétuels ; la cession des actions leur procurait le même avantage. Tout autre est le but de l'article 1871 : l'actionnaire qui l'invoque ne cherche pas à abandonner la société ; comme le dit Bury, « il peut très légitimement désirer de conserver sa qualité de sociétaire, pour reprendre l'exploitation, si la société se liquide, et lui imprimer une autre marche plus avantageuse. Et de ce que les associés ont le droit de se retirer en vendant leur part, il résulte bien qu'ils ne peuvent dissoudre la société quand et parce qu'il leur plaît, mais non qu'ils ne pourraient en provoquer la cessation pour des causes déterminées, dont les juges apprécieront le fondement et la gravité. »

356. Certaines restrictions ont été apportées à cette faculté de demander la dissolution.

Distinguons trois hypothèses : les statuts ont-ils stipulé

---

(1) Pont, *Contrat de société*, n° 739 ; Bury, *op. cit.*, n° 1408 ; Delecroix, *op. cit.*, n°ˢ 503-505 ; Guillouard, *op. cit.*, n° 375.

(2) Dalloz, 1853, 1, 249 ; Sirey, 1853, 1, 700.

d'une façon non douteuse que la dissolution pour justes
motifs ne pourra être demandée ? il faudra s'incliner
devant cette décision. La règle de l'article 1871 n'est pas
d'ordre public, et les parties ont pu s'interdire d'user de
la faculté qu'il leur accordait.

Mais il faut pour cela une stipulation non douteuse, avons-
nous dit ; une énumération non limitative des causes de
dissolution, comme celles que nous trouvons dans nos statuts, ne pourrait avoir un pareil résultat. M. Delecroix (1)
semble professer une opinion différente : « Les stipulations
diverses insérées dans les contrats sociaux formant la loi
des parties, les juges ne sauraient prononcer la dissolution
pour quelque motif que ce soit, si les conditions exigées
par les statuts n'ont pas été scrupuleusement observées. »
On ne pourrait donc invoquer d'autres causes que celles
prévues par les statuts, « quand ils permettent de formuler et de faire prévaloir une demande en dissolution pendant le cours des opérations sociales ». Nous n'admettons
pas cette restriction : l'article 1871 pose en effet une règle, et cette règle doit recevoir son application toutes les
fois que la convention des parties n'y a pas dérogé d'une
manière certaine. Si les statuts autorisent la dissolution
dans les divers cas que nous avons précédemment énumérés, on pourra s'en prévaloir, mais en outre tout associé
conservera le droit de la demander pour de justes motifs.

Enfin, les statuts peuvent être muets sur la question de
dissolution. Même dans ce cas, il faudrait écarter l'article 1871, lorsqu'il est tenu régulièrement des assemblées

(1) *Op. cit.*, nᵒˢ 506 et 507.

générales : celles-ci, représentant l'universalité des actionnaires, auraient seules le pouvoir de prononcer la dissolution, et un associé ne pourrait pas la demander en justice, surtout à l'encontre d'une délibération prise par la
majorité. Malgré l'autorité des auteurs qui ont défendu
cette thèse (1), nous ne pouvons nous rallier à leurs avis ;
sans doute, il peut paraître exorbitant de faire prévaloir la
volonté d'un seul associé contre celle de l'assemblée, c'est-
à-dire un intérêt particulier contre l'intérêt général ; mais
la loi n'a pas fait cette distinction, et elle a apporté un cor-
rectif à ce que sa disposition avait de trop rigoureux, en
chargeant les juges d'apprécier « la légitimité et la gravité » des motifs allégués devant eux. N'est-il pas certain
que les tribunaux ne donneront tort à l'appréciation de
l'assemblée générale contre celle d'un associé que s'il y a
pour cela des raisons tout à fait déterminantes ? Mais alors
pourquoi refuser de prendre ces raisons en considération,
contrairement à l'article 1871 ? Tout ce que l'on peut tirer
des objections qui sont formulées, c'est que les tribunaux
devront se montrer difficiles dans l'appréciation des motifs invoqués et n'accorder la dissolution que si elle s'impose nécessairement.

357. En pratique, la jurisprudence nous offre de nombreuses décisions prononçant la dissolution de sociétés
minières, alors même que les statuts reconnaissaient ce
pouvoir à l'assemblée générale (2). L'article 30 des statuts
de la société anonyme de Vendin-lez-Béthune réglementait

---

(1) Delebecque, *op. cit.*, n° 1245 ; Bury, *op. cit.*, n° 1408 ; Delecroix, *op.
cit.*, n° 507.
(2) *Comparez* Cassation, 29 janvier 1894 (Dalloz, 1894, 1, 313).

25

la composition des assemblées générales extraordinaires pouvant être appelées notamment à statuer « sur la dissolution anticipée de la Société » ; l'article 37 reproduisait les dispositions de la loi de 1867 sur le pouvoir de dissolution accordé à l'assemblée générale en cas de perte des trois quarts du capital social ; et cependant cette dissolution ayant été demandée par un actionnaire, le Tribunal de Béthune, le 20 juin 1884 (1), n'hésita pas à la prononcer, « Attendu qu'aux termes de l'article 1871 du Code civil, la dissolution d'une société à terme ne peut être demandée, avant le terme convenu, par l'un des associés qu'autant qu'il y en a de justes motifs dont la légitimité et la gravité sont laissées à l'arbitrage du juge ; — Attendu que, dans l'espèce, l'opportunité actuelle de la dissolution de la Compagnie de Vendin ne peut être mise en doute. » Nous avons déjà vu que cette opportunité résultait de ce que l'assemblée générale, pour des causes qu'elle n'alléguait pas, refusait tout vote sur le compte de l'exercice clos, et laissait ainsi la société sans ressources disponibles.

Le Tribunal civil de Saint-Etienne, le 17 juin 1891 (2) a déclaré aussi « que les sociétés minières, comme toutes les autres sociétés civiles, peuvent être dissoutes pour de justes motifs, — *ex juxta causa*, — conformément à l'article 1871 du Code civil, avant même la réalisation de l'entreprise pour laquelle elles ont été formées ; que les auteurs citent, à titre d'exemple, l'insuccès de leurs recherches, la ruine de leur crédit, les pertes qu'elles éprouvent, leur déconfiture, etc. ».

(1) *Revue de la législation des mines*, 1889, p. 108.
(2) Même *Revue*, 1891, p. 225.

II. — Liquidation.

§ I. — La personnalité morale de la société subsiste.

358. Le législateur n'a nulle part établi les règles de la liquidation ; aussi doit-on s'en rapporter aux principes généraux du droit pour trancher les questions diverses qui peuvent se présenter. Il faut aussi tenir compte des nécessités de la pratique : la jurisprudence n'a pas hésité à s'appuyer sur cette observation pour repousser l'application de règles générales dont les conséquences lui ont paru inadmissibles.

C'est ainsi qu'elle reconnaît la personnalité morale aux sociétés en liquidation qui jouissaient de cette prérogative avant leur dissolution (1). Et cependant, aucun texte n'établit cette exception en leur faveur : l'article 529 relatif aux sociétés de finance, de commerce et d'industrie, et aussi à nos sociétés minières, par renvoi de l'article 8 de la loi du 21 avril 1810, leur accorde une personnalité distincte de celle des associés, seulement « tant que dure la société ». La Cour de Cassation belge, le 13 mai 1886 (2), s'en est tenue à l'interprétation stricte de ce texte, et a refusé la personnalité morale à une compagnie charbonnière en liquidation.

359. Mais les raisons d'utilité pratique l'ont générale-

---

(1) Voir Lyon-Caen et Renault, *Traité de droit commercial*, t. II, n° 366, et les arrêts cités dans les notes. — *Adde* : Paris, 6 février 1891 (Dalloz, 1891, 2, 385).

(2) *Revue de la législation des mines*, 1886, p. 334.

ment emporté. Elles sont particulièrement graves en notre matière, et ont eu pour résultat de faire admettre que la société durait jusqu'à la fin de la liquidation : cette fiction étant admise, la règle de l'article 529 se trouve respectée.

La Cour de Bruxelles, dans son arrêt du 25 juillet 1888 (1), confirmé par la Cour de Cassation belge le 13 avril 1889 (2), expose ainsi les motifs pour lesquels la dissolution n'a pas pour effet de faire tomber l'avoir social dans une indivision ordinaire (3) : « Attendu que s'il en était ainsi et si l'article 1872 du Code civil s'y appliquait à la lettre, aucun acte d'administration ou de liquidation ne pourrait être accompli que de l'accord unanime des communistes ; l'incapacité de l'un d'entre eux obligerait à suivre des formes différentes et compliquées ; la part sociale de chacun, désormais confondue dans son avoir propre, serait à la disposition de ses créanciers personnels au préjudice des créanciers sociaux (4), sans qu'on pût trouver un remède dans une demande de séparation de patrimoine qui manquerait de base légale, car l'associé n'hérite pas de la Société dissoute, et il ne s'opère, dans son chef, qu'une substitution de valeurs mobilières et immobilières

(1) Même *Revue*, 1888, p. 813.

(2) Même *Revue*, 1889, p. 310.

(3) Les principales conséquences de cette fiction résultent des considérants de l'arrêt.

(4) La Cour de Bruxelles, le 15 mai 1889, a encore statué dans le même sens, en rappelant « que le patrimoine social, qui est le gage des seuls créanciers sociaux, doit, même après la dissolution, rester séparé du patrimoine des actionnaires, et que, sans cette fiction, la liquidation d'une personnalité juridique ne serait pas possible » (Même *Revue*, 1891, p. 117).

indivises, au titre qui les représentait antérieurement dans son actif.....

« Attendu qu'au point de vue des tiers, ceux qui ont traité avec le gérant de la Société et qui ont, pour premier gage, les biens de celle-ci, ne peuvent, du jour au lendemain, par la seule volonté de la majorité des actionnaires, être contraints à se trouver en face du néant et voir leurs droits reportés à charge d'une multiplicité infinie de débiteurs peut-être insolvables, ou étrangers au pays, ou même impossible à connaître, investis chacun d'une part de l'avoir social, exposée à toutes les incertitudes de leur avoir propre ;

« Attendu que cela apparaît avec une évidence plus grande, si l'on réfléchit aux conditions particulières que présente l'industrie des mines, aux obligations qu'elle entraîne vis-à-vis des concessionnaires voisins et des propriétaires de la surface ; à la responsabilité des vices de l'exploitation, des contraventions et des accidents qui peuvent ne se révéler que longtemps après la faute commise, soit donc après la dissolution prononcée et qui placeraient les tiers lésés dans la nécessité d'instituer, pour exercer leur recours, des procédures difficiles ou même impossibles, bien que la loi de 1810 se soit attachée à les protéger tout particulièrement (voir notamment ses articles 14, 15, 43, 44 et 45) ;

« Attendu que la continuité de l'être moral, comme représentant, par ses liquidateurs, les droits, l'avoir et les engagements sociaux, est donc une fiction qui s'impose pour les sociétés charbonnières, comme pour toutes celles qui, ayant constitué une personnalité juridique, ont eu un patrimoine distinct qui doit être conservé pour ses créanciers et liquidé sans confusion... »

Sans entrer dans tous ces détails, le Tribunal civil de Béthune, le 13 juillet 1881 (1), s'est contenté d'une simple affirmation : « Si, dit-il, la Société de Ferfay est en liquidation, cette situation n'empêche pas la Société de continuer à exister jusqu'à la fin de cette liquidation. » Le Tribunal civil de Douai, le 1er mars 1882 (2), a de même reconnu la personnalité civile à la liquidation de la compagnie des mines d'Azincourt.

360. Ajoutons que l'article 47 de Douchy et l'article 41 du projet de Courrières disent que « la liquidation conserve le caractère d'être moral qu'avait la Société », l'article 52 de Crespin-Nord et l'article 54 de Marly que « pendant la liquidation, la Société conserve son caractère d'être moral ». Ces dispositions sont inutiles, car il n'appartient à qui que ce soit de se donner ou s'enlever la personnalité civile : la loi l'impose ou la refuse sans que les conventions privées puissent y rien changer.

§ II. — Des liquidateurs.

1º *Nomination.*

361. Qui peut nommer les liquidateurs? Cette question fait difficulté en théorie. Fort heureusement, en pratique, la presque totalité de nos statuts l'a nettement tranchée.

Les administrateurs en fonctions au moment de la dis-

(1) Jurisprudence de la Cour de Douai, 1882, p. 242 ; *Revue de la législation des mines*, 1884, p. 150.
(2) Jurisprudence de la Cour de Douai, 1882, p. 18.

solution sont parfois liquidateurs de droit : c'est ce que décident Béthune, Bruay, Crespin-Nord, Douchy, Ostri-court, et aussi Ferfay-Cauchy « si la Société vient à expirer par la seule arrivée du terme fixé pour sa durée (99 ans), sans qu'elle soit prorogée » (Art. 30) (1). A l'Escarpelle, « pour le cas de dissolution, la liquidation sera suivie par un Comité composé du Président du Conseil d'administra-tion alors en exercice, et de deux membres dudit conseil choisis par l'Assemblée générale ». — C'est le seul cas où il soit nécessaire que les liquidateurs soient associés ; ordi-nairement ils peuvent être étrangers à la société, à moins de stipulation contraire des statuts.

Le plus souvent c'est l'assemblée générale qui nomme les liquidateurs : ainsi le veulent Carvin, la Clarence, Courrières, Drocourt, l'Escarpelle, Ferfay (en cas de dis-solution anticipée), Flines-lez-Raches, Lens, Liévin, Ligny-lez-Aire, Marly, Meurchin, Thivencelles et Fresnes-Midi, Vicoigne-Nœux. Quelle doit être la composition de cette assemblée ? L'importance de la nomination des liqui-dateurs nous fait croire qu'il faut exiger les conditions des assemblées extraordinaires : l'assemblée ordinaire n'est en effet appelée à statuer que sur les questions normales et, comme son nom l'indique, ordinaires ; or rien n'est certai-nement moins ordinaire qu'une nomination de liquida-teurs. Il faut d'ailleurs faire remarquer qu'ils seront géné-ralement nommés par l'assemblée qui aura prononcé la dissolution ; dans ce cas, ce sera nécessairement une assem-blée extraordinaire.

362. Nous n'avons pas cité jusqu'ici Aniche, Anzin, ni

(1) *Adde* : projet de Courrières (art. 40).

Dourges. Leurs statuts ne disent rien du point qui nous occupe. Nous nous trouvons donc en présence de la controverse qu'a soulevée la question de savoir par qui sont nommés les liquidateurs, en l'absence d'une clause spéciale dans les statuts. Les uns (1) veulent que ce choix soit fait à l'unanimité des associés : il s'agit d'un contrat nouveau, et un contrat ne peut être que la rencontre de toutes les volontés sur un même point. D'autres, au contraire (2), se contentent de la majorité, soit par assimilation avec la nomination des administrateurs, soit, le plus souvent, à cause du caractère de nécessité de la liquidation, incompatible avec la liberté, la spontanéité qui préside à tous les contrats. Nous adoptons ce second système, mais les raisons qui ont été invoquées ne nous paraissent pas convaincantes : on y a répondu en effet que s'il est nécessaire qu'un liquidateur soit nommé, il ne s'ensuit pas que la majorité des associés ait le droit de le faire : la justice n'est-elle pas là pour y procéder en cas de désaccord ?

Il nous semble qu'on pourrait arriver à cette dernière conclusion par une autre voie : la nomination des liquidateurs est-elle vraiment un contrat nouveau ? Nous ne le pensons pas ; un lien étroit la rattache à la dissolution dont elle est le corollaire. Or la dissolution n'est pas un contrat nouveau, mais la rupture, conventionnelle ou légale, du contrat ancien ; la liquidation, découlant de la dissolution, ne suppose donc pas non plus un nouveau

---

(1) Troplong, *Contrat de société*, n° 1025 ; Dalloz, *Répertoire*, v° *Société*, n° 1001 ; Lyon-Caen et Renault, *op. cit.*, n° 367.

(2) Bravard, *Des sociétés*, p. 430 ; Boistel, *Cours de droit commercial*, p. 267 ; Bédarride, *Des sociétés*, n° 485 ; Pont, *Contrat de société*, n° 1939 ; Delecroix, *op. cit.*, n°ˢ 509 et 510.

contrat. Nous admettons par conséquent que le pouvoir
de dissoudre la société doit emporter celui de nommer les
liquidateurs. L'un et l'autre pouvoir appartient donc à
l'assemblée générale, l'unanimité n'est pas plus nécessaire dans un cas que dans l'autre.

363. Pour la même raison, nous reconnaîtrons aux tribunaux le droit de pourvoir à cette nomination lorsqu'ils
prononceront la dissolution d'une de nos sociétés. C'est ce
qu'a fait le Tribunal civil de Béthune, le 20 juin 1884 (1) :
il « déclare dissoute, à partir de ce jour, l'association
établie entre les divers actionnaires des mines de Vendin ;
— Ordonne que par M. Sy Albert, greffier du tribunal,
demeurant à Béthune, il sera procédé à la réalisation de
l'actif et à sa distribution entre les ayants droit... » On le
voit, la nomination du liquidateur suit immédiatement, et
comme conséquence naturelle, la déclaration de dissolution.

Ce pouvoir appartiendrait aussi aux tribunaux si l'assemblée générale ne pouvait ou ne voulait pas l'exercer,
ou encore si les intérêts des créanciers étaient compromis ; mais si toutes les précautions sont prises par les
liquidateurs nommés par la société, la nomination d'un
liquidateur judiciaire ne peut être demandée, surtout par
un créancier à terme à qui ses intérêts sont régulièrement
servis (2).

364. Les liquidateurs peuvent être révoqués par l'auto-

---

(1) *Revue de la législation des mines*, 1889, p. 107.
(2) Tribunal civil de Béthune, 14 janvier 1881, Liquidation de Ferfay (Jurisprudence de la Cour de Douai, 1882, p. 242 ; *Revue de la législation des
mines*, 1884, p. 150).

rité qui les a nommés. Le liquidateur judiciaire pourrait en outre être indirectement révoqué par les actionnaires s'ils étaient unanimes à en choisir un autre, devant lequel le premier devrait se retirer (1). Enfin, une disposition curieuse se trouve à l'article 56 des statuts de Courrières (2) ; l'assemblée générale nomme les « commissaires liquidateurs » et « une commission de trois membres, choisie dans son sein, à qui tous les pouvoirs de la société seront confiés jusqu'à terminaison de sa liquidation, même ceux de révoquer et de remplacer les commissaires liquidateurs ».

2° *Pouvoirs.*

365. Avant de déterminer les attributions des liquidateurs, faisons remarquer que l'assemblée générale conserve ses pouvoirs pendant la liquidation (3) ; c'est ce que rappellent les statuts de Carvin, la Clarence, Crespin-Nord, Douchy, Drocourt, Ferfay, Ligny-lez-Aire, Marly, Meurchin, Thivencelles et le projet de Courrières. Elle continue de représenter l'universalité des actionnaires. Elle nomme et révoque les liquidateurs, nous venons de le dire ; en même temps, elle détermine le mode de liquidation : Carvin, Courrières, Drocourt, Ferfay, Flines-lez-Raches, Liévin, Marly, Meurchin, Thivencelles insèrent cette règle dans leurs statuts.

Elle donne leurs pouvoirs aux liquidateurs, tout en gardant ceux qui manquent à ces derniers. Elle peut notam-

---

(1) Lyon-Caen et Renault, *op. cit.*, n° 374 *bis.*
(2) Le projet de nouveaux statuts ne la contient plus.
(3) Lyon-Caen et Renault, *op. cit.*, n° 909.

ment les autoriser à faire apport à une autre société de l'ensemble des biens, droits et obligations, tant actifs que passifs, de la compagnie dissoute, disent la Clarence, Crespin-Nord, Drocourt, Ferfay, Ligny-lez-Aire et Marly.

366. Le conseil de surveillance conserve aussi parfois ses attributions ; il en est ainsi notamment dans la compagnie des mines de l'Escarpelle (art. 38).

367. Quant aux liquidateurs, leurs pouvoirs se rapprochent de ceux des administrateurs. Comme eux, ils représentent la société en justice, celle-ci jouissant encore de la personnalité morale ; la Cour de Douai l'a reconnu notamment dans deux arrêts du 17 décembre 1842 (1) réformant un jugement du Tribunal civil d'Arras et du 6 avril 1889 (2) réformant un jugement rendu par le Tribunal civil de Béthune.

Mais s'ils représentent la société ils ne représentent pas les créanciers sociaux ; l'arrêt précité de Douai du 6 avril 1889 l'a déclaré, comme aussi un autre arrêt de la même Cour, du 19 décembre 1889 (3), réformant un jugement du Tribunal civil de Lille, lors de la liquidation de la Société des houillères franco-belges. Aussi le Tribunal civil de Douai, le 1ᵉʳ mars 1882 (4), a-t-il décidé que ces créanciers ne perdent pas le droit de poursuivre individuellement la société, la dissolution n'ayant pas pour effet de dessaisir celle-ci de ses biens.

(1) Dalloz, *Répertoire*, vᵒ *Acte de commerce*, nᵒ 285 ; Sirey, 1843, 2, 82 ; Jurisprudence de la Cour de Douai, 1843, p. 1 (Affaire des mines d'Arras).
(2) Jurisprudence de la Cour de Douai, 1889, p. 65 ; *Revue de la législation des mines*, 1891, p. 360.
(3) Jurisprudence de la Cour de Douai, 1889, p. 216.
(4) Jurisprudence de la Cour de Douai, 1882, p. 18 (Liquidation d'Azincourt).

368. La question la plus importante qui se soit posée dans la pratique est celle-ci : les liquidateurs peuvent-ils agir contre les actionnaires ?

Distinguons : si les actions n'ont pas été intégralement libérées, les liquidateurs peuvent exiger le versement de ce qui reste à payer, comme des administrateurs l'auraient pu faire. Il s'agit en effet d'une obligation directe des associés envers la société que représentent les liquidateurs.

Si les actions, étant de somme fixe, ont été libérées, la réponse est moins simple. Nous supposons des actions de somme fixe parce que les actions de quotité peuvent toujours être soumises à de nouveaux appels de fonds par la société, c'est-à-dire par les liquidateurs. Nous supposons aussi résolue dans le sens de l'affirmative la question de savoir si les associés sont tenus *in infinitum* des dettes sociales (Voir à ce sujet le chapitre IV).

369. En principe, il est admis généralement qu'un liquidateur ne peut demander aux actionnaires plus que le montant de leurs actions, le versement de la somme qu'ils ont souscrite les libérant envers la société (1). L'arrêt de la Cour de Douai, du 19 décembre 1889, que nous venons de rappeler, dit que l'obligation des actionnaires d'acquitter leurs parts des dettes sociales constitue une obligation personnelle de chaque actionnaire vis-à-vis de chacun des créanciers et non une dette des associés vis-à-vis de la société. Par conséquent lorsque les statuts sociaux

(1) Dalloz, *Supplément au Répertoire*, v° *Société*, n° 2146 ; Féraud-Giraud, *Code des mines et mineurs*, n° 238. — Cf. Cassation, 16 mai 187/ (Dalloz, 1878, 1, 81 ; Sirey, 1877, 1, 356).

n'ont pas conféré aux liquidateurs le pouvoir d'éteindre le passif au moyen de la réalisation de l'actif et du versement par les actionnaires des sommes nécessaires en cas d'insuffisance de l'actif; lorsque, d'autre part, il n'a pas été stipulé dans les emprunts contractés que les créanciers seraient représentés par un mandataire unique pour l'exercice de leurs droits contre la société ou contre les actionnaires, les liquidateurs sont sans pouvoirs pour poursuivre contre les actionnaires au nom des créanciers le paiement des dettes sociales.

C'est ce qui résulte de l'observation que nous avions déjà faite que les liquidateurs ne représentent pas les créanciers sociaux.

370. Ce même arrêt nous indique que, dans certains cas, les liquidateurs peuvent avoir reçu le mandat d'actionner directement les sociétaires : ce mandat leur vient soit des statuts sociaux, soit d'une délibération de l'assemblée générale. Nous allons citer, par ordre chronologique, plusieurs arrêts qui en ont fait l'application lors des liquidations de nos anciennes compagnies de Fiennes et Hardinghem, de Cauchy-à-la-Tour et de Ferfay.

371. La Cour de Cassation, le 16 février 1874 (1), après celle de Douai (10 juin 1873) et le Tribunal civil de Boulogne, a jugé que les liquidateurs pouvaient recevoir de l'assemblée générale le droit de réclamer aux associés leurs parts contributives dans les dettes sociales, en dehors du versement de leur apport, cette assemblée ayant, d'après

(1) Dalloz, 1874, 1, 414 ; Jurisprudence de la Cour de Douai, 1878 p. 103.

les statuts de la société (Fiennes), le pouvoir de prendre toutes les mesures utiles pour la liquidation.

372. La Cour de Douai, le 23 mars 1878 (1), reconnut les mêmes droits aux liquidateurs de Cauchy-à-la-Tour : « Attendu que (l'associé) prétend que l'assemblée s'étant bornée à donner pour mission aux liquidateurs la vente et la réalisation de l'actif de la société en vue d'acquitter le passif et que l'article 53 des statuts de 1864 n'impliquant pas à leur profit une mission plus étendue, ils sont sans qualité pour réclamer des associés leur part contributive dans les dettes sociales en dehors du versement de leur apport ; — Mais attendu qu'aux termes des dispositions statutaires précitées, l'Assemblée générale devait, en cas de dissolution, déterminer le mode de liquidation à suivre, ordonner le paiement de toutes les dettes de la société et prendre les dispositions arrêtées dans les réunions des 28 avril et 9 mai 1868 ; — Attendu que si l'on rapproche de ces prescriptions le mandat confié aux liquidateurs, on ne peut douter qu'il ait été dans l'intention des actionnaires et de L... en particulier, d'investir les liquidateurs des pouvoirs nécessaires afin d'arriver à l'extinction des dettes sociales et de prévenir, dans l'intérêt de la société en liquidation comme de chacun de ses membres, les poursuites individuelles auxquelles ils étaient exposés ; que ce but n'eût pu être atteint qu'incomplètement si, les mises sociales payées, l'actif réalisé et réglé entre les ayants droit, les liquidateurs avaient été sans pouvoir pour exiger des associés leur part dans ce qui restait encore dû par la so-

(1) Dalloz, 1879, 2, 109 ; Sirey, 1878, 2, 305 ; Jurisprudence de la Cour de Douai, 1878, p. 119.

ciété ; qu'en leur donnant un mandat, la société n'a pu leur refuser les moyens de le mettre à exécution ; qu'il faut, en conséquence, admettre qu'ils n'ont fait que s'y conformer en intentant leur action contre L.... »

373. La liquidation de Ferfay et Ames a donné lieu à des décisions identiques. Nous lisons dans l'arrêt de la Cour de Douai du 27 mars 1882, adoptant les motifs du Tribunal civil de Béthune (12 janvier 1882) (1), « que, dans sa délibération du 23 décembre 1880, l'Assemblée générale... a prononcé la dissolution, nommé M. Caplain liquidateur, et déterminé d'une manière précise ses pouvoirs et dit notamment que, au cas où l'actif réalisé serait insuffisant pour payer tous les créanciers, il aura le droit de réclamer des actionnaires, même par voie d'action judiciaire, leur part contributive ; — Qu'en donnant cette mission au liquidateur et le constituant mandataire, non des créanciers, mais de tous les associés et de chacun d'eux dans l'intérêt de tous, l'Assemblée générale agissait dans l'intérêt bien entendu des actionnaires, puisqu'il importait de concentrer ainsi dans une action unique les nombreuses poursuites dont chacun d'eux individuellement aurait pu être l'objet. »

La même Cour, le 18 juin 1883, confirmant un jugement du Tribunal de Béthune du 6 avril 1883 (2), rappelle que « la délibération du 23 décembre 1880 donne au liquidateur le mandat de réclamer des actionnaires leur part

---

(1) Jurisprudence de la Cour de Douai, 1882, p. 249 ; *Revue de la législation des mines*, 1884, p. 156.

(2) Jurisprudence de la Cour de Douai, 1883, p. 137 et 142 ; *Revue de la législation des mines*, 1884, p. 168 et 172.

contributive à l'effet d'éteindre le passif ». Le pourvoi
formé contre cet arrêt a été rejeté par la Cour de Cassation,
le 2 juillet 1884 (1).

Les mêmes décisions se retrouvent encore dans les
arrêts de la Cour de Douai du 24 décembre 1883 (2) et du
4 février 1884 (3).

III. — Partage.

374. La dissolution d'une société houillère en amène
le partage entre les associés ou entre les créanciers de la
société suivant que l'actif excède ou non le passif. Comment doit se faire ce partage ? L'article 1872 du Code civil
répond que « les règles concernant le partage des successions, la forme de ce partage et les obligations qui en
résultent entre les cohéritiers, s'appliquent au partage
entre associés ». On doit donc, d'après cet article, diviser
le fonds social en autant de parties qu'il y a d'associés.
L'article 826 porte que « chacun des cohéritiers peut
demander sa part en nature des meubles et immeubles de
la succession ». Il faut aussi l'étendre à la matière des
sociétés.

Nos compagnies houillères se trouvent encore ici en
dehors du droit commun. L'article 7 de la loi du 21 avril
1810 dispose en effet qu' « une mine ne peut être vendue

---

(1) Jurisprudence de la Cour de Douai, 1885, p. 195 ; *Revue de la législation des mines*, 1884, p. 174.

(2) Dalloz, 1885, 2, 108 ; Jurisprudence de la Cour de Douai, 1883, p. 144 ;
Revue de la législation des mines, 1884, p. 177.

(3) *Revue de la législation des mines*, 1884, p. 177.

par lots ou partagée sans une autorisation préalable du gouvernement, donnée dans les mêmes formes que la concession ». En supposant même qu'on le pût matériellement, il est donc interdit de procéder au partage en nature prescrit par l'article 826. D'autre part, chaque associé a droit à sortir de l'indivision et à recevoir sa part du fonds social. La solution qui s'impose est donc de liciter la mine en un seul lot (1): cette vente produira une somme d'argent qui sera distribuée à chacun des actionnaires suivant son droit. On devrait opérer de même à l'égard des créanciers.

En fait, c'est bien ainsi que les choses se sont passées lors des dissolutions qui ont été prononcées dans notre bassin. Les concessions ont été dans leur entier, ou vendues, ou apportées à de nouvelles sociétés lorsqu'il s'en était formé pour remplacer les anciennes.

375. Ce n'est pas à dire que tout l'avoir social doive être mis en vente en un seul bloc. Non ; cette règle de l'indivisibilité ne concerne que la mine. Nous en trouvons un exemple dans le jugement précité du Tribunal civil de Béthune du 20 juin 1884 : ayant déclaré dissoute la société de Vendinlez-Béthune, il commet un liquidateur pour réaliser l'actif et le distribuer aux divers ayants droit, et ordonne la vente des biens de la société : « Dit que la vente aura lieu en deux lots : — Le premier comprenant la concession et tous les autres immeubles en nature et par destination ; —

---

(1) Cassation, 19 février 1850 (Dalloz, 1850, 1, 181 ; Sirey, 1850, 1, 551).
— Peyret-Lallier, *Législation des mines*, n° 189 ; Pont, *op. cit.*, n° 739 ;
Delecroix, *op. cit.*, n° 513 ; Féraud-Giraud, *op. cit.*, n° 235 ; Guillouard,
Contrat de société, n° 375.

Le second comprenant le château d'Annezin et le terrain d'une contenance de cinq hectares environ sur lequel il est érigé ; — Fixe la mise à prix pour le premier lot à quatre cent mille francs, pour le deuxième lot à trente mille francs ; — Dit qu'après les adjudications partielles les deux immeubles seront réunis en un seul lot, sur la mise à prix composée de celle des deux immeubles, en y ajoutant le montant des enchères obtenues ; — Dit toutefois que le château d'Annezin ne sera exposé en vente qu'après qu'une enchère aura couvert la mise à prix de l'article premier. » Cette faculté d'union et de disjonction avait pour but d'obtenir une vente plus fructueuse ; mais on voit que de toute façon l'indivisibilité de la mine était respectée, la concession n'étant jamais partagée.

————————

Vu :

Le Président de la thèse,
Em. ALGLAVE.

Vu :

Le Doyen,
E. GARSONNET.

Vu et permis d'imprimer :
Le Vice-Recteur de l'Académie de Paris,
GRÉARD.

TABLE DES MATIÈRES

Imp. G. Saint-Aubin et Thevenot. — J. Thevenot, successeur, Saint-Dizier.

www.ingramcontent.com/pod-product-compliance
Lightning Source LLC
Chambersburg PA
CBHW072007270326
41928CB00009B/1570